第二次全国残疾人抽样调查资料

西藏卷

西藏自治区第二次全国残疾人抽样调查办公室 编

中国统计出版社
China Statistics Press

(京)新登字041号

图书在版编目（CIP）数据

第二次全国残疾人抽样调查资料. 西藏卷 / 西藏自治区第二次全国残疾人抽样调查办公室编.
—北京：中国统计出版社，2007.12

ISBN 978-7-5037-5305-3

Ⅰ. 第…
Ⅱ. 西…
Ⅲ. 残疾人－抽样调查－统计资料－西藏
Ⅳ. D669.69

中国版本图书馆CIP数据核字（2007）第158092号

第二次全国残疾人抽样调查资料—西藏卷

作　　者 / 西藏自治区第二次全国残疾人抽样调查办公室
责任编辑 / 赵淑焕　王振宇
封面设计 / 杨燕超
出版发行 / 中国统计出版社
通信地址 / 北京市西城区月坛南街57号
邮政编码 / 100826
办公地址 / 北京市丰台区西三环南路甲6号
网　　址 / www.stats.gov.cn/tjshujia
电　　话 / 邮购（010）63376907　书店（010）68783172
印　　刷 / 河北天普润印刷厂
经　　销 / 新华书店
开　　本 / 880×1230毫米　1/16
字　　数 / 1570千字
印　　张 / 36.75　3插页
版　　别 / 2008年1月第1版
版　　次 / 2008年1月第1次印刷
书　　号 / ISBN 978-7-5037-5305-3/D·186
定　　价 / 350.00元

本书附同版本CD-ROM一张，光盘内容以书面文字为准。
中国统计版图书，如有印装错误，本社发行部负责调换。

《第二次全国残疾人抽样调查资料》
（西藏卷）

编 辑 人 员

总 编 辑：旺青格烈

副总编辑：央　珍

编　　辑：刘松怀　米玛次仁　旺　平　罗布顿珠

CSSD 第二次全国残疾人抽样调查 CHINA SAMPLING SURVEY OF DISABILITY

西藏自治区第二次全国残疾人抽样调查样本县（区）分布示意图

说明：图中着色区域为第二次全国残疾人抽样调查样本县（区）

着色区域

编 辑 说 明

我国以2006年4月1日零时为标准时间进行了第二次全国残疾人抽样调查，这是1987年第一次全国残疾人抽样调查19年后进行的又一次全国范围内大规模的残疾人专项调查。在自治区党委、政府的领导下，在有关部门、社会各方面的大力支持配合下，按照第二次全国残疾人抽样调查领导小组的统一部署，历时两个月的时间，对抽中的6个县（区），24个乡、镇、街道的48个调查小区进行了入户调查和残疾评定。调查获得了丰富翔实的资料。为了满足政府部门、科研单位和社会各方面的需要，现将经计算机汇总处理的数据资料编辑出版。

为方便读者准确地使用本资料，现将有关情况说明如下:

一、调查的对象是具有中华人民共和国国籍，并在被抽中调查小区内常住的人（指自然人，下同）。调查采用按常住人口登记的原则，以户为单位填报，只调查家庭户，不调查集体户。此次不调查中国人民解放军现役军人和武装警察（包括军队管理的离退休干部）。

应当在本调查小区进行登记的人包括:

1. 居住本调查小区，户口在本乡、镇、街道;

2. 居住本调查小区半年以上，户口在外乡、镇、街道;

3. 居住本调查小区不满半年，离开户口所在地半年以上;

4. 居住本调查小区，户口待定。

二、第二次全国残疾人抽样调查使用三种调查表，一是《住户调查表》，二是《残疾人调查表》，三是《社区调查表》。调查项目共有52个，包括调查样本人群的家庭及其个人的状况，重点调查残疾人的致残原因、生活状况及其主要需求。

三、本资料是按照现场调查登记直接汇总的数据，未作任何调整。请读者在使用本资料时，特别是推算总体时，对以下因素予以充分注意:

1. 本资料不含调查漏登的人口数;

2. 本资料数据抽样比为8.10‰;

3. 作为一次多指标的抽样调查，有些分组较细的指标，代表性相对较低。

四、本次调查的城乡划分口径为: 城镇包括街道和镇的居委会，农村包括乡和镇的村委会。

五、本资料中空项表示无该项数据。

六、由于计算机运算中采取四舍五入的处理，个别汇总表分栏数据之和与合计数存在微小的差别，不影响对数据的使用。

七、为帮助读者准确使用本资料，附录中编印了《西藏自治区第二次全国残疾人抽样调查主要数据公报》、《第二次全国残疾人抽样调查方案》、《第二次全国残疾人抽样调查残疾标准》、《第二次全国残疾人抽样调查住户调查表》和填写说明、《第二次全国残疾人抽样调查残疾人调查表》和填写说明、《第二次全国残疾人抽样调查社区调查表》和填写说明、《西藏自治区第二次全国残疾人抽样调查抽样实施方案》、《西藏自治区第二次全国残疾人抽样调查调查队组成》等。

编　者

2008年1月

目　录

第一部分　调查人口的基本状况

1－1　各地区调查样本基本情况 …… 3
1－2　分年龄、性别的人口 …… 4
1－2a　城镇分年龄、性别的人口 …… 7
1－2b　农村分年龄、性别的人口 …… 10
1－3　调查家庭户类别 …… 13
1－4　各地区分性别、户口登记状况的人口 …… 14
1－5　各地区分户口登记状况、户口性质的人口 …… 15
1－6　6岁及以上人口分年龄、性别的受教育程度 …… 16
1－7　15岁及以上分年龄、性别的文盲人口 …… 25
1－7a　城镇15岁及以上分年龄、性别的文盲人口 …… 28
1－7b　农村15岁及以上分年龄、性别的文盲人口 …… 31
1－8　15岁及以上人口分年龄、性别的婚姻状况 …… 34
1－9　15岁及以上人口分性别、受教育程度的婚姻状况 …… 40
1－10　分年龄、性别的经济活动人口 …… 41
1－11　人口分年龄、性别的职业状况 …… 43
1－12　人口分性别、受教育程度的职业状况 …… 44
1－13　分年龄、性别的未工作人口 …… 45
1－14　分年龄、性别的未工作者主要生活来源 …… 57

第二部分　残疾人口的基本状况

2－1　各地区分性别、残疾类别的残疾人 …… 69
2－2　分年龄、性别、残疾类别的残疾人 …… 70
2－2a　城镇分年龄、性别、残疾类别的残疾人 …… 76
2－2b　农村分年龄、性别、残疾类别的残疾人 …… 82
2－3　多重残疾人的残疾类别组合 …… 88
2－4　各地区分民族、性别的残疾人 …… 90
2－5　各地区分性别、户口登记状况的残疾人 …… 92
2－6　各地区分性别、户口性质的残疾人 …… 93
2－7　有残疾人的家庭户类别 …… 93
2－7a　城镇有残疾人的家庭户类别 …… 94
2－7b　农村有残疾人的家庭户类别 …… 95
2－8　6岁及以上残疾人分年龄、性别的受教育程度 …… 97
2－8a　城镇6岁及以上残疾人分年龄、性别的受教育程度 …… 106
2－8b　农村6岁及以上残疾人分年龄、性别的受教育程度 …… 115
2－9　各地区6岁及以上残疾人分性别的受教育程度 …… 124
2－10　各地区15岁及以上残疾人分性别的文盲人口 …… 125
2－10a　各地区城镇15岁及以上残疾人分性别的文盲人口 …… 126
2－10b　各地区农村15岁及以上残疾人分性别的文盲人口 …… 126
2－11　15岁及以上残疾人分年龄、性别的文盲人口 …… 127
2－12　15岁及以上残疾人分年龄、性别的婚姻状况 …… 130

2－13　残疾人分年龄、性别的经济活动人口 …… 136
2－13a　城镇残疾人分年龄、性别的经济活动人口 …… 139
2－13b　农村残疾人分年龄、性别的经济活动人口 …… 142
2－14　残疾人分年龄、性别的职业状况 …… 145
2－15　残疾人分性别、受教育程度的职业状况 …… 146
2－16　各地区残疾人分性别的未工作状况 …… 147
2－16a　各地区城镇残疾人分性别的未工作状况 …… 149
2－16b　各地区农村残疾人分性别的未工作状况 …… 151
2－17　残疾人分年龄、性别的未工作状况 …… 153
2－17a　城镇残疾人分年龄、性别的未工作状况 …… 155
2－17b　农村残疾人分年龄、性别的未工作状况 …… 157
2－18　各地区分性别、未工作残疾人的主要生活来源 …… 159
2－19　分年龄、性别、未工作残疾人的主要生活来源 …… 160
2－19a　城镇分年龄、性别、未工作残疾人的主要生活来源 …… 161
2－19b　农村分年龄、性别、未工作残疾人的主要生活来源 …… 162
2－20　0－14岁残疾儿童及其家庭基本情况 …… 163
2－21　15岁及以上残疾妇女及其家庭基本情况 …… 164
2－22　60岁及以上老年残疾人及其家庭基本情况 …… 166

第三部分　残疾人的残疾类别、等级和主要致残原因

一、残疾类别与残疾等级

3－1　各地区残疾人分残疾类别、残疾等级的分布 …… 171
3－1a　各地区城镇残疾人分残疾类别、残疾等级的分布 …… 173
3－1b　各地区农村残疾人分残疾类别、残疾等级的分布 …… 175
3－2　残疾人分残疾类别、残疾等级的年龄构成 …… 177
3－2a　残疾人分残疾类别、残疾等级的年龄构成（男性） …… 189
3－2b　残疾人分残疾类别、残疾等级的年龄构成（女性） …… 201
3－3　各地区多重残疾人分残疾类别、残疾等级的分布 …… 213
3－3a　各地区城镇多重残疾人分残疾类别、残疾等级的分布 …… 214
3－3b　各地区农村多重残疾人分残疾类别、残疾等级的分布 …… 216
3－4　多重残疾人分残疾类别、残疾等级的年龄构成 …… 217
3－5　残疾（含多重）人分残疾类别、残疾等级的残疾发现年龄 …… 226

二、主要致残原因

3－6　视力残疾（含多重）人分城乡、残疾等级的主要致残原因 …… 235
3－7　听力残疾（含多重）人分城乡、残疾等级的主要致残原因 …… 237
3－8　言语残疾（含多重）人分城乡、残疾等级的主要致残原因 …… 239
3－9　肢体残疾（含多重）人分城乡、残疾等级的主要致残原因 …… 241
3－10　智力残疾（含多重）人分城乡、残疾等级的主要致残原因 …… 243
3－11　精神残疾（含多重）人分城乡、残疾等级的主要致残原因 …… 245
3－12　视力残疾（含多重）人分年龄、性别的主要致残原因 …… 247
3－13　听力残疾（含多重）人分年龄、性别的主要致残原因 …… 256
3－14　言语残疾（含多重）人分年龄、性别的主要致残原因 …… 268
3－15　肢体残疾（含多重）人分年龄、性别的主要致残原因 …… 283
3－16　智力残疾（含多重）人分年龄、性别的主要致残原因 …… 298
3－17　精神残疾（含多重）人分年龄、性别的主要致残原因 …… 310

第四部分　残疾人的活动和参与、义务教育、社会保障、接受服务及主要需求

一、活动和参与

1.视力残疾人

4－1　各地区18岁及以上视力残疾人分残疾等级的生活自理状况 …… 325
4－2　各地区18岁及以上视力残疾人分残疾等级的生活活动状况 …… 326

4－3　各地区18岁及以上视力残疾人分残疾等级的社会参与状况 …… 328
2.听力残疾人
4－4　各地区18岁及以上听力残疾人分残疾等级的理解和交流状况 …… 329
4－5　各地区18岁及以上听力残疾人分残疾等级的生活自理状况 …… 331
4－6　各地区18岁及以上听力残疾人分残疾等级的与人相处状况 …… 332
4－7　各地区18岁及以上听力残疾人分残疾等级的生活活动状况 …… 334
4－8　各地区18岁及以上听力残疾人分残疾等级的社会参与状况 …… 335
3.言语残疾人
4－9　各地区18岁及以上言语残疾人分残疾等级的理解和交流状况 …… 337
4－10　各地区18岁及以上言语残疾人分残疾等级的生活自理状况 …… 338
4－11　各地区18岁及以上言语残疾人分残疾等级的与人相处状况 …… 340
4－12　各地区18岁及以上言语残疾人分残疾等级的生活活动状况 …… 341
4－13　各地区18岁及以上言语残疾人分残疾等级的社会参与状况 …… 343
4.肢体残疾人
4－14　各地区18岁及以上肢体残疾人分残疾等级的身体移动状况 …… 344
4－15　各地区18岁及以上肢体残疾人分残疾等级的生活自理状况 …… 346
4－16　各地区18岁及以上肢体残疾人分残疾等级的生活活动状况 …… 347
4－17　各地区18岁及以上肢体残疾人分残疾等级的社会参与状况 …… 349
5.智力残疾人
4－18　各地区18岁及以上智力残疾人分残疾等级的理解和交流状况 …… 350
4－19　各地区18岁及以上智力残疾人分残疾等级的身体移动状况 …… 352
4－20　各地区18岁及以上智力残疾人分残疾等级的生活自理状况 …… 353
4－21　各地区18岁及以上智力残疾人分残疾等级的与人相处状况 …… 355
4－22　各地区18岁及以上智力残疾人分残疾等级的生活活动状况 …… 356
4－23　各地区18岁及以上智力残疾人分残疾等级的社会参与状况 …… 358
6.精神残疾人
4－24　各地区18岁及以上精神残疾人分残疾等级的理解和交流状况 …… 359
4－25　各地区18岁及以上精神残疾人分残疾等级的身体移动状况 …… 361
4－26　各地区18岁及以上精神残疾人分残疾等级的生活自理状况 …… 362
4－27　各地区18岁及以上精神残疾人分残疾等级的与人相处状况 …… 364
4－28　各地区18岁及以上精神残疾人分残疾等级的生活活动状况 …… 365
4－29　各地区18岁及以上精神残疾人分残疾等级的社会参与状况 …… 367
7.多重残疾人
4－30　各地区18岁及以上多重残疾人分残疾等级的理解和交流状况 …… 368
4－31　各地区18岁及以上多重残疾人分残疾等级的身体移动状况 …… 370
4－32　各地区18岁及以上多重残疾人分残疾等级的生活自理状况 …… 371
4－33　各地区18岁及以上多重残疾人分残疾等级的与人相处状况 …… 373
4－34　各地区18岁及以上多重残疾人分残疾等级的生活活动状况 …… 374
4－35　各地区18岁及以上多重残疾人分残疾等级的社会参与状况 …… 376
二、康复建议
4－36　各地区视力残疾人分残疾等级的康复形式 …… 377
4－37　各地区视力残疾人分残疾等级的康复内容 …… 378
4－38　各地区听力残疾人分残疾等级的康复形式 …… 379
4－39　各地区听力残疾人分残疾等级的康复内容 …… 380
4－40　各地区言语残疾人分残疾等级的康复形式 …… 381
4－41　各地区言语残疾人分残疾等级的康复内容 …… 382
4－42　各地区肢体残疾人分残疾等级的康复形式 …… 383
4－43　各地区肢体残疾人分残疾等级的康复内容 …… 384
4－44　各地区智力残疾人分残疾等级的康复形式 …… 385
4－45　各地区智力残疾人分残疾等级的康复内容 …… 386
4－46　各地区精神残疾人分残疾等级的康复形式 …… 387
4－47　各地区精神残疾人分残疾等级的康复内容 …… 388
4－48　各地区多重残疾人分残疾等级的康复形式 …… 389

4－49　各地区多重残疾人分残疾等级的康复内容 …… 390
三、持有残疾人证情况
4－50　各地区残疾人分城乡、残疾等级的持证情况 …… 391
四、6-14岁残疾儿童在校生接受义务教育情况
4－51　6-14岁视力残疾人分年龄、性别、残疾等级的在校生接受义务教育情况 …… 392
4－52　6-14岁听力残疾人分年龄、性别、残疾等级的在校生接受义务教育情况 …… 394
4－53　6-14岁言语残疾人分年龄、性别、残疾等级的在校生接受义务教育情况 …… 396
4－54　6-14岁肢体残疾人分年龄、性别、残疾等级的在校生接受义务教育情况 …… 398
4－55　6-14岁智力残疾人分年龄、性别、残疾等级的在校生接受义务教育情况 …… 400
4－56　6-14岁精神残疾人分年龄、性别、残疾等级的在校生接受义务教育情况 …… 402
4－57　6-14岁多重残疾人分年龄、性别、残疾等级的在校生接受义务教育情况 …… 404
4－58　各地区6-14岁残疾人分城乡、残疾等级的在校生接受义务教育情况 …… 406
五、社会保障
4－59　各地区16岁及以上视力残疾人分城乡的参加社会保险情况 …… 408
4－60　各地区16岁及以上听力残疾人分城乡的参加社会保险情况 …… 409
4－61　各地区16岁及以上言语残疾人分城乡的参加社会保险情况 …… 410
4－62　各地区16岁及以上肢体残疾人分城乡的参加社会保险情况 …… 411
4－63　各地区16岁及以上智力残疾人分城乡的参加社会保险情况 …… 412
4－64　各地区16岁及以上精神残疾人分城乡的参加社会保险情况 …… 413
4－65　各地区16岁及以上多重残疾人分城乡的参加社会保险情况 …… 414
4－66　各地区视力残疾人分城乡、残疾等级的领取低保金和救济情况 …… 415
4－67　各地区听力残疾人分城乡、残疾等级的领取低保金和救济情况 …… 416
4－68　各地区言语残疾人分城乡、残疾等级的领取低保金和救济情况 …… 417
4－69　各地区肢体残疾人分城乡、残疾等级的领取低保金和救济情况 …… 418
4－70　各地区智力残疾人分城乡、残疾等级的领取低保金和救济情况 …… 419
4－71　各地区精神残疾人分城乡、残疾等级的领取低保金和救济情况 …… 420
4－72　各地区多重残疾人分城乡、残疾等级的领取低保金和救济情况 …… 421
六、曾接受服务或扶助
4－73　各地区残疾人分城乡的曾接受服务或扶助 …… 422
4－74　各地区视力残疾人分城乡的曾接受服务或扶助 …… 425
4－75　各地区听力残疾人分城乡的曾接受服务或扶助 …… 427
4－76　各地区言语残疾人分城乡的曾接受服务或扶助 …… 430
4－77　各地区肢体残疾人分城乡的曾接受服务或扶助 …… 432
4－78　各地区智力残疾人分城乡的曾接受服务或扶助 …… 435
4－79　各地区精神残疾人分城乡的曾接受服务或扶助 …… 437
4－80　各地区多重残疾人分城乡的曾接受服务或扶助 …… 440
4－81　各地区视力残疾人分残疾等级的曾接受服务或扶助 …… 442
4－82　各地区听力残疾人分残疾等级的曾接受服务或扶助 …… 446
4－83　各地区言语残疾人分残疾等级的曾接受服务或扶助 …… 449
4－84　各地区肢体残疾人分残疾等级的曾接受服务或扶助 …… 453
4－85　各地区智力残疾人分残疾等级的曾接受服务或扶助 …… 456
4－86　各地区精神残疾人分残疾等级的曾接受服务或扶助 …… 460
4－87　各地区多重残疾人分残疾等级的曾接受服务或扶助 …… 463
七、主要需求
4－88　各地区残疾人分城乡的主要需求 …… 467
4－89　各地区视力残疾人分城乡的主要需求 …… 469
4－90　各地区听力残疾人分城乡的主要需求 …… 472
4－91　各地区言语残疾人分城乡的主要需求 …… 474
4－92　各地区肢体残疾人分城乡的主要需求 …… 477
4－93　各地区智力残疾人分城乡的主要需求 …… 479
4－94　各地区精神残疾人分城乡的主要需求 …… 482
4－95　各地区多重残疾人分城乡的主要需求 …… 484
4－96　各地区视力残疾人分残疾等级的主要需求 …… 487

4－97　各地区听力残疾人分残疾等级的主要需求 …… 490
4－98　各地区言语残疾人分残疾等级的主要需求 …… 494
4－99　各地区肢体残疾人分残疾等级的主要需求 …… 497
4－100　各地区智力残疾人分残疾等级的主要需求 …… 501
4－101　各地区精神残疾人分残疾等级的主要需求 …… 504
4－102　各地区多重残疾人分残疾等级的主要需求 …… 508

第五部分　社区和住户基本情况

5－1　调查社区基本情况 …… 513
5－2　各地区调查社区公共服务机构的覆盖情况 …… 514
5－2a　各地区调查城镇社区公共服务机构的覆盖情况 …… 515
5－2b　各地区调查农村社区公共服务机构的覆盖情况 …… 516
5－3　调查农村社区的收入水平与公共服务机构覆盖情况 …… 517
5－4　各地区调查户2005年人均收入 …… 518
5－4a　各地区城镇调查户2005年人均收入 …… 519
5－4b　各地区农村调查户2005年人均收入 …… 520
5－5　各地区有残疾人调查户2005年人均收入 …… 521
5－5a　各地区城镇有残疾人调查户2005年人均收入 …… 522
5－5b　各地区农村有残疾人调查户2005年人均收入 …… 523
5－6　各地区调查户的住房状况 …… 524
5－6a　各地区城镇调查户的住房状况 …… 525
5－6b　各地区农村调查户的住房状况 …… 526
5－7　各地区有残疾人调查户的住房状况 …… 527
5－7a　各地区城镇有残疾人调查户的住房状况 …… 528
5－7b　各地区农村有残疾人调查户的住房状况 …… 529
5－8　各地区调查户家用电器拥有和用电状况 …… 530
5－8a　各地区城镇调查户家用电器拥有和用电状况 …… 530
5－8b　各地区农村调查户家用电器拥有和用电状况 …… 531
5－9　各地区有残疾人户家用电器拥有和用电状况 …… 531
5－9a　各地区城镇有残疾人户家用电器拥有和用电状况 …… 532
5－9b　各地区农村有残疾人户家用电器拥有和用电状况 …… 532

主要统计指标解释 …… 533

附　录

1.　西藏自治区第二次全国残疾人抽样调查主要数据公报 …… 537
2.　第二次全国残疾人抽样调查方案 …… 539
3.　第二次全国残疾人抽样调查残疾标准 …… 543
4.　第二次全国残疾人抽样调查住户调查表
5.　第二次全国残疾人抽样调查《住户调查表》填写说明 …… 547
6.　第二次全国残疾人抽样调查残疾人调查表
7.　第二次全国残疾人抽样调查《残疾人调查表》填写说明 …… 553
8.　第二次全国残疾人抽样调查社区（村、居委会）调查表 …… 558
9.　第二次全国残疾人抽样调查《社区（村、居委会）调查表》填写说明 …… 559
10.　西藏自治区第二次全国残疾人抽样调查抽样实施方案 …… 560
11.　西藏自治区第二次全国残疾人抽样调查领导小组成员名单，办公室人员名单，专家委员会人员名单 …… 563
12.　西藏自治区第二次全国残疾人抽样调查样本县（区）领导小组，办公室主任、副主任，调查队名单 …… 566
13.　西藏自治区第二次全国残疾人抽样调查实施方案 …… 570
14.　西藏自治区第二次全国残疾人抽样调查样本县、乡、村、调查小区名单 …… 574

第一部分　调查人口的基本状况

1－1 各地区调查样本基本情况

地区	调查县(市、区)数(个)	调查乡(镇、街道)数(个)	调查小区数(个)	调查户数(户)	调查人口(人)			调查残疾人(人)		
					小计	男	女	小计	男	女
总计	**6**	**24**	**48**	**4928**	**22571**	**10991**	**11580**	**1581**	**739**	**842**
拉萨市城关区	1	4	8	1040	3720	1663	2057	337	149	188
昌都地区察雅县	1	4	8	709	3573	1766	1807	221	106	115
山南地区琼结县	1	4	8	1118	4507	2143	2364	316	138	178
日喀则地区南木林县	1	4	8	763	3739	1837	1902	215	101	114
日喀则地区白朗县	1	4	8	685	3993	2065	1928	229	121	108
那曲地区索县	1	4	8	613	3039	1517	1522	263	124	139

1-2 分年龄、性别的人口

单位：人，%

年 龄	调查人口				调查残疾人			
	合计	男	女	性别比	合计	男	女	性别比
总 计	**22571**	**10991**	**11580**	**95**	**1581**	**739**	**842**	**88**
0-4	**1859**	**967**	**892**	**108**	**26**	**15**	**11**	**136**
0岁	384	197	187	105	2		2	
1岁	294	140	154	91	3	3		
2岁	386	201	185	109	2	2		
3岁	353	191	162	118	7	3	4	75
4岁	442	238	204	117	12	7	5	140
5-9	**1924**	**986**	**938**	**105**	**61**	**31**	**30**	**103**
5岁	376	202	174	116	10	4	6	67
6岁	327	167	160	104	11	4	7	57
7岁	420	221	199	111	8	3	5	60
8岁	409	214	195	110	18	10	8	125
9岁	392	182	210	87	14	10	4	250
10-14	**2316**	**1143**	**1173**	**97**	**87**	**44**	**43**	**102**
10岁	434	210	224	94	14	8	6	133
11岁	408	220	188	117	14	8	6	133
12岁	507	246	261	94	21	9	12	75
13岁	483	250	233	107	16	10	6	167
14岁	484	217	267	81	22	9	13	69
15-19	**2199**	**1095**	**1104**	**99**	**83**	**52**	**31**	**168**
15岁	470	233	237	98	24	14	10	140
16岁	460	217	243	89	15	9	6	150
17岁	442	221	221	100	16	10	6	167
18岁	453	238	215	111	16	13	3	433
19岁	374	186	188	99	12	6	6	100
20-24	**2006**	**1029**	**977**	**105**	**52**	**27**	**25**	**108**
20岁	442	217	225	96	8	5	3	167
21岁	377	209	168	124	10	4	6	67
22岁	391	189	202	94	10	4	6	67
23岁	408	211	197	107	12	6	6	100
24岁	388	203	185	110	12	8	4	200
25-29	**1807**	**883**	**924**	**96**	**64**	**29**	**35**	**83**
25岁	459	216	243	89	15	5	10	50

1-2 续表 1

单位：人，%

年龄	调查人口				调查残疾人			
	合计	男	女	性别比	合计	男	女	性别比
26岁	389	205	184	111	12	4	8	50
27岁	363	174	189	92	15	9	6	150
28岁	331	166	165	101	17	10	7	143
29岁	265	122	143	85	5	1	4	25
30-34	**1678**	**824**	**854**	**96**	**70**	**27**	**43**	**63**
30岁	391	196	195	101	15	4	11	36
31岁	288	147	141	104	6	3	3	100
32岁	344	191	153	125	13	8	5	160
33岁	335	163	172	95	18	6	12	50
34岁	320	127	193	66	18	6	12	50
35-39	**1786**	**888**	**898**	**99**	**80**	**45**	**35**	**129**
35岁	362	176	186	95	19	11	8	138
36岁	371	186	185	101	16	10	6	167
37岁	378	188	190	99	13	8	5	160
38岁	391	194	197	98	21	11	10	110
39岁	284	144	140	103	11	5	6	83
40-44	**1542**	**732**	**810**	**90**	**95**	**47**	**48**	**98**
40岁	364	171	193	89	27	15	12	125
41岁	298	141	157	90	14	9	5	180
42岁	321	157	164	96	19	7	12	58
43岁	283	122	161	76	20	7	13	54
44岁	276	141	135	104	15	9	6	150
45-49	**1226**	**571**	**655**	**87**	**105**	**50**	**55**	**91**
45岁	295	152	143	106	18	12	6	200
46岁	274	125	149	84	22	10	12	83
47岁	247	116	131	89	28	11	17	65
48岁	202	91	111	82	15	9	6	150
49岁	208	87	121	72	22	8	14	57
50-54	**967**	**444**	**523**	**85**	**89**	**48**	**41**	**117**
50岁	226	96	130	74	21	14	7	200
51岁	183	82	101	81	12	4	8	50
52岁	201	91	110	83	17	6	11	55
53岁	177	81	96	84	14	8	6	133
54岁	180	94	86	109	25	16	9	178

1-2 续表 2

单位：人，%

年 龄	调查人口				调查残疾人			
	合计	男	女	性别比	合计	男	女	性别比
55-59	**888**	**421**	**467**	**90**	**116**	**57**	**59**	**97**
55岁	169	81	88	92	26	12	14	86
56岁	199	102	97	105	24	13	11	118
57岁	168	80	88	91	14	6	8	75
58岁	189	90	99	91	30	18	12	150
59岁	163	68	95	72	22	8	14	57
60-64	**848**	**387**	**461**	**84**	**149**	**69**	**80**	**86**
60岁	234	98	136	72	33	15	18	83
61岁	157	73	84	87	22	5	17	29
62岁	159	77	82	94	29	18	11	164
63岁	160	77	83	93	29	12	17	71
64岁	138	62	76	82	36	19	17	112
65-69	**674**	**277**	**397**	**70**	**166**	**69**	**97**	**71**
65岁	167	69	98	70	39	16	23	70
66岁	117	49	68	72	26	15	11	136
67岁	136	55	81	68	35	15	20	75
68岁	131	55	76	72	30	11	19	58
69岁	123	49	74	66	36	12	24	50
70-74	**437**	**180**	**257**	**70**	**150**	**53**	**97**	**55**
70岁	130	48	82	59	36	15	21	71
71岁	94	43	51	84	31	13	18	72
72岁	87	39	48	81	30	9	21	43
73岁	70	28	42	67	28	8	20	40
74岁	56	22	34	65	25	8	17	47
75-79	**256**	**107**	**149**	**72**	**113**	**46**	**67**	**69**
75岁	61	21	40	53	25	6	19	32
76岁	74	30	44	68	27	13	14	93
77岁	39	18	21	86	18	7	11	64
78岁	48	23	25	92	25	13	12	108
79岁	34	15	19	79	18	7	11	64
80-84	**114**	**40**	**74**	**54**	**54**	**20**	**34**	**59**
80岁	34	13	21	62	14	7	7	100
81岁	23	12	11	109	12	8	4	200
82岁	21	7	14	50	11	3	8	38
83岁	24	6	18	33	11	2	9	22
84岁	12	2	10	20	6		6	
85+	**44**	**17**	**27**	**63**	**21**	**10**	**11**	**91**

1-2a 城镇分年龄、性别的人口

单位：人，%

年龄	调查人口				调查残疾人			
	合计	男	女	性别比	合计	男	女	性别比
总计	**4686**	**2083**	**2603**	**80**	**353**	**148**	**205**	**72**
0-4	**274**	**145**	**129**	**112**	**3**	**2**	**1**	**200**
0岁	54	27	27	100				
1岁	52	29	23	126	1	1		
2岁	55	29	26	112	1	1		
3岁	39	20	19	105				
4岁	74	40	34	118	1		1	
5-9	**300**	**156**	**144**	**108**	**6**	**3**	**3**	**100**
5岁	67	34	33	103	2		2	
6岁	49	29	20	145	2	1	1	100
7岁	58	31	27	115				
8岁	56	31	25	124	1	1		
9岁	70	31	39	79	1	1		
10-14	**349**	**174**	**175**	**99**	**11**	**7**	**4**	**175**
10岁	62	30	32	94				
11岁	56	33	23	143	1	1		
12岁	69	35	34	103	1		1	
13岁	88	45	43	105	6	4	2	200
14岁	74	31	43	72	3	2	1	200
15-19	**321**	**132**	**189**	**70**	**8**	**5**	**3**	**167**
15岁	61	25	36	69	1		1	
16岁	79	27	52	52	1		1	
17岁	65	32	33	97	5	4	1	400
18岁	71	31	40	78				
19岁	45	17	28	61	1	1		
20-24	**289**	**121**	**168**	**72**	**8**	**3**	**5**	**60**
20岁	59	21	38	55	1		1	
21岁	51	22	29	76	2	1	1	100
22岁	60	23	37	62	1		1	
23岁	53	24	29	83	2	1	1	100
24岁	66	31	35	89	2	1	1	100
25-29	**363**	**153**	**210**	**73**	**18**	**6**	**12**	**50**
25岁	81	32	49	65	5	2	3	67

1-2a 续表 1

单位：人，%

年 龄	调查人口				调查残疾人			
	合计	男	女	性别比	合计	男	女	性别比
26岁	76	36	40	90	4	1	3	33
27岁	80	30	50	60	3	2	1	200
28岁	70	31	39	79	4	1	3	33
29岁	56	24	32	75	2		2	
30-34	**373**	**161**	**212**	**76**	**10**	**4**	**6**	**67**
30岁	83	34	49	69	1		1	
31岁	72	34	38	89				
32岁	76	42	34	124	2	1	1	100
33岁	83	33	50	66	5	2	3	67
34岁	59	18	41	44	2	1	1	100
35-39	**430**	**197**	**233**	**85**	**15**	**4**	**11**	**36**
35岁	80	38	42	90	2		2	
36岁	87	40	47	85	3	1	2	50
37岁	95	40	55	73				
38岁	113	57	56	102	10	3	7	43
39岁	55	22	33	67				
40-44	**361**	**151**	**210**	**72**	**13**	**6**	**7**	**86**
40岁	92	45	47	96	5	3	2	150
41岁	61	27	34	79	2	1	1	100
42岁	79	32	47	68	2		2	
43岁	71	23	48	48	3	1	2	50
44岁	58	24	34	71	1	1		
45-49	**302**	**132**	**170**	**78**	**17**	**8**	**9**	**89**
45岁	69	33	36	92	5	4	1	400
46岁	70	31	39	79	2	1	1	100
47岁	65	29	36	81	7	3	4	75
48岁	52	21	31	68	2		2	
49岁	46	18	28	64	1		1	
50-54	**267**	**120**	**147**	**82**	**18**	**9**	**9**	**100**
50岁	57	22	35	63	5	1	4	25
51岁	42	21	21	100	1	1		
52岁	65	33	32	103	2		2	
53岁	44	17	27	63	3	2	1	200
54岁	59	27	32	84	7	5	2	250

1-2a 续表 2

单位：人，%

年 龄	调查人口				调查残疾人			
	合计	男	女	性别比	合计	男	女	性别比
55-59	**235**	**101**	**134**	**75**	**23**	**8**	**15**	**53**
55岁	46	22	24	92	5	2	3	67
56岁	47	21	26	81	5	1	4	25
57岁	37	17	20	85	1		1	
58岁	57	23	34	68	8	5	3	167
59岁	48	18	30	60	4		4	
60-64	**282**	**129**	**153**	**84**	**38**	**19**	**19**	**100**
60岁	76	28	48	58	9	5	4	125
61岁	50	27	23	117	8	1	7	14
62岁	53	24	29	83	6	4	2	200
63岁	54	29	25	116	2	2		
64岁	49	21	28	75	13	7	6	117
65-69	**252**	**97**	**155**	**63**	**55**	**23**	**32**	**72**
65岁	53	23	30	77	13	5	8	63
66岁	56	25	31	81	9	7	2	350
67岁	50	19	31	61	14	6	8	75
68岁	49	19	30	63	9	4	5	80
69岁	44	11	33	33	10	1	9	11
70-74	**172**	**68**	**104**	**65**	**57**	**20**	**37**	**54**
70岁	56	23	33	70	17	10	7	143
71岁	36	15	21	71	11	6	5	120
72岁	35	16	19	84	13	3	10	30
73岁	23	6	17	35	8		8	
74岁	22	8	14	57	8	1	7	14
75-79	**68**	**27**	**41**	**66**	**27**	**10**	**17**	**59**
75岁	18	5	13	38	6	1	5	20
76岁	17	8	9	89	4	2	2	100
77岁	16	7	9	78	5	2	3	67
78岁	12	5	7	71	9	5	4	125
79岁	5	2	3	67	3		3	
80-84	**34**	**15**	**19**	**79**	**18**	**8**	**10**	**80**
80岁	8	3	5	60	2		2	
81岁	12	7	5	140	7	5	2	250
82岁	6	3	3	100	4	2	2	100
83岁	5	2	3	67	3	1	2	50
84岁	3		3		2		2	
85+	**14**	**4**	**10**	**40**	**8**	**3**	**5**	**60**

1-2b 农村分年龄、性别的人口

单位：人，%

年 龄	调查人口				调查残疾人			
	合计	男	女	性别比	合计	男	女	性别比
总 计	**17885**	**8908**	**8977**	**99**	**1228**	**591**	**637**	**93**
0-4	**1585**	**822**	**763**	**108**	**23**	**13**	**10**	**130**
0岁	330	170	160	106	2		2	
1岁	242	111	131	85	2	2		
2岁	331	172	159	108	1	1		
3岁	314	171	143	120	7	3	4	75
4岁	368	198	170	116	11	7	4	175
5-9	**1624**	**830**	**794**	**105**	**55**	**28**	**27**	**104**
5岁	309	168	141	119	8	4	4	100
6岁	278	138	140	99	9	3	6	50
7岁	362	190	172	110	8	3	5	60
8岁	353	183	170	108	17	9	8	113
9岁	322	151	171	88	13	9	4	225
10-14	**1967**	**969**	**998**	**97**	**76**	**37**	**39**	**95**
10岁	372	180	192	94	14	8	6	133
11岁	352	187	165	113	13	7	6	117
12岁	438	211	227	93	20	9	11	82
13岁	395	205	190	108	10	6	4	150
14岁	410	186	224	83	19	7	12	58
15-19	**1878**	**963**	**915**	**105**	**75**	**47**	**28**	**168**
15岁	409	208	201	103	23	14	9	156
16岁	381	190	191	99	14	9	5	180
17岁	377	189	188	101	11	6	5	120
18岁	382	207	175	118	16	13	3	433
19岁	329	169	160	106	11	5	6	83
20-24	**1717**	**908**	**809**	**112**	**44**	**24**	**20**	**120**
20岁	383	196	187	105	7	5	2	250
21岁	326	187	139	135	8	3	5	60
22岁	331	166	165	101	9	4	5	80
23岁	355	187	168	111	10	5	5	100
24岁	322	172	150	115	10	7	3	233
25-29	**1444**	**730**	**714**	**102**	**46**	**23**	**23**	**100**
25岁	378	184	194	95	10	3	7	43

1-2b 续表 1

单位：人，%

年 龄	调查人口				调查残疾人			
	合计	男	女	性别比	合计	男	女	性别比
26岁	313	169	144	117	8	3	5	60
27岁	283	144	139	104	12	7	5	140
28岁	261	135	126	107	13	9	4	225
29岁	209	98	111	88	3	1	2	50
30-34	**1305**	**663**	**642**	**103**	**60**	**23**	**37**	**62**
30岁	308	162	146	111	14	4	10	40
31岁	216	113	103	110	6	3	3	100
32岁	268	149	119	125	11	7	4	175
33岁	252	130	122	107	13	4	9	44
34岁	261	109	152	72	16	5	11	45
35-39	**1356**	**691**	**665**	**104**	**65**	**41**	**24**	**171**
35岁	282	138	144	96	17	11	6	183
36岁	284	146	138	106	13	9	4	225
37岁	283	148	135	110	13	8	5	160
38岁	278	137	141	97	11	8	3	267
39岁	229	122	107	114	11	5	6	83
40-44	**1181**	**581**	**600**	**97**	**82**	**41**	**41**	**100**
40岁	272	126	146	86	22	12	10	120
41岁	237	114	123	93	12	8	4	200
42岁	242	125	117	107	17	7	10	70
43岁	212	99	113	88	17	6	11	55
44岁	218	117	101	116	14	8	6	133
45-49	**924**	**439**	**485**	**91**	**88**	**42**	**46**	**91**
45岁	226	119	107	111	13	8	5	160
46岁	204	94	110	85	20	9	11	82
47岁	182	87	95	92	21	8	13	62
48岁	150	70	80	88	13	9	4	225
49岁	162	69	93	74	21	8	13	62
50-54	**700**	**324**	**376**	**86**	**71**	**39**	**32**	**122**
50岁	169	74	95	78	16	13	3	433
51岁	141	61	80	76	11	3	8	38
52岁	136	58	78	74	15	6	9	67
53岁	133	64	69	93	11	6	5	120
54岁	121	67	54	124	18	11	7	157

1-2b 续表 2

单位：人，%

年龄	调查人口				调查残疾人			
	合计	男	女	性别比	合计	男	女	性别比
55-59	**653**	**320**	**333**	**96**	**93**	**49**	**44**	**111**
55岁	123	59	64	92	21	10	11	91
56岁	152	81	71	114	19	12	7	171
57岁	131	63	68	93	13	6	7	86
58岁	132	67	65	103	22	13	9	144
59岁	115	50	65	77	18	8	10	80
60-64	**566**	**258**	**308**	**84**	**111**	**50**	**61**	**82**
60岁	158	70	88	80	24	10	14	71
61岁	107	46	61	75	14	4	10	40
62岁	106	53	53	100	23	14	9	156
63岁	106	48	58	83	27	10	17	59
64岁	89	41	48	85	23	12	11	109
65-69	**422**	**180**	**242**	**74**	**111**	**46**	**65**	**71**
65岁	114	46	68	68	26	11	15	73
66岁	61	24	37	65	17	8	9	89
67岁	86	36	50	72	21	9	12	75
68岁	82	36	46	78	21	7	14	50
69岁	79	38	41	93	26	11	15	73
70-74	**265**	**112**	**153**	**73**	**93**	**33**	**60**	**55**
70岁	74	25	49	51	19	5	14	36
71岁	58	28	30	93	20	7	13	54
72岁	52	23	29	79	17	6	11	55
73岁	47	22	25	88	20	8	12	67
74岁	34	14	20	70	17	7	10	70
75-79	**188**	**80**	**108**	**74**	**86**	**36**	**50**	**72**
75岁	43	16	27	59	19	5	14	36
76岁	57	22	35	63	23	11	12	92
77岁	23	11	12	92	13	5	8	63
78岁	36	18	18	100	16	8	8	100
79岁	29	13	16	81	15	7	8	88
80-84	**80**	**25**	**55**	**45**	**36**	**12**	**24**	**50**
80岁	26	10	16	63	12	7	5	140
81岁	11	5	6	83	5	3	2	150
82岁	15	4	11	36	7	1	6	17
83岁	19	4	15	27	8	1	7	14
84岁	9	2	7	29	4		4	
85+	**30**	**13**	**17**	**76**	**13**	**7**	**6**	**117**

1-3 调查家庭户类别

单位：户

家庭户规模	合计	一代户	二代户	三代户	四代户及以上
总 计	**4928**	**828**	**2665**	**1391**	**44**
一人户	323	323			
二人户	572	285	287		
三人户	766	91	603	72	
四人户	977	66	711	198	2
五人户	647	27	351	262	7
六人户	580	15	281	273	11
七人户	428	8	191	222	7
八人户	528	12	219	286	11
九人户	107	1	22	78	6

1-4　各地区分性别、户口登记状况的人口

单位：人

地　区	调查人口			住本调查小区，户口在本乡、镇、街道		
	合计	男	女	小计	男	女
总　计	**22571**	**10991**	**11580**	**20148**	**9894**	**10254**
拉萨市城关区	3720	1663	2057	1534	684	850
昌都地区察雅县	3573	1766	1807	3564	1762	1802
山南地区琼结县	4507	2143	2364	4378	2070	2308
日喀则地区南木林县	3739	1837	1902	3722	1829	1893
日喀则地区白朗县	3993	2065	1928	3911	2032	1879
那曲地区索县	3039	1517	1522	3039	1517	1522

1-4　续表

单位：人

地　区	住本调查小区半年以上，户口在外乡镇、街道			住本调查小区不满半年，离开户口所在地半年以上			住本调查小区，户口待定		
	小计	男	女	小计	男	女	小计	男	女
总　计	**2305**	**1042**	**1263**	**9**	**2**	**7**	**109**	**53**	**56**
拉萨市城关区	2165	971	1194	2		2	19	8	11
昌都地区察雅县	5	2	3	4	2	2			
山南地区琼结县	98	56	42				31	17	14
日喀则地区南木林县	15	7	8	1		1	1	1	
日喀则地区白朗县	22	6	16	2		2	58	27	31
那曲地区索县									

1-5 各地区分户口登记状况、户口性质的人口

单位：人

地 区	合计			住本调查小区，户口在本乡、镇、街道		
	合计	农业	非农业	小计	农业	非农业
总 计	**22462**	**20147**	**2315**	**20148**	**19595**	**553**
拉萨市城关区	3701	1560	2141	1534	1128	406
昌都地区察雅县	3573	3466	107	3564	3459	105
山南地区琼结县	4476	4447	29	4378	4359	19
日喀则地区南木林县	3738	3708	30	3722	3703	19
日喀则地区白朗县	3935	3927	8	3911	3907	4
那曲地区索县	3039	3039		3039	3039	

1-5 续表

单位：人

地 区	住本调查小区半年以上，户口在外乡、镇、街道			住本调查小区不满半年，离开户口所在地半年以上		
	小计	农业	非农业	小计	农业	非农业
总 计	**2305**	**545**	**1760**	**9**	**7**	**2**
拉萨市城关区	2165	430	1735	2	2	
昌都地区察雅县	5	5		4	2	2
山南地区琼结县	98	88	10			
日喀则地区南木林县	15	4	11	1	1	
日喀则地区白朗县	22	18	4	2	2	
那曲地区索县						

1-6 6岁及以上人口分年龄、性别的受教育程度

单位：人

年 龄	调查人口			不识字			未上过学		
	合计	男	女	小计	男	女	小计	男	女
总 计	**20336**	**9822**	**10514**	**8260**	**2729**	**5531**	**819**	**452**	**367**
6-9	**1548**	**784**	**764**	**371**	**178**	**193**	**4**		**4**
6岁	327	167	160	207	106	101			
7岁	420	221	199	72	37	35			
8岁	409	214	195	53	23	30	3		3
9岁	392	182	210	39	12	27	1		1
10-14	**2316**	**1143**	**1173**	**274**	**91**	**183**	**6**	**4**	**2**
10岁	434	210	224	48	16	32	1	1	
11岁	408	220	188	29	10	19			
12岁	507	246	261	55	13	42	2	1	1
13岁	483	250	233	56	21	35	1	1	
14岁	484	217	267	86	31	55	2	1	1
15-19	**2199**	**1095**	**1104**	**504**	**176**	**328**	**46**	**24**	**22**
15岁	470	233	237	89	34	55	8	4	4
16岁	460	217	243	89	29	60	7	4	3
17岁	442	221	221	93	34	59	11	5	6
18岁	453	238	215	109	36	73	9	5	4
19岁	374	186	188	124	43	81	11	6	5
20-24	**2006**	**1029**	**977**	**736**	**243**	**493**	**94**	**45**	**49**
20岁	442	217	225	140	53	87	16	6	10
21岁	377	209	168	134	45	89	16	9	7
22岁	391	189	202	136	38	98	16	7	9
23岁	408	211	197	171	59	112	22	9	13
24岁	388	203	185	155	48	107	24	14	10
25-29	**1807**	**883**	**924**	**763**	**234**	**529**	**125**	**71**	**54**
25岁	459	216	243	191	55	136	30	16	14
26岁	389	205	184	155	45	110	23	14	9
27岁	363	174	189	153	46	107	23	12	11
28岁	331	166	165	138	50	88	32	18	14
29岁	265	122	143	126	38	88	17	11	6
30-34	**1678**	**824**	**854**	**760**	**264**	**496**	**104**	**53**	**51**
30岁	391	196	195	172	60	112	19	11	8

1-6 续表 1

单位：人

年 龄	调查人口			不识字			未上过学		
	合计	男	女	小计	男	女	小计	男	女
31岁	288	147	141	115	42	73	16	8	8
32岁	344	191	153	166	71	95	23	13	10
33岁	335	163	172	153	58	95	19	10	9
34岁	320	127	193	154	33	121	27	11	16
35-39	**1786**	**888**	**898**	**764**	**244**	**520**	**113**	**55**	**58**
35岁	362	176	186	175	55	120	21	7	14
36岁	371	186	185	162	56	106	25	16	9
37岁	378	188	190	161	53	108	21	10	11
38岁	391	194	197	158	45	113	23	10	13
39岁	284	144	140	108	35	73	23	12	11
40-44	**1542**	**732**	**810**	**653**	**208**	**445**	**100**	**43**	**57**
40岁	364	171	193	151	46	105	24	9	15
41岁	298	141	157	120	41	79	28	8	20
42岁	321	157	164	134	41	93	13	6	7
43岁	283	122	161	131	35	96	23	17	6
44岁	276	141	135	117	45	72	12	3	9
45-49	**1226**	**571**	**655**	**630**	**195**	**435**	**50**	**32**	**18**
45岁	295	152	143	133	40	93	17	12	5
46岁	274	125	149	128	44	84	7	4	3
47岁	247	116	131	134	46	88	10	7	3
48岁	202	91	111	108	30	78	8	4	4
49岁	208	87	121	127	35	92	8	5	3
50-54	**967**	**444**	**523**	**561**	**182**	**379**	**51**	**34**	**17**
50岁	226	96	130	137	42	95	11	5	6
51岁	183	82	101	110	36	74	8	5	3
52岁	201	91	110	113	31	82	10	7	3
53岁	177	81	96	105	36	69	9	6	3
54岁	180	94	86	96	37	59	13	11	2
55-59	**888**	**421**	**467**	**494**	**157**	**337**	**51**	**35**	**16**
55岁	169	81	88	80	21	59	9	8	1
56岁	199	102	97	105	39	66	16	11	5
57岁	168	80	88	97	28	69	10	6	4
58岁	189	90	99	111	40	71	8	3	5
59岁	163	68	95	101	29	72	8	7	1

1-6 续表 2

单位：人

年 龄	调查人口			不识字			未上过学		
	合计	男	女	小计	男	女	小计	男	女
60-64	**848**	**387**	**461**	**579**	**194**	**385**	**31**	**22**	**9**
60岁	234	98	136	166	51	115	7	4	3
61岁	157	73	84	102	32	70	11	8	3
62岁	159	77	82	107	38	69	3	3	
63岁	160	77	83	111	41	70	4	3	1
64岁	138	62	76	93	32	61	6	4	2
65-69	**674**	**277**	**397**	**485**	**140**	**345**	**20**	**16**	**4**
65岁	167	69	98	115	32	83	7	5	2
66岁	117	49	68	78	21	57	6	6	
67岁	136	55	81	96	27	69	3	2	1
68岁	131	55	76	100	31	69	2	1	1
69岁	123	49	74	96	29	67	2	2	
70-74	**437**	**180**	**257**	**335**	**109**	**226**	**14**	**11**	**3**
70岁	130	48	82	95	26	69	2	2	
71岁	94	43	51	75	29	46	4	3	1
72岁	87	39	48	62	23	39	6	4	2
73岁	70	28	42	58	18	40	1	1	
74岁	56	22	34	45	13	32	1	1	
75-79	**256**	**107**	**149**	**216**	**75**	**141**	**7**	**5**	**2**
75岁	61	21	40	51	14	37	1		1
76岁	74	30	44	63	23	40	2	1	1
77岁	39	18	21	32	11	21			
78岁	48	23	25	39	15	24	3	3	
79岁	34	15	19	31	12	19	1	1	
80+	**158**	**57**	**101**	**135**	**39**	**96**	**3**	**2**	**1**

1-6 续表 3

单位：人

年龄	小学			初中			高中		
	小计	男	女	小计	男	女	小计	男	女
总　计	**8459**	**5084**	**3375**	**1885**	**1088**	**797**	**355**	**176**	**179**
6-9	**1169**	**603**	**566**	**4**	**3**	**1**			
6岁	120	61	59						
7岁	348	184	164						
8岁	350	189	161	3	2	1			
9岁	351	169	182	1	1				
10-14	**1622**	**854**	**768**	**406**	**188**	**218**	**8**	**6**	**2**
10岁	383	192	191	2	1	1			
11岁	366	202	164	13	8	5			
12岁	410	220	190	40	12	28			
13岁	290	159	131	135	68	67	1	1	
14岁	173	81	92	216	99	117	7	5	2
15-19	**745**	**402**	**343**	**720**	**409**	**311**	**167**	**78**	**89**
15岁	153	80	73	207	109	98	13	6	7
16岁	121	50	71	209	120	89	33	13	20
17岁	145	72	73	134	79	55	54	30	24
18岁	189	116	73	100	62	38	43	18	25
19岁	137	84	53	70	39	31	24	11	13
20-24	**834**	**534**	**300**	**206**	**138**	**68**	**57**	**32**	**25**
20岁	201	114	87	51	32	19	22	8	14
21岁	163	112	51	37	28	9	10	6	4
22岁	157	94	63	52	35	17	14	8	6
23岁	166	115	51	26	15	11	6	6	
24岁	147	99	48	40	28	12	5	4	1
25-29	**653**	**423**	**230**	**161**	**108**	**53**	**29**	**13**	**16**
25岁	170	110	60	41	27	14	7	4	3
26岁	147	99	48	37	29	8	4	2	2
27岁	133	86	47	31	18	13	6	4	2
28岁	114	70	44	31	21	10	6	3	3
29岁	89	58	31	21	13	8	6		6
30-34	**587**	**395**	**192**	**90**	**55**	**35**	**36**	**15**	**21**
30岁	144	98	46	26	14	12	11	5	6

1-6 续表 4

单位：人

年 龄	小学			初中			高中		
	小计	男	女	小计	男	女	小计	男	女
31岁	108	75	33	20	11	9	11	5	6
32岁	117	87	30	16	12	4	5	1	4
33岁	113	70	43	16	9	7	5	1	4
34岁	105	65	40	12	9	3	4	3	1
35-39	**752**	**489**	**263**	**74**	**47**	**27**	**17**	**12**	**5**
35岁	137	92	45	15	11	4	2	2	
36岁	151	97	54	16	8	8	4	1	3
37岁	162	108	54	17	9	8	3	2	1
38岁	166	108	58	18	13	5	6	5	1
39岁	136	84	52	8	6	2	2	2	
40-44	**663**	**413**	**250**	**73**	**44**	**29**	**11**	**2**	**9**
40岁	153	97	56	20	11	9	6	1	5
41岁	124	77	47	18	12	6	1		1
42岁	145	93	52	14	10	4	1	1	
43岁	110	64	46	10	3	7	2		2
44岁	131	82	49	11	8	3	1		1
45-49	**464**	**291**	**173**	**45**	**27**	**18**	**8**	**5**	**3**
45岁	126	86	40	11	10	1	3	2	1
46岁	112	66	46	14	4	10	3	1	2
47岁	90	54	36	9	5	4			
48岁	69	43	26	8	5	3	1	1	
49岁	67	42	25	3	3		1	1	
50-54	**286**	**180**	**106**	**38**	**26**	**12**	**2**	**2**	
50岁	68	44	24	5	3	2			
51岁	54	33	21	6	4	2			
52岁	60	37	23	11	10	1	2	2	
53岁	52	32	20	7	4	3			
54岁	52	34	18	9	5	4			
55-59	**295**	**200**	**95**	**21**	**12**	**9**	**4**	**2**	**2**
55岁	68	44	24	6	3	3	2	2	
56岁	65	46	19	4	2	2	2		2
57岁	56	43	13	3	2	1			
58岁	61	41	20	5	3	2			
59岁	45	26	19	3	2	1			

1-6 续表 5

单位：人

年龄	小学			初中			高中		
	小计	男	女	小计	男	女	小计	男	女
60-64	**177**	**140**	**37**	**16**	**10**	**6**	**9**	**4**	**5**
60岁	50	37	13	5	4	1	2		2
61岁	33	26	7	3	2	1	1		1
62岁	41	32	9	1		1	2	1	1
63岁	27	23	4	6	3	3	3	2	1
64岁	26	22	4	1	1		1	1	
65-69	**112**	**88**	**24**	**16**	**11**	**5**	**2**		**2**
65岁	30	24	6	3	3		1		1
66岁	20	14	6	3	2	1			
67岁	22	16	6	3	3		1		1
68岁	21	18	3	3	1	2			
69岁	19	16	3	4	2	2			
70-74	**61**	**41**	**20**	**9**	**5**	**4**	**3**	**3**	
70岁	22	13	9	4	2	2	1	1	
71岁	11	8	3	2	1	1	1	1	
72岁	11	7	4	2	1	1	1	1	
73岁	10	8	2						
74岁	7	5	2	1	1				
75-79	**22**	**18**	**4**	**6**	**5**	**1**	**1**	**1**	
75岁	5	5		2	1	1			
76岁	7	4	3	2	2				
77岁	4	4		1	1				
78岁	4	3	1	1	1		1	1	
79岁	2	2							
80+	**17**	**13**	**4**				**1**	**1**	

1-6 续表 6

单位：人

年龄	中专			大学专科			大学本科			研究生		
	小计	男	女	小计	男	女	小计	男	女	小计	男	女
总　计	**263**	**141**	**122**	**198**	**105**	**93**	**88**	**43**	**45**	**9**	**4**	**5**
6-9												
6岁												
7岁												
8岁												
9岁												
10-14												
10岁												
11岁												
12岁												
13岁												
14岁												
15-19	**8**	**4**	**4**	**6**	**1**	**5**	**3**	**1**	**2**			
15岁												
16岁	1	1										
17岁	3	1	2	1		1	1		1			
18岁	1		1	1		1	1	1				
19岁	3	2	1	4	1	3	1		1			
20-24	**21**	**11**	**10**	**33**	**18**	**15**	**25**	**8**	**17**			
20岁	5	2	3	4	2	2	3		3			
21岁	3	1	2	9	5	4	5	3	2			
22岁	2	2		4	2	2	10	3	7			
23岁	2	1	1	10	4	6	5	2	3			
24岁	9	5	4	6	5	1	2		2			
25-29	**41**	**18**	**23**	**21**	**9**	**12**	**13**	**7**	**6**	**1**		**1**
25岁	12	2	10	7	1	6	1	1				
26岁	14	9	5	3	2	1	6	5	1			
27岁	9	4	5	5	4	1	2		2	1		1
28岁	5	3	2	4	1	3	1		1			
29岁	1		1	2	1	1	3	1	2			
30-34	**37**	**14**	**23**	**37**	**18**	**19**	**23**	**9**	**14**	**4**	**1**	**3**
30岁	2		2	9	5	4	8	3	5			

1-6 续表 7

单位：人

年龄	中专			大学专科			大学本科			研究生		
	小计	男	女	小计	男	女	小计	男	女	小计	男	女
31岁	5	1	4	6	4	2	5	1	4	2		2
32岁	5	2	3	10	5	5	2		2			
33岁	14	8	6	8	3	5	6	4	2	1		1
34岁	11	3	8	4	1	3	2	1	1	1	1	
35-39	**23**	**16**	**7**	**29**	**14**	**15**	**11**	**9**	**2**	**3**	**2**	**1**
35岁	2	1	1	6	5	1	4	3	1			
36岁	5	5		4	1	3	2	1	1	2	1	1
37岁	6	3	3	6	1	5	1	1		1	1	
38岁	7	4	3	9	5	4	4	4				
39岁	3	3		4	2	2						
40-44	**18**	**10**	**8**	**21**	**10**	**11**	**3**	**2**	**1**			
40岁	2	1	1	6	5	1	2	1	1			
41岁	1		1	6	3	3						
42岁	8	4	4	6	2	4						
43岁	4	3	1	3		3						
44岁	3	2	1				1	1				
45-49	**15**	**12**	**3**	**12**	**8**	**4**	**2**	**1**	**1**			
45岁	1	1		3	1	2	1		1			
46岁	8	5	3	2	1	1						
47岁	3	3		1	1							
48岁	3	3		5	5							
49岁				1		1	1	1				
50-54	**17**	**12**	**5**	**11**	**7**	**4**	**1**	**1**				
50岁	4	2	2	1		1						
51岁	1	1		4	3	1						
52岁	5	4	1									
53岁	2	2		2	1	1						
54岁	5	3	2	4	3	1	1	1				
55-59	**16**	**10**	**6**	**6**	**4**	**2**	**1**	**1**				
55岁	2	2		2	1	1						
56岁	4	2	2	3	2	1						
57岁	2	1	1									
58岁	3	2	1				1	1				
59岁	5	3	2	1	1							

1-6 续表 8

单位：人

年 龄	中专			大学专科			大学本科			研究生		
	小计	男	女	小计	男	女	小计	男	女	小计	男	女
60-64	**28**	**13**	**15**	**6**	**3**	**3**	**2**	**1**	**1**			
60岁	2	2		1		1	1		1			
61岁	6	4	2	1	1							
62岁	3	2	1	1		1	1	1				
63岁	7	3	4	2	2							
64岁	10	2	8	1		1						
65-69	**24**	**11**	**13**	**10**	**7**	**3**	**4**	**3**	**1**	**1**	**1**	
65岁	7	1	6	3	3					1	1	
66岁	8	5	3	2	1	1						
67岁	4	2	2	3	2	1	4	3	1			
68岁	4	3	1	1	1							
69岁	1		1	1		1						
70-74	**12**	**8**	**4**	**3**	**3**							
70岁	5	3	2	1	1							
71岁	1	1										
72岁	3	1	2	2	2							
73岁	1	1										
74岁	2	2										
75-79	**2**	**1**	**1**	**2**	**2**							
75岁	1		1	1	1							
76岁												
77岁	1	1		1	1							
78岁												
79岁												
80+	**1**	**1**		**1**	**1**							

1-7 15岁及以上分年龄、性别的文盲人口

单位：人

年龄	调查人口			文盲人口			文盲人口占调查人口的比例		
	合计	男	女	小计	男	女	小计	男	女
总 计	**16472**	**7895**	**8577**	**7615**	**2460**	**5155**	**46.23**	**31.16**	**60.10**
15-19	**2199**	**1095**	**1104**	**504**	**176**	**328**	**22.92**	**16.07**	**29.71**
15岁	470	233	237	89	34	55	18.94	14.59	23.21
16岁	460	217	243	89	29	60	19.35	13.36	24.69
17岁	442	221	221	93	34	59	21.04	15.38	26.70
18岁	453	238	215	109	36	73	24.06	15.13	33.95
19岁	374	186	188	124	43	81	33.16	23.12	43.09
20-24	**2006**	**1029**	**977**	**736**	**243**	**493**	**36.69**	**23.62**	**50.46**
20岁	442	217	225	140	53	87	31.67	24.42	38.67
21岁	377	209	168	134	45	89	35.54	21.53	52.98
22岁	391	189	202	136	38	98	34.78	20.11	48.51
23岁	408	211	197	171	59	112	41.91	27.96	56.85
24岁	388	203	185	155	48	107	39.95	23.65	57.84
25-29	**1807**	**883**	**924**	**763**	**234**	**529**	**42.22**	**26.50**	**57.25**
25岁	459	216	243	191	55	136	41.61	25.46	55.97
26岁	389	205	184	155	45	110	39.85	21.95	59.78
27岁	363	174	189	153	46	107	42.15	26.44	56.61
28岁	331	166	165	138	50	88	41.69	30.12	53.33
29岁	265	122	143	126	38	88	47.55	31.15	61.54
30-34	**1678**	**824**	**854**	**760**	**264**	**496**	**45.29**	**32.04**	**58.08**
30岁	391	196	195	172	60	112	43.99	30.61	57.44
31岁	288	147	141	115	42	73	39.93	28.57	51.77
32岁	344	191	153	166	71	95	48.26	37.17	62.09
33岁	335	163	172	153	58	95	45.67	35.58	55.23
34岁	320	127	193	154	33	121	48.13	25.98	62.69
35-39	**1786**	**888**	**898**	**764**	**244**	**520**	**42.78**	**27.48**	**57.91**
35岁	362	176	186	175	55	120	48.34	31.25	64.52
36岁	371	186	185	162	56	106	43.67	30.11	57.30
37岁	378	188	190	161	53	108	42.59	28.19	56.84
38岁	391	194	197	158	45	113	40.41	23.20	57.36

1-7 续表 1

单位：人

年 龄	调查人口			文盲人口			文盲人口占调查人口的比例		
	合计	男	女	小计	男	女	小计	男	女
39岁	284	144	140	108	35	73	38.03	24.31	52.14
40-44	**1542**	**732**	**810**	**653**	**208**	**445**	**42.35**	**28.42**	**54.94**
40岁	364	171	193	151	46	105	41.48	26.90	54.40
41岁	298	141	157	120	41	79	40.27	29.08	50.32
42岁	321	157	164	134	41	93	41.74	26.11	56.71
43岁	283	122	161	131	35	96	46.29	28.69	59.63
44岁	276	141	135	117	45	72	42.39	31.91	53.33
45-49	**1226**	**571**	**655**	**630**	**195**	**435**	**51.39**	**34.15**	**66.41**
45岁	295	152	143	133	40	93	45.08	26.32	65.03
46岁	274	125	149	128	44	84	46.72	35.20	56.38
47岁	247	116	131	134	46	88	54.25	39.66	67.18
48岁	202	91	111	108	30	78	53.47	32.97	70.27
49岁	208	87	121	127	35	92	61.06	40.23	76.03
50-54	**967**	**444**	**523**	**561**	**182**	**379**	**58.01**	**40.99**	**72.47**
50岁	226	96	130	137	42	95	60.62	43.75	73.08
51岁	183	82	101	110	36	74	60.11	43.90	73.27
52岁	201	91	110	113	31	82	56.22	34.07	74.55
53岁	177	81	96	105	36	69	59.32	44.44	71.88
54岁	180	94	86	96	37	59	53.33	39.36	68.60
55-59	**888**	**421**	**467**	**494**	**157**	**337**	**55.63**	**37.29**	**72.16**
55岁	169	81	88	80	21	59	47.34	25.93	67.05
56岁	199	102	97	105	39	66	52.76	38.24	68.04
57岁	168	80	88	97	28	69	57.74	35.00	78.41
58岁	189	90	99	111	40	71	58.73	44.44	71.72
59岁	163	68	95	101	29	72	61.96	42.65	75.79
60-64	**848**	**387**	**461**	**579**	**194**	**385**	**68.28**	**50.13**	**83.51**
60岁	234	98	136	166	51	115	70.94	52.04	84.56
61岁	157	73	84	102	32	70	64.97	43.84	83.33
62岁	159	77	82	107	38	69	67.30	49.35	84.15
63岁	160	77	83	111	41	70	69.38	53.25	84.34

1-7 续表 2

单位：人

年龄	调查人口			文盲人口			文盲人口占调查人口的比例		
	合计	男	女	小计	男	女	小计	男	女
64岁	138	62	76	93	32	61	67.39	51.61	80.26
65-69	**674**	**277**	**397**	**485**	**140**	**345**	**71.96**	**50.54**	**86.90**
65岁	167	69	98	115	32	83	68.86	46.38	84.69
66岁	117	49	68	78	21	57	66.67	42.86	83.82
67岁	136	55	81	96	27	69	70.59	49.09	85.19
68岁	131	55	76	100	31	69	76.34	56.36	90.79
69岁	123	49	74	96	29	67	78.05	59.18	90.54
70-74	**437**	**180**	**257**	**335**	**109**	**226**	**76.66**	**60.56**	**87.94**
70岁	130	48	82	95	26	69	73.08	54.17	84.15
71岁	94	43	51	75	29	46	79.79	67.44	90.20
72岁	87	39	48	62	23	39	71.26	58.97	81.25
73岁	70	28	42	58	18	40	82.86	64.29	95.24
74岁	56	22	34	45	13	32	80.36	59.09	94.12
75-79	**256**	**107**	**149**	**216**	**75**	**141**	**84.38**	**70.09**	**94.63**
75岁	61	21	40	51	14	37	83.61	66.67	92.50
76岁	74	30	44	63	23	40	85.14	76.67	90.91
77岁	39	18	21	32	11	21	82.05	61.11	100.00
78岁	48	23	25	39	15	24	81.25	65.22	96.00
79岁	34	15	19	31	12	19	91.18	80.00	100.00
80-84	**114**	**40**	**74**	**94**	**24**	**70**	**82.46**	**60.00**	**94.59**
80岁	34	13	21	26	7	19	76.47	53.85	90.48
81岁	23	12	11	20	9	11	86.96	75.00	100.00
82岁	21	7	14	17	3	14	80.95	42.86	100.00
83岁	24	6	18	20	4	16	83.33	66.67	88.89
84岁	12	2	10	11	1	10	91.67	50.00	100.00
85+	**44**	**17**	**27**	**41**	**15**	**26**	**93.18**	**88.24**	**96.30**

1-7a 城镇15岁及以上分年龄、性别的文盲人口

单位：人

年 龄	调查人口			文盲人口			文盲人口占调查人口的比例		
	合计	男	女	小计	男	女	小计	男	女
总 计	**3763**	**1608**	**2155**	**1378**	**396**	**982**	**36.62**	**24.63**	**45.57**
15-19	**321**	**132**	**189**	**50**	**16**	**34**	**15.58**	**12.12**	**17.99**
15岁	61	25	36	6	2	4	9.84	8.00	11.11
16岁	79	27	52	7	2	5	8.86	7.41	9.62
17岁	65	32	33	11	3	8	16.92	9.38	24.24
18岁	71	31	40	13	6	7	18.31	19.35	17.50
19岁	45	17	28	13	3	10	28.89	17.65	35.71
20-24	**289**	**121**	**168**	**75**	**17**	**58**	**25.95**	**14.05**	**34.52**
20岁	59	21	38	13	3	10	22.03	14.29	26.32
21岁	51	22	29	15	3	12	29.41	13.64	41.38
22岁	60	23	37	17	4	13	28.33	17.39	35.14
23岁	53	24	29	15	4	11	28.30	16.67	37.93
24岁	66	31	35	15	3	12	22.73	9.68	34.29
25-29	**363**	**153**	**210**	**97**	**33**	**64**	**26.72**	**21.57**	**30.48**
25岁	81	32	49	24	8	16	29.63	25.00	32.65
26岁	76	36	40	19	6	13	25.00	16.67	32.50
27岁	80	30	50	20	6	14	25.00	20.00	28.00
28岁	70	31	39	20	8	12	28.57	25.81	30.77
29岁	56	24	32	14	5	9	25.00	20.83	28.13
30-34	**373**	**161**	**212**	**112**	**34**	**78**	**30.03**	**21.12**	**36.79**
30岁	83	34	49	24	6	18	28.92	17.65	36.73
31岁	72	34	38	17	4	13	23.61	11.76	34.21
32岁	76	42	34	24	13	11	31.58	30.95	32.35
33岁	83	33	50	25	9	16	30.12	27.27	32.00
34岁	59	18	41	22	2	20	37.29	11.11	48.78
35-39	**430**	**197**	**233**	**137**	**43**	**94**	**31.86**	**21.83**	**40.34**
35岁	80	38	42	24	6	18	30.00	15.79	42.86
36岁	87	40	47	26	11	15	29.89	27.50	31.91
37岁	95	40	55	36	11	25	37.89	27.50	45.45
38岁	113	57	56	32	7	25	28.32	12.28	44.64

1-7a 续表 1

单位：人

年 龄	调查人口			文盲人口			文盲人口占调查人口的比例		
	合计	男	女	小计	男	女	小计	男	女
39岁	55	22	33	19	8	11	34.55	36.36	33.33
40-44	**361**	**151**	**210**	**119**	**31**	**88**	**32.96**	**20.53**	**41.90**
40岁	92	45	47	30	10	20	32.61	22.22	42.55
41岁	61	27	34	21	6	15	34.43	22.22	44.12
42岁	79	32	47	26	4	22	32.91	12.50	46.81
43岁	71	23	48	28	7	21	39.44	30.43	43.75
44岁	58	24	34	14	4	10	24.14	16.67	29.41
45-49	**302**	**132**	**170**	**83**	**22**	**61**	**27.48**	**16.67**	**35.88**
45岁	69	33	36	20	5	15	28.99	15.15	41.67
46岁	70	31	39	12	8	4	17.14	25.81	10.26
47岁	65	29	36	18	4	14	27.69	13.79	38.89
48岁	52	21	31	16	2	14	30.77	9.52	45.16
49岁	46	18	28	17	3	14	36.96	16.67	50.00
50-54	**267**	**120**	**147**	**110**	**34**	**76**	**41.20**	**28.33**	**51.70**
50岁	57	22	35	25	4	21	43.86	18.18	60.00
51岁	42	21	21	19	9	10	45.24	42.86	47.62
52岁	65	33	32	23	7	16	35.38	21.21	50.00
53岁	44	17	27	18	4	14	40.91	23.53	51.85
54岁	59	27	32	25	10	15	42.37	37.04	46.88
55-59	**235**	**101**	**134**	**101**	**30**	**71**	**42.98**	**29.70**	**52.99**
55岁	46	22	24	18	7	11	39.13	31.82	45.83
56岁	47	21	26	15	5	10	31.91	23.81	38.46
57岁	37	17	20	15	4	11	40.54	23.53	55.00
58岁	57	23	34	31	10	21	54.39	43.48	61.76
59岁	48	18	30	22	4	18	45.83	22.22	60.00
60-64	**282**	**129**	**153**	**154**	**49**	**105**	**54.61**	**37.98**	**68.63**
60岁	76	28	48	51	16	35	67.11	57.14	72.92
61岁	50	27	23	25	8	17	50.00	29.63	73.91
62岁	53	24	29	28	8	20	52.83	33.33	68.97
63岁	54	29	25	25	10	15	46.30	34.48	60.00

1-7a 续表 2

单位：人

年 龄	调查人口			文盲人口			文盲人口占调查人口的比例		
	合计	男	女	小计	男	女	小计	男	女
64岁	49	21	28	25	7	18	51.02	33.33	64.29
65-69	**252**	**97**	**155**	**148**	**36**	**112**	**58.73**	**37.11**	**72.26**
65岁	53	23	30	26	7	19	49.06	30.43	63.33
66岁	56	25	31	32	11	21	57.14	44.00	67.74
67岁	50	19	31	27	7	20	54.00	36.84	64.52
68岁	49	19	30	33	8	25	67.35	42.11	83.33
69岁	44	11	33	30	3	27	68.18	27.27	81.82
70-74	**172**	**68**	**104**	**110**	**29**	**81**	**63.95**	**42.65**	**77.88**
70岁	56	23	33	34	10	24	60.71	43.48	72.73
71岁	36	15	21	25	7	18	69.44	46.67	85.71
72岁	35	16	19	17	6	11	48.57	37.50	57.89
73岁	23	6	17	18	2	16	78.26	33.33	94.12
74岁	22	8	14	16	4	12	72.73	50.00	85.71
75-79	**68**	**27**	**41**	**48**	**12**	**36**	**70.59**	**44.44**	**87.80**
75岁	18	5	13	13	2	11	72.22	40.00	84.62
76岁	17	8	9	11	5	6	64.71	62.50	66.67
77岁	16	7	9	11	2	9	68.75	28.57	100.00
78岁	12	5	7	8	1	7	66.67	20.00	100.00
79岁	5	2	3	5	2	3	100.00	100.00	100.00
80-84	**34**	**15**	**19**	**22**	**7**	**15**	**64.71**	**46.67**	**78.95**
80岁	8	3	5	4	1	3	50.00	33.33	60.00
81岁	12	7	5	9	4	5	75.00	57.14	100.00
82岁	6	3	3	4	1	3	66.67	33.33	100.00
83岁	5	2	3	2	1	1	40.00	50.00	33.33
84岁	3		3	3		3	100.00		100.00
85+	**14**	**4**	**10**	**12**	**3**	**9**	**85.71**	**75.00**	**90.00**

1-7b 农村15岁及以上分年龄、性别的文盲人口

单位：人

年龄	调查人口			文盲人口			文盲人口占调查人口的比例		
	合计	男	女	小计	男	女	小计	男	女
总 计	**12709**	**6287**	**6422**	**6237**	**2064**	**4173**	**49.08**	**32.83**	**64.98**
15-19	**1878**	**963**	**915**	**454**	**160**	**294**	**24.17**	**16.61**	**32.13**
15岁	409	208	201	83	32	51	20.29	15.38	25.37
16岁	381	190	191	82	27	55	21.52	14.21	28.80
17岁	377	189	188	82	31	51	21.75	16.40	27.13
18岁	382	207	175	96	30	66	25.13	14.49	37.71
19岁	329	169	160	111	40	71	33.74	23.67	44.38
20-24	**1717**	**908**	**809**	**661**	**226**	**435**	**38.50**	**24.89**	**53.77**
20岁	383	196	187	127	50	77	33.16	25.51	41.18
21岁	326	187	139	119	42	77	36.50	22.46	55.40
22岁	331	166	165	119	34	85	35.95	20.48	51.52
23岁	355	187	168	156	55	101	43.94	29.41	60.12
24岁	322	172	150	140	45	95	43.48	26.16	63.33
25-29	**1444**	**730**	**714**	**666**	**201**	**465**	**46.12**	**27.53**	**65.13**
25岁	378	184	194	167	47	120	44.18	25.54	61.86
26岁	313	169	144	136	39	97	43.45	23.08	67.36
27岁	283	144	139	133	40	93	47.00	27.78	66.91
28岁	261	135	126	118	42	76	45.21	31.11	60.32
29岁	209	98	111	112	33	79	53.59	33.67	71.17
30-34	**1305**	**663**	**642**	**648**	**230**	**418**	**49.66**	**34.69**	**65.11**
30岁	308	162	146	148	54	94	48.05	33.33	64.38
31岁	216	113	103	98	38	60	45.37	33.63	58.25
32岁	268	149	119	142	58	84	52.99	38.93	70.59
33岁	252	130	122	128	49	79	50.79	37.69	64.75
34岁	261	109	152	132	31	101	50.57	28.44	66.45
35-39	**1356**	**691**	**665**	**627**	**201**	**426**	**46.24**	**29.09**	**64.06**
35岁	282	138	144	151	49	102	53.55	35.51	70.83
36岁	284	146	138	136	45	91	47.89	30.82	65.94
37岁	283	148	135	125	42	83	44.17	28.38	61.48
38岁	278	137	141	126	38	88	45.32	27.74	62.41

1-7b 续表 1

单位：人

年 龄	调查人口			文盲人口			文盲人口占调查人口的比例		
	合计	男	女	小计	男	女	小计	男	女
39岁	229	122	107	89	27	62	38.86	22.13	57.94
40-44	**1181**	**581**	**600**	**534**	**177**	**357**	**45.22**	**30.46**	**59.50**
40岁	272	126	146	121	36	85	44.49	28.57	58.22
41岁	237	114	123	99	35	64	41.77	30.70	52.03
42岁	242	125	117	108	37	71	44.63	29.60	60.68
43岁	212	99	113	103	28	75	48.58	28.28	66.37
44岁	218	117	101	103	41	62	47.25	35.04	61.39
45-49	**924**	**439**	**485**	**547**	**173**	**374**	**59.20**	**39.41**	**77.11**
45岁	226	119	107	113	35	78	50.00	29.41	72.90
46岁	204	94	110	116	36	80	56.86	38.30	72.73
47岁	182	87	95	116	42	74	63.74	48.28	77.89
48岁	150	70	80	92	28	64	61.33	40.00	80.00
49岁	162	69	93	110	32	78	67.90	46.38	83.87
50-54	**700**	**324**	**376**	**451**	**148**	**303**	**64.43**	**45.68**	**80.59**
50岁	169	74	95	112	38	74	66.27	51.35	77.89
51岁	141	61	80	91	27	64	64.54	44.26	80.00
52岁	136	58	78	90	24	66	66.18	41.38	84.62
53岁	133	64	69	87	32	55	65.41	50.00	79.71
54岁	121	67	54	71	27	44	58.68	40.30	81.48
55-59	**653**	**320**	**333**	**393**	**127**	**266**	**60.18**	**39.69**	**79.88**
55岁	123	59	64	62	14	48	50.41	23.73	75.00
56岁	152	81	71	90	34	56	59.21	41.98	78.87
57岁	131	63	68	82	24	58	62.60	38.10	85.29
58岁	132	67	65	80	30	50	60.61	44.78	76.92
59岁	115	50	65	79	25	54	68.70	50.00	83.08
60-64	**566**	**258**	**308**	**425**	**145**	**280**	**75.09**	**56.20**	**90.91**
60岁	158	70	88	115	35	80	72.78	50.00	90.91
61岁	107	46	61	77	24	53	71.96	52.17	86.89
62岁	106	53	53	79	30	49	74.53	56.60	92.45
63岁	106	48	58	86	31	55	81.13	64.58	94.83

1-7b 续表 2

单位：人

年龄	调查人口			文盲人口			文盲人口占调查人口的比例		
	合计	男	女	小计	男	女	小计	男	女
64岁	89	41	48	68	25	43	76.40	60.98	89.58
65-69	**422**	**180**	**242**	**337**	**104**	**233**	**79.86**	**57.78**	**96.28**
65岁	114	46	68	89	25	64	78.07	54.35	94.12
66岁	61	24	37	46	10	36	75.41	41.67	97.30
67岁	86	36	50	69	20	49	80.23	55.56	98.00
68岁	82	36	46	67	23	44	81.71	63.89	95.65
69岁	79	38	41	66	26	40	83.54	68.42	97.56
70-74	**265**	**112**	**153**	**225**	**80**	**145**	**84.91**	**71.43**	**94.77**
70岁	74	25	49	61	16	45	82.43	64.00	91.84
71岁	58	28	30	50	22	28	86.21	78.57	93.33
72岁	52	23	29	45	17	28	86.54	73.91	96.55
73岁	47	22	25	40	16	24	85.11	72.73	96.00
74岁	34	14	20	29	9	20	85.29	64.29	100.00
75-79	**188**	**80**	**108**	**168**	**63**	**105**	**89.36**	**78.75**	**97.22**
75岁	43	16	27	38	12	26	88.37	75.00	96.30
76岁	57	22	35	52	18	34	91.23	81.82	97.14
77岁	23	11	12	21	9	12	91.30	81.82	100.00
78岁	36	18	18	31	14	17	86.11	77.78	94.44
79岁	29	13	16	26	10	16	89.66	76.92	100.00
80-84	**80**	**25**	**55**	**72**	**17**	**55**	**90.00**	**68.00**	**100.00**
80岁	26	10	16	22	6	16	84.62	60.00	100.00
81岁	11	5	6	11	5	6	100.00	100.00	100.00
82岁	15	4	11	13	2	11	86.67	50.00	100.00
83岁	19	4	15	18	3	15	94.74	75.00	100.00
84岁	9	2	7	8	1	7	88.89	50.00	100.00
85+	**30**	**13**	**17**	**29**	**12**	**17**	**96.67**	**92.31**	**100.00**

1-8 15岁及以上人口分年龄、性别的婚姻状况

单位：人

年龄	调查人口			未婚			初婚有配偶		
	合计	男	女	小计	男	女	小计	男	女
总计	**16472**	**7895**	**8577**	**5146**	**2471**	**2675**	**9469**	**4928**	**4541**
15-19	**2199**	**1095**	**1104**	**2067**	**1020**	**1047**	**125**	**73**	**52**
15岁	470	233	237	468	232	236	2	1	1
16岁	460	217	243	455	214	241	5	3	2
17岁	442	221	221	425	210	215	16	10	6
18岁	453	238	215	405	207	198	46	30	16
19岁	374	186	188	314	157	157	56	29	27
20-24	**2006**	**1029**	**977**	**1182**	**611**	**571**	**800**	**411**	**389**
20岁	442	217	225	328	161	167	112	56	56
21岁	377	209	168	242	136	106	134	73	61
22岁	391	189	202	248	120	128	139	69	70
23岁	408	211	197	200	104	96	201	105	96
24岁	388	203	185	164	90	74	214	108	106
25-29	**1807**	**883**	**924**	**586**	**284**	**302**	**1174**	**588**	**586**
25岁	459	216	243	175	75	100	277	139	138
26岁	389	205	184	147	85	62	233	119	114
27岁	363	174	189	102	49	53	253	122	131
28岁	331	166	165	107	46	61	213	116	97
29岁	265	122	143	55	29	26	198	92	106
30-34	**1678**	**824**	**854**	**330**	**159**	**171**	**1277**	**652**	**625**
30岁	391	196	195	99	47	52	279	148	131
31岁	288	147	141	51	23	28	228	122	106
32岁	344	191	153	75	45	30	252	142	110
33岁	335	163	172	59	27	32	259	135	124
34岁	320	127	193	46	17	29	259	105	154
35-39	**1786**	**888**	**898**	**271**	**119**	**152**	**1413**	**742**	**671**
35岁	362	176	186	57	25	32	287	145	142

1-8 续表 1

单位：人

年龄	调查人口			未婚			初婚有配偶		
	合计	男	女	小计	男	女	小计	男	女
36岁	371	186	185	50	25	25	305	156	149
37岁	378	188	190	69	28	41	288	155	133
38岁	391	194	197	60	26	34	301	164	137
39岁	284	144	140	35	15	20	232	122	110
40-44	**1542**	**732**	**810**	**197**	**80**	**117**	**1209**	**621**	**588**
40岁	364	171	193	57	23	34	280	143	137
41岁	298	141	157	45	23	22	222	111	111
42岁	321	157	164	36	15	21	260	136	124
43岁	283	122	161	37	11	26	225	108	117
44岁	276	141	135	22	8	14	222	123	99
45-49	**1226**	**571**	**655**	**143**	**57**	**86**	**951**	**490**	**461**
45岁	295	152	143	33	16	17	235	130	105
46岁	274	125	149	33	17	16	217	107	110
47岁	247	116	131	29	10	19	189	100	89
48岁	202	91	111	18	8	10	162	80	82
49岁	208	87	121	30	6	24	148	73	75
50-54	**967**	**444**	**523**	**103**	**42**	**61**	**695**	**351**	**344**
50岁	226	96	130	25	10	15	171	79	92
51岁	183	82	101	19	6	13	131	66	65
52岁	201	91	110	20	8	12	141	70	71
53岁	177	81	96	21	8	13	117	60	57
54岁	180	94	86	18	10	8	135	76	59
55-59	**888**	**421**	**467**	**81**	**28**	**53**	**613**	**338**	**275**
55岁	169	81	88	18	6	12	123	67	56
56岁	199	102	97	19	5	14	142	83	59
57岁	168	80	88	11	7	4	122	63	59
58岁	189	90	99	19	6	13	122	70	52
59岁	163	68	95	14	4	10	104	55	49
60-64	**848**	**387**	**461**	**71**	**36**	**35**	**514**	**272**	**242**
60岁	234	98	136	14	7	7	143	73	70
61岁	157	73	84	10	5	5	105	56	49

1-8 续表 2

单位：人

年 龄	调查人口			未婚			初婚有配偶		
	合计	男	女	小计	男	女	小计	男	女
62岁	159	77	82	20	11	9	89	49	40
63岁	160	77	83	11	7	4	97	52	45
64岁	138	62	76	16	6	10	80	42	38
65-69	**674**	**277**	**397**	**52**	**17**	**35**	**372**	**196**	**176**
65岁	167	69	98	9	5	4	101	53	48
66岁	117	49	68	13	4	9	60	32	28
67岁	136	55	81	10	2	8	85	43	42
68岁	131	55	76	7	3	4	74	39	35
69岁	123	49	74	13	3	10	52	29	23
70-74	**437**	**180**	**257**	**36**	**10**	**26**	**195**	**114**	**81**
70岁	130	48	82	10	3	7	64	32	32
71岁	94	43	51	11	4	7	44	28	16
72岁	87	39	48	7	2	5	40	24	16
73岁	70	28	42	4		4	24	14	10
74岁	56	22	34	4	1	3	23	16	7
75-79	**256**	**107**	**149**	**17**	**4**	**13**	**95**	**61**	**34**
75岁	61	21	40	3	1	2	22	12	10
76岁	74	30	44	5	1	4	31	18	13
77岁	39	18	21	2		2	16	11	5
78岁	48	23	25	6	2	4	17	13	4
79岁	34	15	19	1		1	9	7	2
80-84	**114**	**40**	**74**	**7**	**3**	**4**	**27**	**15**	**12**
80岁	34	13	21	1		1	10	5	5
81岁	23	12	11	1	1		5	5	
82岁	21	7	14	1		1	6	3	3
83岁	24	6	18	2	1	1	6	2	4
84岁	12	2	10	2	1	1			
85+	**44**	**17**	**27**	**3**	**1**	**2**	**9**	**4**	**5**

1-8 续表 3

单位：人

年 龄	再婚有配偶			离婚			丧偶		
	小计	男	女	小计	男	女	小计	男	女
总 计	**85**	**49**	**36**	**379**	**71**	**308**	**1393**	**376**	**1017**
15-19				**7**	**2**	**5**			
15岁									
16岁									
17岁				1	1				
18岁				2	1	1			
19岁				4		4			
20-24	**4**	**1**	**3**	**18**	**4**	**14**	**2**	**2**	
20岁				2		2			
21岁				1		1			
22岁	1		1	3		3			
23岁	1		1	5	1	4	1	1	
24岁	2	1	1	7	3	4	1	1	
25-29	**4**	**2**	**2**	**37**	**8**	**29**	**6**	**1**	**5**
25岁				6	2	4	1		1
26岁	1		1	7	1	6	1		1
27岁	2	2		6	1	5			
28岁				8	3	5	3	1	2
29岁	1		1	10	1	9	1		1
30-34	**7**	**4**	**3**	**48**	**6**	**42**	**16**	**3**	**13**
30岁				11		11	2	1	1
31岁	2		2	5	1	4	2	1	1
32岁	1	1		12	2	10	4	1	3
33岁	1		1	10	1	9	6		6
34岁	3	3		10	2	8	2		2
35-39	**15**	**8**	**7**	**64**	**14**	**50**	**23**	**5**	**18**
35岁	4	3	1	14	3	11			

1-8　续表 4

单位：人

年　龄	再婚有配偶			离婚			丧偶		
	小计	男	女	小计	男	女	小计	男	女
36岁				12	3	9	4	2	2
37岁	3	1	2	11	2	9	7	2	5
38岁	3		3	21	4	17	6		6
39岁	5	4	1	6	2	4	6	1	5
40-44	**13**	**6**	**7**	**65**	**12**	**53**	**58**	**13**	**45**
40岁				16	3	13	11	2	9
41岁	3	2	1	17	1	16	11	4	7
42岁	3	2	1	13	3	10	9	1	8
43岁	4		4	8	1	7	9	2	7
44岁	3	2	1	11	4	7	18	4	14
45-49	**10**	**6**	**4**	**50**	**5**	**45**	**72**	**13**	**59**
45岁	4	2	2	9	2	7	14	2	12
46岁	1		1	11		11	12	1	11
47岁	1	1		14	3	11	14	2	12
48岁	2	1	1	7		7	13	2	11
49岁	2	2		9		9	19	6	13
50-54	**11**	**9**	**2**	**40**	**11**	**29**	**118**	**31**	**87**
50岁	2	2		7	1	6	21	4	17
51岁	2	1	1	7	2	5	24	7	17
52岁	4	4		12	4	8	24	5	19
53岁	1	1		6	1	5	32	11	21
54岁	2	1	1	8	3	5	17	4	13
55-59	**5**	**2**	**3**	**19**	**3**	**16**	**170**	**50**	**120**
55岁	1		1	7	2	5	20	6	14
56岁	1	1		2		2	35	13	22
57岁	2	1	1	4		4	29	9	20
58岁	1		1	5	1	4	42	13	29
59岁				1		1	44	9	35
60-64	**8**	**7**	**1**	**16**	**3**	**13**	**239**	**69**	**170**
60岁	3	2	1	3	1	2	71	15	56
61岁	1	1		2		2	39	11	28

1-8 续表 5

单位：人

年龄	再婚有配偶			离婚			丧偶		
	小计	男	女	小计	男	女	小计	男	女
62岁	3	3		4	1	3	43	13	30
63岁				2	1	1	50	17	33
64岁	1	1		5		5	36	13	23
65-69	**5**	**3**	**2**	**4**		**4**	**241**	**61**	**180**
65岁	2	1	1	1		1	54	10	44
66岁	2	1	1	1		1	41	12	29
67岁	1	1					40	9	31
68岁							50	13	37
69岁				2		2	56	17	39
70-74	**2**	**1**	**1**	**5**	**1**	**4**	**199**	**54**	**145**
70岁	1		1				55	13	42
71岁				2		2	37	11	26
72岁				1	1		39	12	27
73岁	1	1		1		1	40	13	27
74岁				1		1	28	5	23
75-79	**1**		**1**	**5**	**1**	**4**	**138**	**41**	**97**
75岁							36	8	28
76岁							38	11	27
77岁				1		1	20	7	13
78岁	1		1	3	1	2	21	7	14
79岁				1		1	23	8	15
80-84							**80**	**22**	**58**
80岁							23	8	15
81岁							17	6	11
82岁							14	4	10
83岁							16	3	13
84岁							10	1	9
85+				**1**	**1**		**31**	**11**	**20**

1-9 15岁及以上人口分性别、受教育程度的婚姻状况

单位：人

受教育程度	调查人口			未婚			初婚有配偶		
	合计	男	女	小计	男	女	小计	男	女
总　计	**16472**	**7895**	**8577**	**5146**	**2471**	**2675**	**9469**	**4928**	**4541**
不识字	7615	2460	5155	1860	620	1240	4437	1591	2846
未上过学	809	448	361	191	88	103	548	321	227
小　学	5668	3627	2041	1756	1007	749	3543	2445	1098
初　中	1475	897	578	943	564	379	483	318	165
高　中	347	170	177	239	117	122	99	50	49
中　专	263	141	122	54	29	25	180	101	79
大学专科	198	105	93	64	31	33	122	71	51
大学本科	88	43	45	37	15	22	50	27	23
研究生	9	4	5	2		2	7	4	3

1-9 续表

单位：人

受教育程度	再婚有配偶			离婚			丧偶		
	小计	男	女	小计	男	女	小计	男	女
总　计	**85**	**49**	**36**	**379**	**71**	**308**	**1393**	**376**	**1017**
不识字	31	10	21	219	25	194	1068	214	854
未上过学	6	5	1	24	6	18	40	28	12
小　学	34	26	8	99	28	71	236	121	115
初　中	8	4	4	18	6	12	23	5	18
高　中	2	1	1	4	1	3	3	1	2
中　专	4	3	1	6	2	4	19	6	13
大学专科				8	2	6	4	1	3
大学本科				1	1				
研究生									

1-10 分年龄、性别的经济活动人口

单位：人

年龄	调查人口			在业人口			不在业人口		
	合计	男	女	小计	男	女	小计	男	女
总 计	**16472**	**7895**	**8577**	**12433**	**6307**	**6126**	**4039**	**1588**	**2451**
15-19	**2199**	**1095**	**1104**	**1297**	**639**	**658**	**902**	**456**	**446**
15岁	470	233	237	179	81	98	291	152	139
16岁	460	217	243	216	96	120	244	121	123
17岁	442	221	221	268	128	140	174	93	81
18岁	453	238	215	334	181	153	119	57	62
19岁	374	186	188	300	153	147	74	33	41
20-24	**2006**	**1029**	**977**	**1770**	**926**	**844**	**236**	**103**	**133**
20岁	442	217	225	373	192	181	69	25	44
21岁	377	209	168	336	187	149	41	22	19
22岁	391	189	202	338	165	173	53	24	29
23岁	408	211	197	370	194	176	38	17	21
24岁	388	203	185	353	188	165	35	15	20
25-29	**1807**	**883**	**924**	**1673**	**841**	**832**	**134**	**42**	**92**
25岁	459	216	243	416	201	215	43	15	28
26岁	389	205	184	358	196	162	31	9	22
27岁	363	174	189	338	162	176	25	12	13
28岁	331	166	165	311	163	148	20	3	17
29岁	265	122	143	250	119	131	15	3	12
30-34	**1678**	**824**	**854**	**1550**	**785**	**765**	**128**	**39**	**89**
30岁	391	196	195	357	188	169	34	8	26
31岁	288	147	141	262	138	124	26	9	17
32岁	344	191	153	318	180	138	26	11	15
33岁	335	163	172	314	156	158	21	7	14
34岁	320	127	193	299	123	176	21	4	17
35-39	**1786**	**888**	**898**	**1649**	**853**	**796**	**137**	**35**	**102**
35岁	362	176	186	330	168	162	32	8	24
36岁	371	186	185	340	176	164	31	10	21
37岁	378	188	190	353	183	170	25	5	20
38岁	391	194	197	361	185	176	30	9	21
39岁	284	144	140	265	141	124	19	3	16

1-10 续表

单位：人

年 龄	调查人口			在业人口			不在业人口		
	合计	男	女	小计	男	女	小计	男	女
40-44	**1542**	**732**	**810**	**1398**	**694**	**704**	**144**	**38**	**106**
40岁	364	171	193	327	163	164	37	8	29
41岁	298	141	157	271	132	139	27	9	18
42岁	321	157	164	287	145	142	34	12	22
43岁	283	122	161	260	119	141	23	3	20
44岁	276	141	135	253	135	118	23	6	17
45-49	**1226**	**571**	**655**	**1052**	**522**	**530**	**174**	**49**	**125**
45岁	295	152	143	263	145	118	32	7	25
46岁	274	125	149	233	116	117	41	9	32
47岁	247	116	131	209	102	107	38	14	24
48岁	202	91	111	165	81	84	37	10	27
49岁	208	87	121	182	78	104	26	9	17
50-54	**967**	**444**	**523**	**728**	**352**	**376**	**239**	**92**	**147**
50岁	226	96	130	182	79	103	44	17	27
51岁	183	82	101	146	67	79	37	15	22
52岁	201	91	110	137	65	72	64	26	38
53岁	177	81	96	133	68	65	44	13	31
54岁	180	94	86	130	73	57	50	21	29
55-59	**888**	**421**	**467**	**598**	**312**	**286**	**290**	**109**	**181**
55岁	169	81	88	121	59	62	48	22	26
56岁	199	102	97	140	79	61	59	23	36
57岁	168	80	88	118	65	53	50	15	35
58岁	189	90	99	122	67	55	67	23	44
59岁	163	68	95	97	42	55	66	26	40
60-64	**848**	**387**	**461**	**397**	**217**	**180**	**451**	**170**	**281**
60岁	234	98	136	122	58	64	112	40	72
61岁	157	73	84	72	39	33	85	34	51
62岁	159	77	82	82	49	33	77	28	49
63岁	160	77	83	72	44	28	88	33	55
64岁	138	62	76	49	27	22	89	35	54
65+	**1525**	**621**	**904**	**321**	**166**	**155**	**1204**	**455**	**749**

1－11 人口分年龄、性别的职业状况

单位：人

年龄	在业人口			国家机关、党群组织、企业、事业单位负责人			专业技术人员			办事人员和有关人员		
	合计	男	女	小计	男	女	小计	男	女	小计	男	女
总计	**12433**	**6307**	**6126**	**109**	**92**	**17**	**322**	**172**	**150**	**268**	**185**	**83**
15-19	1297	639	658				7	2	5	3	1	2
20-24	1770	926	844	2	1	1	31	13	18	39	30	9
25-29	1673	841	832	10	7	3	57	26	31	50	34	16
30-34	1550	785	765	11	9	2	88	46	42	54	30	24
35-39	1649	853	796	14	13	1	51	24	27	44	35	9
40-44	1398	694	704	12	9	3	33	20	13	36	20	16
45-49	1052	522	530	15	14	1	27	19	8	22	18	4
50-54	728	352	376	15	12	3	13	10	3	13	11	2
55-59	598	312	286	14	12	2	7	5	2	2	2	
60-64	397	217	180	7	6	1	2	2		4	3	1
65+	321	166	155	9	9		6	5	1	1	1	

1－11 续表

单位：人

年龄	商业、服务业人员			农、林、牧、渔、水利业生产人员			生产、运输设备操作人员及有关人员			不便分类的其他从业人员		
	小计	男	女	小计	男	女	小计	男	女	小计	男	女
总计	**384**	**136**	**248**	**10899**	**5364**	**5535**	**449**	**358**	**91**	**2**		**2**
15-19	35	2	33	1222	610	612	30	24	6			
20-24	51	7	44	1568	815	753	79	60	19			
25-29	66	17	49	1418	703	715	71	54	17	1		1
30-34	66	21	45	1250	619	631	81	60	21			
35-39	66	36	30	1393	678	715	80	67	13	1		1
40-44	41	21	20	1227	584	643	49	40	9			
45-49	30	13	17	916	420	496	42	38	4			
50-54	14	8	6	662	302	360	11	9	2			
55-59	9	6	3	562	283	279	4	4				
60-64	4	4		379	201	178	1	1				
65+	2	1	1	302	149	153	1	1				

1-12 人口分性别、受教育程度的职业状况

单位：人

受教育程度	在业人口			国家机关、党群组织、企业、事业单位负责人			专业技术人员			办事人员和有关人员		
	合计	男	女	合计	男	女	合计	男	女	合计	男	女
总　计	**12433**	**6307**	**6126**	**109**	**92**	**17**	**322**	**172**	**150**	**268**	**185**	**83**
不识字	5721	1949	3772	7	7					7	4	3
未上过学	729	402	327	2	2		9	9		1	1	
小学	4794	3187	1607	40	34	6	85	60	25	52	48	4
初中	726	515	211	19	15	4	41	23	18	70	57	13
高中	118	68	50	3	3		19	10	9	32	15	17
中专	140	82	58	23	19	4	64	29	35	33	19	14
大学专科	144	74	70	10	8	2	70	27	43	53	31	22
大学本科	53	27	26	5	4	1	27	12	15	19	9	10
研究生	8	3	5				7	2	5	1	1	

1-12 续表

单位：人

受教育程度	商业、服务业人员			农、林、牧、渔、水利业生产人员			生产、运输设备操作人员及有关人员			不便分类的其他从业人员		
	合计	男	女	合计	男	女	合计	男	女	合计	男	女
总　计	**384**	**136**	**248**	**10899**	**5364**	**5535**	**449**	**358**	**91**	**2**		**2**
不识字	104	24	80	5509	1865	3644	93	49	44	1		1
未上过学	3	2	1	709	384	325	5	4	1			
小学	162	66	96	4243	2792	1451	212	187	25			
初中	77	23	54	406	298	108	113	99	14			
高中	22	10	12	26	20	6	16	10	6			
中专	8	5	3	6	5	1	6	5	1			
大学专科	7	5	2				3	3		1		1
大学本科	1	1					1	1				
研究生												

1-13 分年龄、性别的未工作人口

单位：人

年龄	未工作人口			在校学生			离退休		
	合计	男	女	小计	男	女	小计	男	女
总计	**4039**	**1588**	**2451**	**921**	**474**	**447**	**698**	**362**	**336**
15-19	**902**	**456**	**446**	**796**	**411**	**385**			
15岁	291	152	139	270	143	127			
16岁	244	121	123	223	115	108			
17岁	174	93	81	149	80	69			
18岁	119	57	62	98	47	51			
19岁	74	33	41	56	26	30			
20-24	**236**	**103**	**133**	**116**	**60**	**56**			
20岁	69	25	44	40	15	25			
21岁	41	22	19	23	14	9			
22岁	53	24	29	30	17	13			
23岁	38	17	21	15	9	6			
24岁	35	15	20	8	5	3			
25-29	**134**	**42**	**92**	**8**	**2**	**6**			
25岁	43	15	28	6	2	4			
26岁	31	9	22	2		2			
27岁	25	12	13						
28岁	20	3	17						
29岁	15	3	12						
30-34	**128**	**39**	**89**				**1**	**1**	
30岁	34	8	26						
31岁	26	9	17						
32岁	26	11	15				1	1	
33岁	21	7	14						
34岁	21	4	17						
35-39	**137**	**35**	**102**	**1**	**1**		**2**		**2**
35岁	32	8	24	1	1		1		1
36岁	31	10	21				1		1

1-13 续表 1

单位：人

年龄	未工作人口			在校学生			离退休		
	合计	男	女	小计	男	女	小计	男	女
37岁	25	5	20						
38岁	30	9	21						
39岁	19	3	16						
40-44	**144**	**38**	**106**				**15**	**2**	**13**
40岁	37	8	29				4		4
41岁	27	9	18				4	1	3
42岁	34	12	22				1		1
43岁	23	3	20				3		3
44岁	23	6	17				3	1	2
45-49	**174**	**49**	**125**				**48**	**18**	**30**
45岁	32	7	25				6	2	4
46岁	41	9	32				15	4	11
47岁	38	14	24				9	6	3
48岁	37	10	27				9	3	6
49岁	26	9	17				9	3	6
50-54	**239**	**92**	**147**				**104**	**66**	**38**
50岁	44	17	27				21	12	9
51岁	37	15	22				15	10	5
52岁	64	26	38				26	20	6
53岁	44	13	31				13	8	5
54岁	50	21	29				29	16	13
55-59	**290**	**109**	**181**				**114**	**61**	**53**
55岁	48	22	26				24	15	9
56岁	59	23	36				22	12	10
57岁	50	15	35				14	10	4
58岁	67	23	44				26	11	15
59岁	66	26	40				28	13	15

1-13 续表 2

单位：人

年龄	未工作人口			在校学生			离退休		
	合计	男	女	小计	男	女	小计	男	女
60-64	**451**	**170**	**281**				**149**	**81**	**68**
60岁	112	40	72				39	20	19
61岁	85	34	51				33	23	10
62岁	77	28	49				22	10	12
63岁	88	33	55				30	16	14
64岁	89	35	54				25	12	13
65-69	**462**	**170**	**292**				**134**	**60**	**74**
65岁	105	35	70				38	17	21
66岁	75	27	48				24	12	12
67岁	99	38	61				27	13	14
68岁	89	34	55				24	11	13
69岁	94	36	58				21	7	14
70-74	**362**	**136**	**226**				**92**	**47**	**45**
70岁	108	38	70				36	16	20
71岁	71	27	44				15	11	4
72岁	71	31	40				21	10	11
73岁	63	23	40				10	4	6
74岁	49	17	32				10	6	4
75-79	**228**	**95**	**133**				**27**	**17**	**10**
75岁	52	18	34				9	4	5
76岁	66	26	40				4	2	2
77岁	34	16	18				7	5	2
78岁	44	21	23				6	5	1
79岁	32	14	18				1	1	
80-84	**111**	**39**	**72**				**10**	**7**	**3**
80岁	33	12	21				4	2	2
81岁	22	12	10				2	2	
82岁	20	7	13				2	2	
83岁	24	6	18				2	1	1
84岁	12	2	10						
85+	**41**	**15**	**26**				**2**	**2**	

1-13 续表 3

单位：人

年 龄	料理家务			丧失劳动能力			毕业后未工作		
	小计	男	女	小计	男	女	小计	男	女
总 计	**1485**	**336**	**1149**	**804**	**334**	**470**	**35**	**22**	**13**
15-19	**50**	**10**	**40**	**34**	**22**	**12**	**7**	**5**	**2**
15岁	10	2	8	8	5	3	1	1	
16岁	7		7	10	5	5			
17岁	14	5	9	6	5	1	3	2	1
18岁	13	3	10	5	5		1	1	
19岁	6		6	5	2	3	2	1	1
20-24	**78**	**15**	**63**	**17**	**13**	**4**	**16**	**11**	**5**
20岁	17	3	14	3	3		6	3	3
21岁	9	2	7	5	4	1	2	1	1
22岁	18	4	14	3	2	1	1	1	
23岁	15	4	11	4	2	2	3	2	1
24岁	19	2	17	2	2		4	4	
25-29	**82**	**16**	**66**	**26**	**12**	**14**	**5**	**3**	**2**
25岁	24	6	18	8	3	5			
26岁	19	3	16	4	1	3	3	2	1
27岁	14	4	10	6	5	1	1	1	
28岁	14	1	13	6	2	4			
29岁	11	2	9	2	1	1	1		1
30-34	**88**	**17**	**71**	**19**	**7**	**12**	**5**	**3**	**2**
30岁	28	5	23	3	1	2			
31岁	17	4	13	2		2	3	2	1
32岁	14	2	12	5	3	2			
33岁	14	3	11	4	3	1	1		1
34岁	15	3	12	5		5	1	1	
35-39	**105**	**17**	**88**	**21**	**10**	**11**			
35岁	24	4	20	6	3	3			
36岁	25	6	19	1		1			

1-13 续表 4

单位：人

年龄	料理家务			丧失劳动能力			毕业后未工作		
	小计	男	女	小计	男	女	小计	男	女
37岁	19	3	16	5	2	3			
38岁	19	1	18	8	5	3			
39岁	18	3	15	1		1			
40-44	**102**	**18**	**84**	**21**	**15**	**6**			
40岁	29	6	23	2	1	1			
41岁	15	2	13	7	6	1			
42岁	26	6	20	4	4				
43岁	19	2	17	1	1				
44岁	13	2	11	7	3	4			
45-49	**97**	**15**	**82**	**21**	**11**	**10**			
45岁	21	2	19	3	2	1			
46岁	20	3	17	3	1	2			
47岁	21	4	17	7	3	4			
48岁	21	1	20	5	4	1			
49岁	14	5	9	3	1	2			
50-54	**108**	**16**	**92**	**25**	**8**	**17**			
50岁	20	4	16	2		2			
51岁	19	3	16	2	1	1			
52岁	31	6	25	7		7			
53岁	23	2	21	8	3	5			
54岁	15	1	14	6	4	2			
55-59	**126**	**28**	**98**	**46**	**17**	**29**			
55岁	19	6	13	5	1	4			
56岁	25	6	19	11	4	7			
57岁	28	4	24	7	1	6			
58岁	29	6	23	10	4	6			
59岁	25	6	19	13	7	6			

1-13 续表 5

单位：人

年 龄	料理家务			丧失劳动能力			毕业后未工作		
	小计	男	女	小计	男	女	小计	男	女
60-64	**204**	**47**	**157**	**93**	**41**	**52**			
60岁	52	12	40	19	8	11			
61岁	35	4	31	16	7	9			
62岁	36	9	27	18	8	10			
63岁	40	8	32	17	9	8			
64岁	41	14	27	23	9	14			
65-69	**214**	**61**	**153**	**110**	**46**	**64**			
65岁	43	11	32	24	7	17			
66岁	37	10	27	14	5	9			
67岁	52	17	35	18	7	11			
68岁	39	11	28	24	10	14			
69岁	43	12	31	30	17	13			
70-74	**130**	**40**	**90**	**138**	**49**	**89**			
70岁	35	10	25	37	12	25			
71岁	33	9	24	22	7	15			
72岁	24	11	13	25	10	15			
73岁	21	7	14	32	12	20			
74岁	17	3	14	22	8	14			
75-79	**66**	**25**	**41**	**133**	**53**	**80**	**2**		**2**
75岁	15	3	12	27	11	16	1		1
76岁	29	13	16	32	11	21	1		1
77岁	9	5	4	18	6	12			
78岁	7	2	5	31	14	17			
79岁	6	2	4	25	11	14			
80-84	**25**	**11**	**14**	**74**	**19**	**55**			
80岁	8	5	3	21	5	16			
81岁	3	1	2	16	8	8			
82岁	7	3	4	11	2	9			
83岁	5	1	4	17	4	13			
84岁	2	1	1	9		9			
85+	**10**		**10**	**26**	**11**	**15**			

1-13 续表 6

单位：人

年 龄	因单位原因失去原工作			因本人原因失去原工作		
	小计	男	女	小计	男	女
总 计	**2**	**2**		**9**	**5**	**4**
15-19						
15岁						
16岁						
17岁						
18岁						
19岁						
20-24						
20岁						
21岁						
22岁						
23岁						
24岁						
25-29						
25岁						
26岁						
27岁						
28岁						
29岁						
30-34						
30岁						
31岁						
32岁						
33岁						
34岁						
35-39	**2**	**2**		**1**	**1**	
35岁						
36岁	1	1				

1-13 续表 7

单位：人

年龄	因单位原因失去原工作			因本人原因失去原工作		
	小计	男	女	小计	男	女
37岁						
38岁	1	1		1	1	
39岁						
40-44				**2**	**1**	**1**
40岁				1		1
41岁						
42岁				1	1	
43岁						
44岁						
45-49				**2**	**1**	**1**
45岁						
46岁				1		1
47岁						
48岁				1	1	
49岁						
50-54				**1**	**1**	
50岁						
51岁				1	1	
52岁						
53岁						
54岁						
55-59						
55岁						
56岁						
57岁						
58岁						
59岁						

1-13 续表 8

单位：人

年 龄	因单位原因失去原工作			因本人原因失去原工作		
	小计	男	女	小计	男	女
60-64				**1**		**1**
60岁				1		1
61岁						
62岁						
63岁						
64岁						
65-69				**1**	**1**	
65岁						
66岁						
67岁						
68岁				1	1	
69岁						
70-74						
70岁						
71岁						
72岁						
73岁						
74岁						
75-79						
75岁						
76岁						
77岁						
78岁						
79岁						
80-84						
80岁						
81岁						
82岁						
83岁						
84岁						
85+				**1**		**1**

1-13 续表 9

单位：人

年 龄	承包土地被征用			其他		
	小计	男	女	小计	男	女
总 计	**11**	**6**	**5**	**74**	**47**	**27**
15-19				**15**	**8**	**7**
15岁				2	1	1
16岁				4	1	3
17岁				2	1	1
18岁				2	1	1
19岁				5	4	1
20-24	**1**		**1**	**8**	**4**	**4**
20岁	1		1	2	1	1
21岁				2	1	1
22岁				1		1
23岁				1		1
24岁				2	2	
25-29	**2**	**2**		**11**	**7**	**4**
25岁	2	2		3	2	1
26岁				3	3	
27岁				4	2	2
28岁						
29岁				1		1
30-34				**15**	**11**	**4**
30岁				3	2	1
31岁				4	3	1
32岁				6	5	1
33岁				2	1	1
34岁						
35-39	**1**	**1**		**4**	**3**	**1**
35岁						
36岁	1	1		2	2	

1-13 续表 10

单位：人

年 龄	承包土地被征用			其他		
	小计	男	女	小计	男	女
37岁				1		1
38岁				1	1	
39岁						
40-44	**1**		**1**	**3**	**2**	**1**
40岁				1	1	
41岁				1		1
42岁	1		1	1	1	
43岁						
44岁						
45-49	**3**	**2**	**1**	**3**	**2**	**1**
45岁	2	1	1			
46岁				2	1	1
47岁	1	1				
48岁				1	1	
49岁						
50-54				**1**	**1**	
50岁				1	1	
51岁						
52岁						
53岁						
54岁						
55-59				**4**	**3**	**1**
55岁						
56岁				1	1	
57岁				1		1
58岁				2	2	
59岁						

1-13 续表 11

单位：人

年 龄	承包土地被征用			其他		
	小计	男	女	小计	男	女
60-64	**2**		**2**	**2**	**1**	**1**
60岁				1		1
61岁	1		1			
62岁				1	1	
63岁	1		1			
64岁						
65-69	**1**	**1**		**2**	**1**	**1**
65岁						
66岁						
67岁	1	1		1		1
68岁				1	1	
69岁						
70-74				**2**		**2**
70岁						
71岁				1		1
72岁				1		1
73岁						
74岁						
75-79						
75岁						
76岁						
77岁						
78岁						
79岁						
80-84				**2**	**2**	
80岁						
81岁				1	1	
82岁						
83岁						
84岁				1	1	
85+				**2**	**2**	

1-14 分年龄、性别的未工作者主要生活来源

单位：人

年 龄	未工作人口			离退休金			领取基本生活费		
	合计	男	女	小计	男	女	小计	男	女
总 计	**4039**	**1588**	**2451**	**691**	**358**	**333**	**66**	**26**	**40**
15-19	**902**	**456**	**446**				**4**	**3**	**1**
15岁	291	152	139				1		1
16岁	244	121	123						
17岁	174	93	81				1	1	
18岁	119	57	62				1	1	
19岁	74	33	41				1	1	
20-24	**236**	**103**	**133**				**2**	**1**	**1**
20岁	69	25	44				2	1	1
21岁	41	22	19						
22岁	53	24	29						
23岁	38	17	21						
24岁	35	15	20						
25-29	**134**	**42**	**92**				**2**	**2**	
25岁	43	15	28						
26岁	31	9	22						
27岁	25	12	13				2	2	
28岁	20	3	17						
29岁	15	3	12						
30-34	**128**	**39**	**89**	**1**	**1**		**1**	**1**	
30岁	34	8	26						
31岁	26	9	17						
32岁	26	11	15	1	1		1	1	
33岁	21	7	14						
34岁	21	4	17						
35-39	**137**	**35**	**102**	**1**		**1**	**2**		**2**
35岁	32	8	24						

1-14 续表 1

单位：人

年　龄	未工作人口			离退休金			领取基本生活费		
	合计	男	女	小计	男	女	小计	男	女
36岁	31	10	21	1		1	2		2
37岁	25	5	20						
38岁	30	9	21						
39岁	19	3	16						
40-44	**144**	**38**	**106**	**15**	**2**	**13**	**3**	**2**	**1**
40岁	37	8	29	4		4			
41岁	27	9	18	4	1	3	2	2	
42岁	34	12	22	1		1			
43岁	23	3	20	3		3	1		1
44岁	23	6	17	3	1	2			
45-49	**174**	**49**	**125**	**48**	**18**	**30**	**6**	**1**	**5**
45岁	32	7	25	6	2	4	2		2
46岁	41	9	32	16	4	12	2		2
47岁	38	14	24	9	6	3	1	1	
48岁	37	10	27	8	3	5	1		1
49岁	26	9	17	9	3	6			
50-54	**239**	**92**	**147**	**103**	**65**	**38**	**9**	**5**	**4**
50岁	44	17	27	21	12	9	1		1
51岁	37	15	22	15	10	5			
52岁	64	26	38	26	20	6	3	2	1
53岁	44	13	31	12	7	5	5	3	2
54岁	50	21	29	29	16	13			
55-59	**290**	**109**	**181**	**111**	**60**	**51**	**8**	**2**	**6**
55岁	48	22	26	24	15	9	1		1
56岁	59	23	36	21	12	9	3	1	2
57岁	50	15	35	13	10	3	3		3
58岁	67	23	44	26	11	15			
59岁	66	26	40	27	12	15	1	1	

1-14 续表 2

单位：人

年 龄	未工作人口			离退休金			领取基本生活费		
	合计	男	女	小计	男	女	小计	男	女
60-64	**451**	**170**	**281**	**145**	**78**	**67**	**6**	**4**	**2**
60岁	112	40	72	36	18	18	1	1	
61岁	85	34	51	32	22	10	1	1	
62岁	77	28	49	22	10	12	1	1	
63岁	88	33	55	30	16	14			
64岁	89	35	54	25	12	13	3	1	2
65-69	**462**	**170**	**292**	**135**	**61**	**74**	**6**	**1**	**5**
65岁	105	35	70	38	17	21	2		2
66岁	75	27	48	25	13	12	1		1
67岁	99	38	61	27	13	14			
68岁	89	34	55	24	11	13			
69岁	94	36	58	21	7	14	3	1	2
70-74	**362**	**136**	**226**	**93**	**47**	**46**	**5**		**5**
70岁	108	38	70	36	16	20			
71岁	71	27	44	16	11	5	1		1
72岁	71	31	40	21	10	11	1		1
73岁	63	23	40	10	4	6	3		3
74岁	49	17	32	10	6	4			
75-79	**228**	**95**	**133**	**27**	**17**	**10**	**6**	**2**	**4**
75岁	52	18	34	9	4	5	1	1	
76岁	66	26	40	4	2	2	2		2
77岁	34	16	18	7	5	2			
78岁	44	21	23	6	5	1	3	1	2
79岁	32	14	18	1	1				
80-84	**111**	**39**	**72**	**10**	**7**	**3**	**4**	**1**	**3**
80岁	33	12	21	4	2	2	1		1
81岁	22	12	10	2	2				
82岁	20	7	13	2	2				
83岁	24	6	18	2	1	1			
84岁	12	2	10				3	1	2
85+	**41**	**15**	**26**	**2**	**2**		**2**	**1**	**1**

1-14 续表 3

单位：人

年 龄	家庭其他成员供养			财产性收入		
	小计	男	女	小计	男	女
总 计	**3121**	**1141**	**1980**	**74**	**23**	**51**
15-19	**889**	**449**	**440**			
15岁	290	152	138			
16岁	242	121	121			
17岁	171	90	81			
18岁	116	55	61			
19岁	70	31	39			
20-24	**221**	**97**	**124**	**2**	**1**	**1**
20岁	64	23	41	1		1
21岁	36	21	15			
22岁	52	24	28			
23岁	36	16	20			
24岁	33	13	20	1	1	
25-29	**117**	**33**	**84**	**4**	**1**	**3**
25岁	35	11	24	2	1	1
26岁	28	7	21	1		1
27岁	21	9	12			
28岁	20	3	17			
29岁	13	3	10	1		1
30-34	**108**	**31**	**77**	**9**	**2**	**7**
30岁	30	7	23	2		2
31岁	21	6	15	3	2	1
32岁	22	9	13	1		1
33岁	15	5	10	2		2
34岁	20	4	16	1		1
35-39	**121**	**29**	**92**	**8**	**2**	**6**
35岁	29	7	22	2		2

1-14 续表 4

单位：人

年 龄	家庭其他成员供养			财产性收入		
	小计	男	女	小计	男	女
36岁	26	8	18	1	1	
37岁	23	5	18	2		2
38岁	25	6	19	2	1	1
39岁	18	3	15	1		1
40-44	**113**	**29**	**84**	**11**	**4**	**7**
40岁	30	7	23	2		2
41岁	19	5	14	2	1	1
42岁	30	10	20	2	2	
43岁	16	2	14	3	1	2
44岁	18	5	13	2		2
45-49	**107**	**24**	**83**	**9**	**4**	**5**
45岁	20	4	16	2		2
46岁	20	3	17	3	2	1
47岁	25	6	19	2		2
48岁	26	6	20	1	1	
49岁	16	5	11	1	1	
50-54	**117**	**17**	**100**	**7**	**3**	**4**
50岁	18	3	15	3	1	2
51岁	20	4	16	2	1	1
52岁	35	4	31			
53岁	25	3	22	1		1
54岁	19	3	16	1	1	
55-59	**159**	**42**	**117**	**5**	**1**	**4**
55岁	21	7	14	1		1
56岁	33	9	24	1		1
57岁	31	4	27	1		1
58岁	38	10	28	1		1
59岁	36	12	24	1	1	

1-14 续表 5

单位：人

年 龄	家庭其他成员供养			财产性收入		
	小计	男	女	小计	男	女
60-64	**285**	**86**	**199**	**8**	**1**	**7**
60岁	70	20	50	3	1	2
61岁	49	11	38	1		1
62岁	51	16	35	2		2
63岁	57	17	40			
64岁	58	22	36	2		2
65-69	**308**	**103**	**205**	**8**	**3**	**5**
65岁	64	18	46	1		1
66岁	45	13	32	2		2
67岁	69	23	46	3	2	1
68岁	62	21	41	1	1	
69岁	68	28	40	1		1
70-74	**256**	**86**	**170**	**1**		**1**
70岁	71	21	50			
71岁	51	15	36			
72岁	46	21	25	1		1
73岁	49	18	31			
74岁	39	11	28			
75-79	**190**	**74**	**116**	**1**	**1**	
75岁	41	13	28			
76岁	59	23	36	1	1	
77岁	27	11	16			
78岁	32	14	18			
79岁	31	13	18			
80-84	**95**	**30**	**65**			
80岁	27	9	18			
81岁	20	10	10			
82岁	17	5	12			
83岁	22	5	17			
84岁	9	1	8			
85+	**35**	**11**	**24**	**1**		**1**

1-14 续表 6

单位：人

年 龄	保险收入			其他		
	小计	男	女	小计	男	女
总 计				**87**	**40**	**47**
15-19				**9**	**4**	**5**
15岁						
16岁				2		2
17岁				2	2	
18岁				2	1	1
19岁				3	1	2
20-24				**11**	**4**	**7**
20岁				2	1	1
21岁				5	1	4
22岁				1		1
23岁				2	1	1
24岁				1	1	
25-29				**11**	**6**	**5**
25岁				6	3	3
26岁				2	2	
27岁				2	1	1
28岁						
29岁				1		1
30-34				**9**	**4**	**5**
30岁				2	1	1
31岁				2	1	1
32岁				1		1
33岁				4	2	2
34岁						
35-39				**5**	**4**	**1**
35岁				1	1	

1-14 续表 7

单位：人

年龄	保险收入			其他		
	小计	男	女	小计	男	女
36岁				1	1	
37岁						
38岁				3	2	1
39岁						
40-44				**2**	**1**	**1**
40岁				1	1	
41岁						
42岁				1		1
43岁						
44岁						
45-49				**4**	**2**	**2**
45岁				2	1	1
46岁						
47岁				1	1	
48岁				1		1
49岁						
50-54				**3**	**2**	**1**
50岁				1	1	
51岁						
52岁						
53岁				1		1
54岁				1	1	
55-59				**7**	**4**	**3**
55岁				1		1
56岁				1	1	
57岁				2	1	1
58岁				2	2	
59岁				1		1

1-14 续表 8

单位：人

年 龄	保险收入			其他		
	小计	男	女	小计	男	女
60-64				**7**	**1**	**6**
60岁				2		2
61岁				2		2
62岁				1	1	
63岁				1		1
64岁				1		1
65-69				**5**	**2**	**3**
65岁						
66岁				2	1	1
67岁						
68岁				2	1	1
69岁				1		1
70-74				**7**	**3**	**4**
70岁				1	1	
71岁				3	1	2
72岁				2		2
73岁				1	1	
74岁						
75-79				**4**	**1**	**3**
75岁				1		1
76岁						
77岁						
78岁				3	1	2
79岁						
80-84				**2**	**1**	**1**
80岁				1	1	
81岁						
82岁				1		1
83岁						
84岁						
85+				**1**	**1**	

第二部分　残疾人口的基本状况

2-1　各地区分性别、残疾类别的残疾人

单位：人

地　区	残疾人数			视力残疾			听力残疾			言语残疾		
	合计	男	女	小计	男	女	小计	男	女	小计	男	女
总　计	**1581**	**739**	**842**	**326**	**128**	**198**	**372**	**183**	**189**	**42**	**23**	**19**
拉萨市城关区	337	149	188	82	33	49	91	46	45	2	2	
昌都地区察雅县	221	106	115	41	20	21	35	17	18	5	4	1
山南地区琼结县	316	138	178	55	13	42	115	51	64	8	3	5
日喀则地区南木林县	215	101	114	56	24	32	50	24	26	4	3	1
日喀则地区白朗县	229	121	108	58	27	31	43	25	18	11	5	6
那曲地区索县	263	124	139	34	11	23	38	20	18	12	6	6

2-1　续表

单位：人

地　区	肢体残疾			智力残疾			精神残疾			多重残疾		
	小计	男	女	小计	男	女	小计	男	女	小计	男	女
总　计	**457**	**234**	**223**	**35**	**20**	**15**	**58**	**20**	**38**	**291**	**131**	**160**
拉萨市城关区	99	43	56	4	2	2	4	1	3	55	22	33
昌都地区察雅县	84	43	41	2	2		11	5	6	43	15	28
山南地区琼结县	45	24	21	11	5	6	4	2	2	78	40	38
日喀则地区南木林县	68	35	33	1		1	10	4	6	26	11	15
日喀则地区白朗县	69	43	26	12	9	3	13	2	11	23	10	13
那曲地区索县	92	46	46	5	2	3	16	6	10	66	33	33

2-2 分年龄、性别、残疾类别的残疾人

单位：人

年 龄	残疾人数			视力残疾			听力残疾			言语残疾		
	合计	男	女	小计	男	女	小计	男	女	小计	男	女
总 计	**1581**	**739**	**842**	**326**	**128**	**198**	**372**	**183**	**189**	**42**	**23**	**19**
0-4	**26**	**15**	**11**	**2**	**1**	**1**	**2**	**1**	**1**	**3**		**3**
0岁	2		2				1		1			
1岁	3	3										
2岁	2	2		1	1							
3岁	7	3	4							1		1
4岁	12	7	5	1		1	1	1		2		2
5-9	**61**	**31**	**30**	**10**	**6**	**4**	**7**	**5**	**2**	**6**	**3**	**3**
5岁	10	4	6	2		2						
6岁	11	4	7	3	1	2						
7岁	8	3	5				2	1	1	3		3
8岁	18	10	8	2	2		4	3	1	1	1	
9岁	14	10	4	3	3		1	1		2	2	
10-14	**87**	**44**	**43**	**9**	**3**	**6**	**18**	**10**	**8**	**10**	**7**	**3**
10岁	14	8	6	1	1		3	3		5	2	3
11岁	14	8	6	2	1	1	2	2				
12岁	21	9	12	2		2	9	3	6	1	1	
13岁	16	10	6	1		1	2	2		1	1	
14岁	22	9	13	3	1	2	2		2	3	3	
15-19	**83**	**52**	**31**	**5**	**3**	**2**	**16**	**9**	**7**	**8**	**7**	**1**
15岁	24	14	10				7	1	6	5	4	1
16岁	15	9	6	1		1	2	2				
17岁	16	10	6	1		1	5	4	1			
18岁	16	13	3	2	2		2	2		3	3	
19岁	12	6	6	1	1							
20-24	**52**	**27**	**25**	**9**	**6**	**3**	**8**	**2**	**6**	**4**	**3**	**1**
20岁	8	5	3	3	2	1						
21岁	10	4	6	3	1	2	2	1	1	2	1	1
22岁	10	4	6	1	1		4	1	3			
23岁	12	6	6	1	1		2		2	1	1	
24岁	12	8	4	1	1					1	1	
25-29	**64**	**29**	**35**	**8**	**5**	**3**	**5**	**3**	**2**	**2**		**2**
25岁	15	5	10	2		2	1	1		1		1

2-2 续表 1

单位：人

年龄	残疾人数			视力残疾			听力残疾			言语残疾		
	合计	男	女	小计	男	女	小计	男	女	小计	男	女
26岁	12	4	8				1		1			
27岁	15	9	6	3	2	1	3	2	1	1		1
28岁	17	10	7	3	3							
29岁	5	1	4									
30-34	**70**	**27**	**43**	**4**	**3**	**1**	**12**	**3**	**9**	**3**	**1**	**2**
30岁	15	4	11	1	1		3	1	2			
31岁	6	3	3	1	1					1		1
32岁	13	8	5	1	1							
33岁	18	6	12	1		1	5	1	4	1		1
34岁	18	6	12				4	1	3	1	1	
35-39	**80**	**45**	**35**	**8**	**4**	**4**	**20**	**15**	**5**	**1**		**1**
35岁	19	11	8	2	1	1	4	3	1			
36岁	16	10	6	2	2		4	3	1			
37岁	13	8	5				4	4				
38岁	21	11	10	2	1	1	5	4	1	1		1
39岁	11	5	6	2		2	3	1	2			
40-44	**95**	**47**	**48**	**9**	**7**	**2**	**28**	**11**	**17**	**2**	**1**	**1**
40岁	27	15	12	4	4		7	3	4	1	1	
41岁	14	9	5				5	3	2	1		1
42岁	19	7	12	2	1	1	5	1	4			
43岁	20	7	13	2	1	1	7	2	5			
44岁	15	9	6	1	1		4	2	2			
45-49	**105**	**50**	**55**	**8**	**4**	**4**	**27**	**11**	**16**	**2**	**1**	**1**
45岁	18	12	6	3	2	1	4	2	2			
46岁	22	10	12	3	1	2	4	1	3			
47岁	28	11	17				6	2	4	1	1	
48岁	15	9	6				5	3	2			
49岁	22	8	14	2	1	1	8	3	5	1		1
50-54	**89**	**48**	**41**	**20**	**7**	**13**	**26**	**16**	**10**			
50岁	21	14	7	5	3	2	4	3	1			
51岁	12	4	8				6	1	5			
52岁	17	6	11	6		6	2	2				
53岁	14	8	6	2	1	1	2	1	1			
54岁	25	16	9	7	3	4	12	9	3			

2-2 续表 2

单位：人

年龄	残疾人数			视力残疾			听力残疾			言语残疾		
	合计	男	女	小计	男	女	小计	男	女	小计	男	女
55-59	**116**	**57**	**59**	**26**	**11**	**15**	**32**	**18**	**14**	**1**		**1**
55岁	26	12	14	7	3	4	6	3	3			
56岁	24	13	11	6	4	2	6	3	3	1		1
57岁	14	6	8	4	1	3	2	2				
58岁	30	18	12	8	3	5	13	10	3			
59岁	22	8	14	1		1	5		5			
60-64	**149**	**69**	**80**	**48**	**18**	**30**	**41**	**22**	**19**			
60岁	33	15	18	9	4	5	8	3	5			
61岁	22	5	17	5	1	4	11	4	7			
62岁	29	18	11	9	4	5	8	6	2			
63岁	29	12	17	12	4	8	3	2	1			
64岁	36	19	17	13	5	8	11	7	4			
65-69	**166**	**69**	**97**	**40**	**12**	**28**	**54**	**26**	**28**			
65岁	39	16	23	10	5	5	14	4	10			
66岁	26	15	11	7	2	5	7	5	2			
67岁	35	15	20	9	2	7	12	5	7			
68岁	30	11	19	6	1	5	9	7	2			
69岁	36	12	24	8	2	6	12	5	7			
70-74	**150**	**53**	**97**	**53**	**18**	**35**	**37**	**16**	**21**			
70岁	36	15	21	13	6	7	13	6	7			
71岁	31	13	18	13	5	8	6	3	3			
72岁	30	9	21	9	3	6	8	4	4			
73岁	28	8	20	9	2	7	5	2	3			
74岁	25	8	17	9	2	7	5	1	4			
75-79	**113**	**46**	**67**	**36**	**11**	**25**	**30**	**10**	**20**			
75岁	25	6	19	11	2	9	6	1	5			
76岁	27	13	14	6	1	5	10	4	6			
77岁	18	7	11	3	1	2	7	3	4			
78岁	25	13	12	10	4	6	6	2	4			
79岁	18	7	11	6	3	3	1		1			
80-84	**54**	**20**	**34**	**25**	**5**	**20**	**6**	**4**	**2**			
80岁	14	7	7	5	2	3	4	2	2			
81岁	12	8	4	7	3	4						
82岁	11	3	8	5		5	2	2				
83岁	11	2	9	6		6						
84岁	6		6	2		2						
85+	**21**	**10**	**11**	**6**	**4**	**2**	**3**	**1**	**2**			

2-2 续表 3

单位：人

年龄	肢体残疾			智力残疾			精神残疾			多重残疾		
	小计	男	女	小计	男	女	小计	男	女	小计	男	女
总　计	**457**	**234**	**223**	**35**	**20**	**15**	**58**	**20**	**38**	**291**	**131**	**160**
0–4	**3**	**2**	**1**	**10**	**7**	**3**				**6**	**4**	**2**
0岁				1		1						
1岁				2	2					1	1	
2岁				1	1							
3岁	1	1		3	1	2				2	1	1
4岁	2	1	1	3	3					3	2	1
5–9	**12**	**6**	**6**	**7**	**2**	**5**	**3**	**1**	**2**	**16**	**8**	**8**
5岁	3	1	2	1		1				4	3	1
6岁	3	2	1	3	1	2				2		2
7岁	2	1	1							1	1	
8岁	2	1	1	2		2	2		2	5	3	2
9岁	2	1	1	1	1		1	1		4	1	3
10–14	**26**	**15**	**11**	**4**	**2**	**2**	**6**	**2**	**4**	**14**	**5**	**9**
10岁	1		1	1	1					3	1	2
11岁	5	4	1				2	1	1	3		3
12岁	5	3	2	2	1	1				2	1	1
13岁	7	5	2				2		2	3	2	1
14岁	8	3	5	1		1	2	1	1	3	1	2
15–19	**25**	**15**	**10**	**1**	**1**		**8**	**5**	**3**	**20**	**12**	**8**
15岁	6	6					3	3		3		3
16岁	5	2	3							7	5	2
17岁	4	2	2	1	1		1	1		4	2	2
18岁	3	3					4	1	3	2	2	
19岁	7	2	5							4	3	1
20–24	**21**	**12**	**9**	**1**		**1**	**4**		**4**	**5**	**4**	**1**
20岁	2	2		1		1	1		1	1	1	
21岁	1		1				1		1	1	1	
22岁	4	2	2				1		1			
23岁	6	3	3				1		1	1	1	
24岁	8	5	3							2	1	1
25–29	**26**	**12**	**14**	**2**	**2**		**6**	**1**	**5**	**15**	**6**	**9**
25岁	5	1	4				2		2	4	3	1

2-2 续表 4

单位：人

年龄	肢体残疾			智力残疾			精神残疾			多重残疾		
	小计	男	女	小计	男	女	小计	男	女	小计	男	女
26岁	7	3	4				1		1	3	1	2
27岁	5	2	3	1	1					2	2	
28岁	5	5		1	1		2	1	1	6		6
29岁	4	1	3				1		1			
30-34	**29**	**11**	**18**	**2**	**2**		**4**	**2**	**2**	**16**	**5**	**11**
30岁	6	1	5							5	1	4
31岁	2	1	1							2	1	1
32岁	9	4	5	1	1		1	1		1	1	
33岁	5	2	3	1	1		1	1		4	1	3
34岁	7	3	4				2		2	4	1	3
35-39	**30**	**18**	**12**	**1**	**1**		**6**	**4**	**2**	**14**	**3**	**11**
35岁	4	3	1				3	2	1	6	2	4
36岁	7	4	3				1	1		2		2
37岁	5	2	3	1	1		1		1	2	1	1
38岁	9	5	4				1	1		3		3
39岁	5	4	1							1		1
40-44	**28**	**17**	**11**				**8**	**2**	**6**	**20**	**9**	**11**
40岁	7	4	3				2	1	1	6	2	4
41岁	3	3					1		1	4	3	1
42岁	6	3	3				1	1		5	1	4
43岁	6	2	4				2		2	3	2	1
44岁	6	5	1				2		2	2	1	1
45-49	**47**	**26**	**21**	**1**		**1**	**4**		**4**	**16**	**8**	**8**
45岁	11	8	3									
46岁	11	6	5				2		2	2	2	
47岁	10	2	8	1		1				10	6	4
48岁	8	6	2				1		1	1		1
49岁	7	4	3				1		1	3		3
50-54	**27**	**16**	**11**	**1**	**1**		**3**	**1**	**2**	**12**	**7**	**5**
50岁	10	6	4							2	2	
51岁	2	2					1		1	3	1	2
52岁	4	2	2							5	2	3
53岁	8	5	3	1	1		1		1			
54岁	3	1	2				1	1		2	2	

2-2 续表 5

单位：人

年 龄	肢体残疾			智力残疾			精神残疾			多重残疾		
	小计	男	女	小计	男	女	小计	男	女	小计	男	女
55-59	**45**	**23**	**22**	**1**	**1**		**1**		**1**	**10**	**4**	**6**
55岁	10	4	6							3	2	1
56岁	8	5	3	1	1					2		2
57岁	5	2	3				1		1	2	1	1
58岁	8	5	3							1		1
59岁	14	7	7							2	1	1
60-64	**41**	**20**	**21**	**2**	**1**	**1**	**2**	**2**		**15**	**6**	**9**
60岁	14	7	7							2	1	1
61岁	3		3							3		3
62岁	8	5	3	1	1					3	2	1
63岁	10	4	6				2	2		2		2
64岁	6	4	2	1		1				5	3	2
65-69	**45**	**20**	**25**	**1**		**1**	**2**		**2**	**24**	**11**	**13**
65岁	9	4	5							6	3	3
66岁	6	5	1				1		1	5	3	2
67岁	11	5	6							3	3	
68岁	7	2	5	1		1				7	1	6
69岁	12	4	8				1		1	3	1	2
70-74	**34**	**14**	**20**	**1**		**1**	**1**		**1**	**24**	**5**	**19**
70岁	5	1	4							5	2	3
71岁	8	4	4							4	1	3
72岁	8	2	6	1		1				4		4
73岁	7	4	3				1		1	6		6
74岁	6	3	3							5	2	3
75-79	**14**	**5**	**9**							**33**	**20**	**13**
75岁	4	1	3							4	2	2
76岁	3	2	1							8	6	2
77岁	3		3							5	3	2
78岁	2	2								7	5	2
79岁	2		2							9	4	5
80-84	**3**	**1**	**2**							**20**	**10**	**10**
80岁	1	1								4	2	2
81岁										5	5	
82岁										4	1	3
83岁	2		2							3	2	1
84岁										4		4
85+	**1**	**1**								**11**	**4**	**7**

2-2a 城镇分年龄、性别、残疾类别的残疾人

单位：人

年龄	残疾人数			视力残疾			听力残疾			言语残疾		
	合计	男	女	小计	男	女	小计	男	女	小计	男	女
总计	**353**	**148**	**205**	**82**	**28**	**54**	**111**	**50**	**61**	**2**		**2**
0-4	**3**	**2**	**1**	**2**	**1**	**1**						
0岁												
1岁	1	1										
2岁	1	1		1	1							
3岁												
4岁	1		1	1		1						
5-9	**6**	**3**	**3**	**4**	**1**	**3**						
5岁	2		2	2		2						
6岁	2	1	1	2	1	1						
7岁												
8岁	1	1										
9岁	1	1										
10-14	**11**	**7**	**4**	**2**	**2**		**2**		**2**			
10岁												
11岁	1	1		1	1							
12岁	1		1				1		1			
13岁	6	4	2									
14岁	3	2	1	1	1		1		1			
15-19	**8**	**5**	**3**				**1**	**1**				
15岁	1		1									
16岁	1		1									
17岁	5	4	1				1	1				
18岁												
19岁	1	1										
20-24	**8**	**3**	**5**	**2**	**1**	**1**	**1**		**1**			
20岁	1		1									
21岁	2	1	1	2	1	1						
22岁	1		1				1		1			
23岁	2	1	1									
24岁	2	1	1									
25-29	**18**	**6**	**12**	**2**	**1**	**1**	**2**	**1**	**1**			
25岁	5	2	3									

2-2a 续表 1

单位：人

年 龄	残疾人数			视力残疾			听力残疾			言语残疾		
	合计	男	女	小计	男	女	小计	男	女	小计	男	女
26岁	4	1	3				1		1			
27岁	3	2	1	1		1	1	1				
28岁	4	1	3	1	1							
29岁	2		2									
30-34	**10**	**4**	**6**	**1**		**1**	**3**		**3**			
30岁	1		1				1		1			
31岁												
32岁	2	1	1									
33岁	5	2	3	1		1	2		2			
34岁	2	1	1									
35-39	**15**	**4**	**11**	**1**		**1**	**4**	**2**	**2**	**1**		**1**
35岁	2		2				1		1			
36岁	3	1	2				1	1				
37岁												
38岁	10	3	7	1		1	2	1	1	1		1
39岁												
40-44	**13**	**6**	**7**	**1**		**1**	**7**	**2**	**5**			
40岁	5	3	2				4	2	2			
41岁	2	1	1				1		1			
42岁	2		2				1		1			
43岁	3	1	2	1		1	1		1			
44岁	1	1										
45-49	**17**	**8**	**9**	**1**	**1**		**5**	**2**	**3**			
45岁	5	4	1	1	1		2	1	1			
46岁	2	1	1									
47岁	7	3	4				1	1				
48岁	2		2				1		1			
49岁	1		1				1		1			
50-54	**18**	**9**	**9**	**6**	**1**	**5**	**5**	**4**	**1**			
50岁	5	1	4	1		1						
51岁	1	1										
52岁	2		2	2		2						
53岁	3	2	1	1		1	1	1				
54岁	7	5	2	2	1	1	4	3	1			

2-2a 续表 2

单位：人

年 龄	残疾人数			视力残疾			听力残疾			言语残疾		
	合计	男	女	小计	男	女	小计	男	女	小计	男	女
55-59	**23**	**8**	**15**	**4**	**1**	**3**	**9**	**5**	**4**	**1**		**1**
55岁	5	2	3	1		1						
56岁	5	1	4				2	1	1	1		1
57岁	1		1									
58岁	8	5	3	2	1	1	6	4	2			
59岁	4		4	1		1	1		1			
60-64	**38**	**19**	**19**	**10**	**3**	**7**	**19**	**10**	**9**			
60岁	9	5	4				6	3	3			
61岁	8	1	7	1		1	6	1	5			
62岁	6	4	2	3	1	2	1	1				
63岁	2	2					2	2				
64岁	13	7	6	6	2	4	4	3	1			
65-69	**55**	**23**	**32**	**13**	**5**	**8**	**23**	**9**	**14**			
65岁	13	5	8	3	2	1	4	1	3			
66岁	9	7	2				5	3	2			
67岁	14	6	8	7	2	5	4	2	2			
68岁	9	4	5	2	1	1	4	2	2			
69岁	10	1	9	1		1	6	1	5			
70-74	**57**	**20**	**37**	**19**	**7**	**12**	**16**	**8**	**8**			
70岁	17	10	7	7	4	3	7	4	3			
71岁	11	6	5	4	2	2	2	2				
72岁	13	3	10	4	1	3	4	2	2			
73岁	8		8	2		2	1		1			
74岁	8	1	7	2		2	2		2			
75-79	**27**	**10**	**17**	**6**	**1**	**5**	**10**	**3**	**7**			
75岁	6	1	5	3		3	1		1			
76岁	4	2	2				2		2			
77岁	5	2	3				4	2	2			
78岁	9	5	4	2	1	1	3	1	2			
79岁	3		3	1		1						
80-84	**18**	**8**	**10**	**5**	**1**	**4**	**3**	**2**	**1**			
80岁	2		2				1		1			
81岁	7	5	2	3	1	2						
82岁	4	2	2	1		1	2	2				
83岁	3	1	2	1		1						
84岁	2		2									
85+	**8**	**3**	**5**	**3**	**2**	**1**	**1**	**1**				

2-2a 续表 3

单位：人

年 龄	肢体残疾			智力残疾			精神残疾			多重残疾		
	小计	男	女	小计	男	女	小计	男	女	小计	男	女
总 计	**76**	**33**	**43**	**5**	**2**	**3**	**2**		**2**	**75**	**35**	**40**
0-4				**1**	**1**							
0岁												
1岁				1	1							
2岁												
3岁												
4岁												
5-9										**2**	**2**	
5岁												
6岁												
7岁												
8岁										1	1	
9岁										1	1	
10-14	**5**	**3**	**2**							**2**	**2**	
10岁												
11岁												
12岁												
13岁	4	2	2							2	2	
14岁	1	1										
15-19	**3**	**2**	**1**							**4**	**2**	**2**
15岁										1		1
16岁										1		1
17岁	3	2	1							1	1	
18岁												
19岁										1	1	
20-24	**4**	**2**	**2**	**1**		**1**						
20岁				1		1						
21岁												
22岁												
23岁	2	1	1									
24岁	2	1	1									
25-29	**7**	**3**	**4**				**1**		**1**	**6**	**1**	**5**
25岁	2	1	1				1		1	2	1	1

2-2a 续表 4

单位：人

年 龄	肢体残疾			智力残疾			精神残疾			多重残疾		
	小计	男	女	小计	男	女	小计	男	女	小计	男	女
26岁	2	1	1							1		1
27岁	1	1										
28岁										3		3
29岁	2		2									
30-34	**4**	**2**	**2**	**1**	**1**					**1**	**1**	
30岁												
31岁												
32岁	2	1	1									
33岁				1	1					1	1	
34岁	2	1	1									
35-39	**5**	**2**	**3**							**4**		**4**
35岁										1		1
36岁	1		1							1		1
37岁												
38岁	4	2	2							2		2
39岁												
40-44	**1**	**1**								**4**	**3**	**1**
40岁										1	1	
41岁										1	1	
42岁										1		1
43岁										1	1	
44岁	1	1										
45-49	**5**	**2**	**3**	**1**		**1**	**1**		**1**	**4**	**3**	**1**
45岁	2	2										
46岁							1		1	1	1	
47岁	2		2	1		1				3	2	1
48岁	1		1									
49岁												
50-54	**6**	**3**	**3**							**1**	**1**	
50岁	4	1	3									
51岁	1	1										
52岁												
53岁	1	1										
54岁										1	1	

2-2a 续表 5

单位：人

年 龄	肢体残疾			智力残疾			精神残疾			多重残疾		
	小计	男	女	小计	男	女	小计	男	女	小计	男	女
55-59	**8**	**2**	**6**							**1**		**1**
55岁	3	2	1							1		1
56岁	2		2									
57岁	1		1									
58岁												
59岁	2		2									
60-64	**3**	**2**	**1**	**1**		**1**				**5**	**4**	**1**
60岁	3	2	1									
61岁										1		1
62岁										2	2	
63岁												
64岁				1		1				2	2	
65-69	**10**	**4**	**6**							**9**	**5**	**4**
65岁	4	1	3							2	1	1
66岁	1	1								3	3	
67岁	2	1	1							1	1	
68岁	1	1								2		2
69岁	2		2							1		1
70-74	**11**	**4**	**7**							**11**	**1**	**10**
70岁	2	1	1							1	1	
71岁	3	2	1							2		2
72岁	2		2							3		3
73岁	2		2							3		3
74岁	2	1	1							2		2
75-79	**4**	**1**	**3**							**7**	**5**	**2**
75岁	1		1							1	1	
76岁										2	2	
77岁	1		1									
78岁	1	1								3	2	1
79岁	1		1							1		1
80-84										**10**	**5**	**5**
80岁										1		1
81岁										4	4	
82岁										1		1
83岁										2	1	1
84岁										2		2
85+										**4**		**4**

2-2b 农村分年龄、性别、残疾类别的残疾人

单位：人

年 龄	残疾人数			视力残疾			听力残疾			言语残疾		
	合计	男	女	小计	男	女	小计	男	女	小计	男	女
总 计	**1228**	**591**	**637**	**244**	**100**	**144**	**261**	**133**	**128**	**40**	**23**	**17**
0-4	**23**	**13**	**10**				**2**	**1**	**1**	**3**		**3**
0岁	2		2				1		1			
1岁	2	2										
2岁	1	1										
3岁	7	3	4							1		1
4岁	11	7	4				1	1		2		2
5-9	**55**	**28**	**27**	**6**	**5**	**1**	**7**	**5**	**2**	**6**	**3**	**3**
5岁	8	4	4									
6岁	9	3	6	1		1						
7岁	8	3	5				2	1	1	3		3
8岁	17	9	8	2	2		4	3	1	1	1	
9岁	13	9	4	3	3		1	1		2	2	
10-14	**76**	**37**	**39**	**7**	**1**	**6**	**16**	**10**	**6**	**10**	**7**	**3**
10岁	14	8	6	1	1		3	3		5	2	3
11岁	13	7	6	1		1	2	2				
12岁	20	9	11	2		2	8	3	5	1	1	
13岁	10	6	4	1		1	2	2		1	1	
14岁	19	7	12	2		2	1		1	3	3	
15-19	**75**	**47**	**28**	**5**	**3**	**2**	**15**	**8**	**7**	**8**	**7**	**1**
15岁	23	14	9				7	1	6	5	4	1
16岁	14	9	5	1		1	2	2				
17岁	11	6	5	1		1	4	3	1			
18岁	16	13	3	2	2		2	2		3	3	
19岁	11	5	6	1	1							
20-24	**44**	**24**	**20**	**7**	**5**	**2**	**7**	**2**	**5**	**4**	**3**	**1**
20岁	7	5	2	3	2	1						
21岁	8	3	5	1		1	2	1	1	2	1	1
22岁	9	4	5	1	1		3	1	2			
23岁	10	5	5	1	1		2		2	1	1	
24岁	10	7	3	1	1					1	1	
25-29	**46**	**23**	**23**	**6**	**4**	**2**	**3**	**2**	**1**	**2**		**2**
25岁	10	3	7	2		2	1	1		1		1
26岁	8	3	5									

2-2b 续表 1

单位：人

年 龄	残疾人数			视力残疾			听力残疾			言语残疾		
	合计	男	女	小计	男	女	小计	男	女	小计	男	女
27岁	12	7	5	2	2		2	1	1	1		1
28岁	13	9	4	2	2							
29岁	3	1	2									
30-34	**60**	**23**	**37**	**3**	**3**		**9**	**3**	**6**	**3**	**1**	**2**
30岁	14	4	10	1	1		2	1	1			
31岁	6	3	3	1	1					1		1
32岁	11	7	4	1	1							
33岁	13	4	9				3	1	2	1		1
34岁	16	5	11				4	1	3	1	1	
35-39	**65**	**41**	**24**	**7**	**4**	**3**	**16**	**13**	**3**			
35岁	17	11	6	2	1	1	3	3				
36岁	13	9	4	2	2		3	2	1			
37岁	13	8	5				4	4				
38岁	11	8	3	1	1		3	3				
39岁	11	5	6	2		2	3	1	2			
40-44	**82**	**41**	**41**	**8**	**7**	**1**	**21**	**9**	**12**	**2**	**1**	**1**
40岁	22	12	10	4	4		3	1	2	1	1	
41岁	12	8	4				4	3	1	1		1
42岁	17	7	10	2	1	1	4	1	3			
43岁	17	6	11	1	1		6	2	4			
44岁	14	8	6	1	1		4	2	2			
45-49	**88**	**42**	**46**	**7**	**3**	**4**	**22**	**9**	**13**	**2**	**1**	**1**
45岁	13	8	5	2	1	1	2	1	1			
46岁	20	9	11	3	1	2	4	1	3			
47岁	21	8	13				5	1	4	1	1	
48岁	13	9	4				4	3	1			
49岁	21	8	13	2	1	1	7	3	4	1		1
50-54	**71**	**39**	**32**	**14**	**6**	**8**	**21**	**12**	**9**			
50岁	16	13	3	4	3	1	4	3	1			
51岁	11	3	8				6	1	5			
52岁	15	6	9	4		4	2	2				
53岁	11	6	5	1	1		1		1			
54岁	18	11	7	5	2	3	8	6	2			
55-59	**93**	**49**	**44**	**22**	**10**	**12**	**23**	**13**	**10**			
55岁	21	10	11	6	3	3	6	3	3			

2-2b 续表 2

单位：人

年龄	残疾人数			视力残疾			听力残疾			言语残疾		
	合计	男	女	小计	男	女	小计	男	女	小计	男	女
56岁	19	12	7	6	4	2	4	2	2			
57岁	13	6	7	4	1	3	2	2				
58岁	22	13	9	6	2	4	7	6	1			
59岁	18	8	10				4		4			
60-64	**111**	**50**	**61**	**38**	**15**	**23**	**22**	**12**	**10**			
60岁	24	10	14	9	4	5	2		2			
61岁	14	4	10	4	1	3	5	3	2			
62岁	23	14	9	6	3	3	7	5	2			
63岁	27	10	17	12	4	8	1		1			
64岁	23	12	11	7	3	4	7	4	3			
65-69	**111**	**46**	**65**	**27**	**7**	**20**	**31**	**17**	**14**			
65岁	26	11	15	7	3	4	10	3	7			
66岁	17	8	9	7	2	5	2	2				
67岁	21	9	12	2		2	8	3	5			
68岁	21	7	14	4		4	5	5				
69岁	26	11	15	7	2	5	6	4	2			
70-74	**93**	**33**	**60**	**34**	**11**	**23**	**21**	**8**	**13**			
70岁	19	5	14	6	2	4	6	2	4			
71岁	20	7	13	9	3	6	4	1	3			
72岁	17	6	11	5	2	3	4	2	2			
73岁	20	8	12	7	2	5	4	2	2			
74岁	17	7	10	7	2	5	3	1	2			
75-79	**86**	**36**	**50**	**30**	**10**	**20**	**20**	**7**	**13**			
75岁	19	5	14	8	2	6	5	1	4			
76岁	23	11	12	6	1	5	8	4	4			
77岁	13	5	8	3	1	2	3	1	2			
78岁	16	8	8	8	3	5	3	1	2			
79岁	15	7	8	5	3	2	1		1			
80-84	**36**	**12**	**24**	**20**	**4**	**16**	**3**	**2**	**1**			
80岁	12	7	5	5	2	3	3	2	1			
81岁	5	3	2	4	2	2						
82岁	7	1	6	4		4						
83岁	8	1	7	5		5						
84岁	4		4	2		2						
85+	**13**	**7**	**6**	**3**	**2**	**1**	**2**		**2**			

2-2b 续表 3

单位：人

年 龄	肢体残疾			智力残疾			精神残疾			多重残疾		
	小计	男	女	小计	男	女	小计	男	女	小计	男	女
总 计	**381**	**201**	**180**	**30**	**18**	**12**	**56**	**20**	**36**	**216**	**96**	**120**
0-4	**3**	**2**	**1**	**9**	**6**	**3**				**6**	**4**	**2**
0岁				1		1						
1岁				1	1					1	1	
2岁				1	1							
3岁	1	1		3	1	2				2	1	1
4岁	2	1	1	3	3					3	2	1
5-9	**12**	**6**	**6**	**7**	**2**	**5**	**3**	**1**	**2**	**14**	**6**	**8**
5岁	3	1	2	1		1				4	3	1
6岁	3	2	1	3	1	2				2		2
7岁	2	1	1							1	1	
8岁	2	1	1	2		2	2		2	4	2	2
9岁	2	1	1	1	1		1	1		3		3
10-14	**21**	**12**	**9**	**4**	**2**	**2**	**6**	**2**	**4**	**12**	**3**	**9**
10岁	1		1	1	1					3	1	2
11岁	5	4	1				2	1	1	3		3
12岁	5	3	2	2	1	1				2	1	1
13岁	3	3					2		2	1		1
14岁	7	2	5	1		1	2	1	1	3	1	2
15-19	**22**	**13**	**9**	**1**	**1**		**8**	**5**	**3**	**16**	**10**	**6**
15岁	6	6					3	3		2		2
16岁	5	2	3							6	5	1
17岁	1		1	1	1		1	1		3	1	2
18岁	3	3					4	1	3	2	2	
19岁	7	2	5							3	2	1
20-24	**17**	**10**	**7**				**4**		**4**	**5**	**4**	**1**
20岁	2	2					1		1	1	1	
21岁	1		1				1		1	1	1	
22岁	4	2	2				1		1			
23岁	4	2	2				1		1	1	1	
24岁	6	4	2							2	1	1
25-29	**19**	**9**	**10**	**2**	**2**		**5**	**1**	**4**	**9**	**5**	**4**
25岁	3		3				1		1	2	2	
26岁	5	2	3				1		1	2	1	1

2-2b 续表 4

单位：人

年 龄	肢体残疾			智力残疾			精神残疾			多重残疾		
	小计	男	女	小计	男	女	小计	男	女	小计	男	女
27岁	4	1	3	1	1					2	2	
28岁	5	5		1	1		2	1	1	3		3
29岁	2	1	1				1		1			
30-34	**25**	**9**	**16**	**1**	**1**		**4**	**2**	**2**	**15**	**4**	**11**
30岁	6	1	5							5	1	4
31岁	2	1	1							2	1	1
32岁	7	3	4	1	1		1	1		1	1	
33岁	5	2	3				1	1		3		3
34岁	5	2	3				2		2	4	1	3
35-39	**25**	**16**	**9**	**1**	**1**		**6**	**4**	**2**	**10**	**3**	**7**
35岁	4	3	1				3	2	1	5	2	3
36岁	6	4	2				1	1		1		1
37岁	5	2	3	1	1		1		1	2	1	1
38岁	5	3	2				1	1		1		1
39岁	5	4	1							1		1
40-44	**27**	**16**	**11**				**8**	**2**	**6**	**16**	**6**	**10**
40岁	7	4	3				2	1	1	5	1	4
41岁	3	3					1		1	3	2	1
42岁	6	3	3				1	1		4	1	3
43岁	6	2	4				2		2	2	1	1
44岁	5	4	1				2		2	2	1	1
45-49	**42**	**24**	**18**				**3**		**3**	**12**	**5**	**7**
45岁	9	6	3									
46岁	11	6	5				1		1	1	1	
47岁	8	2	6							7	4	3
48岁	7	6	1				1		1	1		1
49岁	7	4	3				1		1	3		3
50-54	**21**	**13**	**8**	**1**	**1**		**3**	**1**	**2**	**11**	**6**	**5**
50岁	6	5	1							2	2	
51岁	1	1					1		1	3	1	2
52岁	4	2	2							5	2	3
53岁	7	4	3	1	1		1		1			
54岁	3	1	2				1	1		1	1	
55-59	**37**	**21**	**16**	**1**	**1**		**1**		**1**	**9**	**4**	**5**
55岁	7	2	5							2	2	

2-2b 续表 5

单位：人

年 龄	肢体残疾			智力残疾			精神残疾			多重残疾		
	小计	男	女	小计	男	女	小计	男	女	小计	男	女
56岁	6	5	1	1	1					2		2
57岁	4	2	2				1		1	2	1	1
58岁	8	5	3							1		1
59岁	12	7	5							2	1	1
60-64	**38**	**18**	**20**	**1**	**1**		**2**	**2**		**10**	**2**	**8**
60岁	11	5	6							2	1	1
61岁	3		3							2		2
62岁	8	5	3	1	1					1		1
63岁	10	4	6				2	2		2		2
64岁	6	4	2							3	1	2
65-69	**35**	**16**	**19**	**1**		**1**	**2**		**2**	**15**	**6**	**9**
65岁	5	3	2							4	2	2
66岁	5	4	1				1		1	2		2
67岁	9	4	5							2	2	
68岁	6	1	5	1		1				5	1	4
69岁	10	4	6				1		1	2	1	1
70-74	**23**	**10**	**13**	**1**		**1**	**1**		**1**	**13**	**4**	**9**
70岁	3		3							4	1	3
71岁	5	2	3							2	1	1
72岁	6	2	4	1		1				1		1
73岁	5	4	1				1		1	3		3
74岁	4	2	2							3	2	1
75-79	**10**	**4**	**6**							**26**	**15**	**11**
75岁	3	1	2							3	1	2
76岁	3	2	1							6	4	2
77岁	2		2							5	3	2
78岁	1	1								4	3	1
79岁	1		1							8	4	4
80-84	**3**	**1**	**2**							**10**	**5**	**5**
80岁	1	1								3	2	1
81岁										1	1	
82岁										3	1	2
83岁	2		2							1	1	
84岁										2		2
85+	**1**	**1**								**7**	**4**	**3**

2-3 多重残疾人的残疾类别组合

单位：人，%

残疾类别组合	多重残疾人数			占多重残疾人总数的比重
	合计	男	女	
总 计	**291**	**131**	**160**	**100**
二种残疾类别组合人数小计	**236**	**100**	**136**	**81.1**
视力、听力	79	34	45	27.15
视力、言语	2	1	1	0.69
视力、肢体	22	11	11	7.56
视力、智力	4	4		1.37
视力、精神	3	1	2	1.03
听力、言语	63	23	40	21.65
听力、智力	4	1	3	1.37
听力、肢体	20	8	12	6.87
听力、精神	2		2	0.69
言语、智力	12	7	5	4.12
言语、肢体	2	2		0.69
言语、精神	3		3	1.03
智力、肢体	3	1	2	1.03
智力、精神	17	7	10	5.84
肢体、精神				
三种残疾类别组合人数小计	**47**	**25**	**22**	**16.15**
视力、听力、言语				
视力、听力、肢体	8	4	4	2.75
视力、听力、智力				

2-3 续表

单位：人，%

残疾类别组合	多重残疾人数			占多重残疾人总数的比重
	合计	男	女	
视力、听力、精神				
视力、言语、肢体				
视力、言语、智力				
视力、言语、精神				
视力、肢体、智力				
视力、肢体、精神				
视力、智力、精神	1	1		0.34
听力、言语、肢体	4	2	2	1.37
听力、言语、智力	14	7	7	4.81
听力、言语、精神	4	1	3	1.37
听力、肢体、智力				
听力、肢体、精神				
听力、智力、精神				
言语、肢体、智力	6	5	1	2.06
言语、肢体、精神				
言语、智力、精神	8	4	4	2.75
肢体、智力、精神	2	1	1	0.69
四种残疾类别组合人数小计	**7**	**5**	**2**	**2.41**
五种残疾类别组合人数小计	**1**	**1**		**0.34**
六种残疾类别组合人数小计				

2-4 各地区分民族、性别的残疾人

单位：人

地 区	残疾人			汉族			蒙古族		
	合计	男	女	小计	男	女	小计	男	女
总 计	**1581**	**739**	**842**	**4**	**4**				
拉萨市城关区	337	149	188	4	4				
昌都地区察雅县	221	106	115						
山南地区琼结县	316	138	178						
日喀则地区南木林县	215	101	114						
日喀则地区白朗县	229	121	108						
那曲地区索县	263	124	139						

2-4 续表 1

单位：人

地 区	回族			藏族			维吾尔族		
	小计	男	女	小计	男	女	小计	男	女
总 计				**1576**	**734**	**842**			
拉萨市城关区				332	144	188			
昌都地区察雅县				221	106	115			
山南地区琼结县				316	138	178			
日喀则地区南木林县				215	101	114			
日喀则地区白朗县				229	121	108			
那曲地区索县				263	124	139			

2-4 续表 2

单位：人

地区	苗族			彝族			壮族		
	小计	男	女	小计	男	女	小计	男	女
总计									
拉萨市城关区									
昌都地区察雅县									
山南地区琼结县									
日喀则地区南木林县									
日喀则地区白朗县									
那曲地区索县									

2-4 续表 3

单位：人

地区	布依族			朝鲜族			满族			其他少数民族		
	小计	男	女	小计	男	女	小计	男	女	小计	男	女
总计										**1**	**1**	
拉萨市城关区										1	1	
昌都地区察雅县												
山南地区琼结县												
日喀则地区南木林县												
日喀则地区白朗县												
那曲地区索县												

2-5 各地区分性别、户口登记状况的残疾人

单位：人

地 区	残疾人数			住本调查小区，户口在本乡、镇、街道		
	合计	男	女	小计	男	女
总 计	**1581**	**739**	**842**	**1380**	**647**	**733**
拉萨市城关区	337	149	188	141	60	81
昌都地区察雅县	221	106	115	221	106	115
山南地区琼结县	316	138	178	314	137	177
日喀则地区南木林县	215	101	114	214	101	113
日喀则地区白朗县	229	121	108	227	119	108
那曲地区索县	263	124	139	263	124	139

2-5 续表

单位：人

地 区	住本调查小区半年以上，户口在本乡、镇、街道			住本调查小区不满半年，离开户口所在地半年以上			住本调查小区，户口待定		
	小计	男	女	小计	男	女	小计	男	女
总 计	**200**	**91**	**109**				**1**	**1**	
拉萨市城关区	196	89	107						
昌都地区察雅县									
山南地区琼结县	2	1	1						
日喀则地区南木林县	1		1						
日喀则地区白朗县	1	1					1	1	
那曲地区索县									

2-6 各地区分性别、户口性质的残疾人

单位：人

地区	残疾人数			农业户口			非农业户口			户口性质待定		
	合计	男	女	小计	男	女	小计	男	女	小计	男	女
总　计	**1581**	**739**	**842**	**1379**	**645**	**734**	**201**	**93**	**108**	**1**	**1**	
拉萨市城关区	337	149	188	143	62	81	194	87	107			
昌都地区察雅县	221	106	115	221	106	115						
山南地区琼结县	316	138	178	312	134	178	4	4				
日喀则地区南木林县	215	101	114	212	99	113	3	2	1			
日喀则地区白朗县	229	121	108	228	120	108				1	1	
那曲地区索县	263	124	139	263	124	139						

2-7 有残疾人的家庭户类别

单位：人

家庭户规模	合计	一代户				二代户			
		小计	只有1个残疾人的户	有2个残疾人的户	有3人以上残疾人的户	小计	只有1个残疾人的户	有2个残疾人的户	有3人以上残疾人的户
总　计	**1357**	**167**	**150**	**17**		**636**	**539**	**87**	**10**
一人户	56	56	56						
二人户	122	67	60	7		55	49	6	
三人户	163	15	13	2		120	105	14	1
四人户	211	10	7	3		133	118	14	1
五人户	180	9	8	1		82	70	10	2
六人户	202	6	4	2		86	69	16	1
七人户	167	3	1	2		65	56	8	1
八人户	207	1	1			85	63	18	4
九人户	49					10	9	1	

2-7 续表

单位：人

家庭户规模	三代户				四代户及以上			
	小计	只有1个残疾人的户	有2个残疾人的户	有3人以上残疾人的户	小计	只有1个残疾人的户	有2个残疾人的户	有3人以上残疾人的户
总　计	**532**	**452**	**68**	**12**	**22**	**18**	**4**	
一人户								
二人户								
三人户	28	24	4					
四人户	67	59	7	1	1	1		
五人户	87	78	8	1	2	2		
六人户	105	87	15	3	5	5		
七人户	95	83	10	2	4	3	1	
八人户	115	91	19	5	6	4	2	
九人户	35	30	5		4	3	1	

2-7a 城镇有残疾人的家庭户类别

单位：户

家庭户规模	合计	一代户				二代户			
		小计	只有1个残疾人的户	有2个残疾人的户	有3人以上残疾人的户	小计	只有1个残疾人的户	有2个残疾人的户	有3人以上残疾人的户
总　计	**314**	**64**	**58**	**6**		**136**	**120**	**14**	**2**
一人户	15	15	15						
二人户	52	37	32	5		15	15		
三人户	83	9	8	1		57	53	4	
四人户	63	2	2			35	32	3	
五人户	48	1	1			17	14	2	1
六人户	29					8	4	4	
七人户	16					2	1	1	
八人户	6					2	1		1
九人户	2								

2-7a 续表

单位：户

家庭户规模	三代户				四代户及以上			
	小计	只有1个残疾人的户	有2个残疾人的户	有3人以上残疾人的户	小计	只有1个残疾人的户	有2个残疾人的户	有3人以上残疾人的户
总 计	**108**	**96**	**11**	**1**	**6**	**6**		
一人户								
二人户								
三人户	17	16	1					
四人户	25	19	5	1	1	1		
五人户	29	27	2		1	1		
六人户	19	18	1		2	2		
七人户	13	13			1	1		
八人户	3	2	1		1	1		
九人户	2	1	1					

2-7b 农村有残疾人的家庭户类别

单位：人

家庭户规模	合计	一代户				二代户			
		小计	只有1个残疾人的户	有2个残疾人的户	有3人以上残疾人的户	小计	只有1个残疾人的户	有2个残疾人的户	有3人以上残疾人的户
总 计	**1043**	**103**	**92**	**11**		**500**	**419**	**73**	**8**
一人户	41	41	41						
二人户	70	30	28	2		40	34	6	
三人户	80	6	5	1		63	52	10	1
四人户	148	8	5	3		98	86	11	1
五人户	132	8	7	1		65	56	8	1
六人户	173	6	4	2		78	65	12	1
七人户	151	3	1	2		63	55	7	1
八人户	201	1	1			83	62	18	3
九人户	47					10	9	1	

2-7b 续表

单位：人

家庭户规模	三代户				四代户及以上			
	小计	只有1个残疾人的户	有2个残疾人的户	有3人以上残疾人的户	小计	只有1个残疾人的户	有2个残疾人的户	有3人以上残疾人的户
总 计	**424**	**356**	**57**	**11**	**16**	**12**	**4**	
一人户								
二人户								
三人户	11	8	3					
四人户	42	40	2					
五人户	58	51	6	1	1	1		
六人户	86	69	14	3	3	3		
七人户	82	70	10	2	3	2	1	
八人户	112	89	18	5	5	3	2	
九人户	33	29	4		4	3	1	

2-8 6岁及以上残疾人分年龄、性别的受教育程度

单位：人

年龄	残疾人			不识字			未上过学		
	小计	男	女	小计	男	女	小计	男	女
总计	**1545**	**720**	**825**	**1056**	**386**	**670**	**48**	**36**	**12**
6岁	11	4	7	10	3	7			
7岁	8	3	5	4	1	3			
8岁	18	10	8	9	3	6			
9岁	14	10	4	4	4				
10岁	14	8	6	6	3	3			
11岁	14	8	6	5	1	4			
12岁	21	9	12	11	3	8	1	1	
13岁	16	10	6	8	6	2			
14岁	22	9	13	12	7	5	1		1
15岁	24	14	10	15	6	9			
16岁	15	9	6	9	5	4			
17岁	16	10	6	8	5	3			
18岁	16	13	3	8	6	2			
19岁	12	6	6	9	5	4			
20岁	8	5	3	6	4	2			
21岁	10	4	6	7	3	4	1		1
22岁	10	4	6	3	1	2	1	1	
23岁	12	6	6	9	4	5			
24岁	12	8	4	10	6	4			
25岁	15	5	10	9	4	5	1		1
26岁	12	4	8	6	2	4	1		1
27岁	15	9	6	9	4	5			
28岁	17	10	7	8	3	5	2	2	
29岁	5	1	4	2		2			
30岁	15	4	11	10	2	8	1		1

2-8 续表 1

单位：人

年 龄	残疾人			不识字			未上过学		
	小计	男	女	小计	男	女	小计	男	女
31岁	6	3	3	4	2	2	1	1	
32岁	13	8	5	9	5	4	1	1	
33岁	18	6	12	14	4	10			
34岁	18	6	12	11	3	8	1		1
35岁	19	11	8	14	7	7			
36岁	16	10	6	8	4	4	1	1	
37岁	13	8	5	6	2	4			
38岁	21	11	10	10	3	7			
39岁	11	5	6	5	2	3			
40岁	27	15	12	16	7	9	1	1	
41岁	14	9	5	12	7	5			
42岁	19	7	12	9	1	8	1		1
43岁	20	7	13	13	3	10	1	1	
44岁	15	9	6	9	3	6			
45岁	18	12	6	11	5	6			
46岁	22	10	12	18	9	9			
47岁	28	11	17	20	7	13	1		1
48岁	15	9	6	7	4	3			
49岁	22	8	14	17	4	13			
50岁	21	14	7	14	9	5	1	1	
51岁	12	4	8	8	1	7			
52岁	17	6	11	12	3	9	1	1	
53岁	14	8	6	8	3	5	1	1	
54岁	25	16	9	12	7	5	4	3	1
55岁	26	12	14	12	2	10	2	2	
56岁	24	13	11	12	6	6	1	1	
57岁	14	6	8	10	2	8	1	1	
58岁	30	18	12	16	7	9	1	1	

2-8 续表 2

单位：人

年 龄	残疾人			不识字			未上过学		
	小计	男	女	小计	男	女	小计	男	女
59岁	22	8	14	18	6	12	1		1
60岁	33	15	18	27	10	17	2	2	
61岁	22	5	17	18	3	15			
62岁	29	18	11	20	11	9	1	1	
63岁	29	12	17	24	8	16			
64岁	36	19	17	25	11	14	2	2	
65岁	39	16	23	25	7	18	1	1	
66岁	26	15	11	17	7	10	2	2	
67岁	35	15	20	22	5	17	1	1	
68岁	30	11	19	26	7	19			
69岁	36	12	24	29	6	23	1	1	
70岁	36	15	21	28	10	18			
71岁	31	13	18	24	6	18	1	1	
72岁	30	9	21	25	7	18	2	1	1
73岁	28	8	20	26	6	20			
74岁	25	8	17	24	7	17	1	1	
75岁	25	6	19	24	5	19			
76岁	27	13	14	24	11	13			
77岁	18	7	11	15	4	11			
78岁	25	13	12	20	8	12	2	2	
79岁	18	7	11	17	6	11	1	1	
80岁	14	7	7	10	5	5	1		1
81岁	12	8	4	10	6	4			
82岁	11	3	8	10	2	8			
83岁	11	2	9	8		8			
84岁	6		6	6		6			
85+	21	10	11	20	9	11			

2-8 续表 3

单位：人

年 龄	小学			初中			高中		
	小计	男	女	小计	男	女	小计	男	女
总 计	**354**	**243**	**111**	**55**	**36**	**19**	**9**	**3**	**6**
6岁	1	1							
7岁	4	2	2						
8岁	9	7	2						
9岁	10	6	4						
10岁	8	5	3						
11岁	9	7	2						
12岁	7	4	3	2	1	1			
13岁	8	4	4						
14岁	6		6	3	2	1			
15岁	6	5	1	3	3				
16岁	2		2	4	4				
17岁	3	2	1	4	2	2	1	1	
18岁	8	7	1						
19岁	1	1		1		1	1		1
20岁	1	1					1		1
21岁	1	1		1		1			
22岁	4	2	2	1		1			
23岁	2	1	1	1	1				
24岁	2	2							
25岁	2		2	3	1	2			
26岁	4	1	3						
27岁	4	3	1	1	1				
28岁	6	4	2				1	1	
29岁	1	1					2		2
30岁	3	1	2	1	1				

2-8 续表 4

单位：人

年 龄	小学			初中			高中		
	小计	男	女	小计	男	女	小计	男	女
31岁	1		1						
32岁	3	2	1						
33岁	4	2	2						
34岁	3	1	2	3	2	1			
35岁	5	4	1						
36岁	6	4	2	1	1				
37岁	7	6	1						
38岁	9	8	1	2		2			
39岁	6	3	3						
40岁	9	7	2	1		1			
41岁	2	2							
42岁	9	6	3						
43岁	5	3	2	1		1			
44岁	6	6							
45岁	4	4		3	3				
46岁	4	1	3						
47岁	7	4	3						
48岁	8	5	3						
49岁	5	4	1						
50岁	4	3	1	2	1	1			
51岁	3	2	1	1	1				
52岁	2		2	2	2				
53岁	5	4	1						
54岁	8	5	3	1	1				
55岁	12	8	4						
56岁	9	6	3	1		1			
57岁	3	3							
58岁	10	7	3	2	2				

2-8 续表 5

单位：人

年 龄	小学			初中			高中		
	小计	男	女	小计	男	女	小计	男	女
59岁	3	2	1						
60岁	4	3	1						
61岁	3	2	1	1		1			
62岁	6	6					1		1
63岁	5	4	1						
64岁	6	5	1				1	1	
65岁	10	7	3				1		1
66岁	4	3	1	1	1				
67岁	7	5	2	2	2				
68岁	1	1		1	1				
69岁	4	4		2	1	1			
70岁	7	4	3						
71岁	4	4		1	1				
72岁	1		1	1		1			
73岁	2	2							
74岁									
75岁	1	1							
76岁	3	2	1						
77岁	2	2							
78岁	2	2		1	1				
79岁									
80岁	3	2	1						
81岁	1	1							
82岁									
83岁	3	2	1						
84岁									
85+	1	1							

2-8 续表 6

单位：人

年龄	中专			大学专科			大学本科			研究生		
	小计	男	女	小计	男	女	小计	男	女	小计	男	女
总 计	**11**	**8**	**3**	**5**	**3**	**2**	**6**	**4**	**2**	**1**	**1**	
6岁												
7岁												
8岁												
9岁												
10岁												
11岁												
12岁												
13岁												
14岁												
15岁												
16岁												
17岁												
18岁												
19岁												
20岁												
21岁												
22岁							1		1			
23岁												
24岁												
25岁												
26岁							1	1				
27岁				1	1							
28岁												
29岁												
30岁												

2-8 续表 7

单位：人

年 龄	中专			大学专科			大学本科			研究生		
	小计	男	女	小计	男	女	小计	男	女	小计	男	女
31岁												
32岁												
33岁												
34岁												
35岁												
36岁												
37岁												
38岁												
39岁												
40岁												
41岁												
42岁												
43岁												
44岁												
45岁												
46岁												
47岁												
48岁												
49岁												
50岁												
51岁												
52岁												
53岁												
54岁												
55岁												
56岁				1		1						
57岁												
58岁							1	1				

2-8　续表 8

单位：人

年龄	中专			大学专科			大学本科			研究生		
	小计	男	女	小计	男	女	小计	男	女	小计	男	女
59岁												
60岁												
61岁												
62岁				1		1						
63岁												
64岁	2		2									
65岁	1		1							1	1	
66岁	2	2										
67岁							3	2	1			
68岁	2	2										
69岁												
70岁	1	1										
71岁	1	1										
72岁				1	1							
73岁												
74岁												
75岁												
76岁												
77岁	1	1										
78岁												
79岁												
80岁												
81岁				1	1							
82岁	1	1										
83岁												
84岁												
85＋												

2–8a 城镇6岁及以上残疾人分年龄、性别的受教育程度

单位：人

年龄	残疾人			不识字			未上过学		
	小计	男	女	小计	男	女	小计	男	女
总计	348	146	202	196	54	142	9	7	2
6岁	2	1	1	1		1			
7岁									
8岁	1	1							
9岁	1	1		1	1				
10岁									
11岁	1	1							
12岁	1		1						
13岁	6	4	2	3	3				
14岁	3	2	1	1	1				
15岁	1		1	1		1			
16岁	1		1						
17岁	5	4	1	1	1				
18岁									
19岁	1	1		1	1				
20岁	1		1	1		1			
21岁	2	1	1						
22岁	1		1						
23岁	2	1	1	1		1			
24岁	2	1	1	1		1			
25岁	5	2	3	2	1	1			
26岁	4	1	3	1		1			
27岁	3	2	1						
28岁	4	1	3	2		2			
29岁	2		2						
30岁	1		1	1		1			

2-8a 续表 1

单位：人

年龄	残疾人			不识字			未上过学		
	小计	男	女	小计	男	女	小计	男	女
31岁									
32岁	2	1	1	2	1	1			
33岁	5	2	3	3	2	1			
34岁	2	1	1						
35岁	2		2	1		1			
36岁	3	1	2	1		1			
37岁									
38岁	10	3	7	6	1	5			
39岁									
40岁	5	3	2	3	2	1			
41岁	2	1	1	2	1	1			
42岁	2		2	2		2			
43岁	3	1	2	2	1	1			
44岁	1	1							
45岁	5	4	1	2	1	1			
46岁	2	1	1	1	1				
47岁	7	3	4	3		3			
48岁	2		2						
49岁	1		1	1		1			
50岁	5	1	4	2		2			
51岁	1	1							
52岁	2		2						
53岁	3	2	1						
54岁	7	5	2	3	2	1			
55岁	5	2	3	2		2			
56岁	5	1	4	1		1			
57岁	1		1	1		1			
58岁	8	5	3	4	2	2			

2-8a 续表 2

单位：人

年 龄	残疾人			不识字			未上过学		
	小计	男	女	小计	男	女	小计	男	女
59岁	4		4	4		4			
60岁	9	5	4	7	3	4	2	2	
61岁	8	1	7	6		6			
62岁	6	4	2	2	1	1			
63岁	2	2							
64岁	13	7	6	6	2	4	2	2	
65岁	13	5	8	4		4			
66岁	9	7	2	5	3	2			
67岁	14	6	8	6	1	5			
68岁	9	4	5	6	1	5			
69岁	10	1	9	9	1	8			
70岁	17	10	7	11	6	5			
71岁	11	6	5	7	2	5			
72岁	13	3	10	8	1	7	2	1	1
73岁	8		8	8		8			
74岁	8	1	7	8	1	7			
75岁	6	1	5	6	1	5			
76岁	4	2	2	4	2	2			
77岁	5	2	3	3		3			
78岁	9	5	4	5	1	4	2	2	
79岁	3		3	3		3			
80岁	2		2				1		1
81岁	7	5	2	5	3	2			
82岁	4	2	2	3	1	2			
83岁	3	1	2	1		1			
84岁	2		2	2		2			
85+	8	3	5	7	2	5			

2-8a 续表 3

单位：人

年龄	小学			初中			高中		
	小计	男	女	小计	男	女	小计	男	女
总 计	89	54	35	27	14	13	5	2	3
6岁	1	1							
7岁									
8岁	1	1							
9岁									
10岁									
11岁	1	1							
12岁				1		1			
13岁	3	1	2						
14岁	1		1	1	1				
15岁									
16岁	1		1						
17岁	1	1		2	1	1	1	1	
18岁									
19岁									
20岁									
21岁	1	1		1		1			
22岁									
23岁				1	1				
24岁	1	1							
25岁	1		1	2	1	1			
26岁	2		2						
27岁	3	2	1						
28岁	1		1				1	1	
29岁							2		2
30岁									

2-8a 续表 4

单位：人

年 龄	小学			初中			高中		
	小计	男	女	小计	男	女	小计	男	女
31岁									
32岁									
33岁	2		2						
34岁				2	1	1			
35岁	1		1						
36岁	2	1	1						
37岁									
38岁	2	2		2		2			
39岁									
40岁	2	1	1						
41岁									
42岁									
43岁				1		1			
44岁	1	1							
45岁	2	2		1	1				
46岁	1		1						
47岁	4	3	1						
48岁	2		2						
49岁									
50岁	1		1	2	1	1			
51岁				1	1				
52岁	2		2						
53岁	3	2	1						
54岁	4	3	1						
55岁	3	2	1						
56岁	2	1	1	1		1			
57岁									
58岁	2	1	1	1	1				

2-8a 续表 5

单位：人

年 龄	小学			初中			高中		
	小计	男	女	小计	男	女	小计	男	女
59岁									
60岁									
61岁	1	1		1		1			
62岁	3	3							
63岁	2	2							
64岁	3	3							
65岁	6	4	2				1		1
66岁	1	1		1	1				
67岁	4	2	2	1	1				
68岁				1	1				
69岁				1		1			
70岁	5	3	2						
71岁	2	2		1	1				
72岁	1		1	1		1			
73岁									
74岁									
75岁									
76岁									
77岁	1	1							
78岁	1	1		1	1				
79岁									
80岁	1		1						
81岁	1	1							
82岁									
83岁	2	1	1						
84岁									
85+	1	1							

2-8a 续表 6

单位：人

年 龄	中专			大学专科			大学本科			研究生		
	小计	男	女	小计	男	女	小计	男	女	小计	男	女
总 计	11	8	3	4	2	2	6	4	2	1	1	
6岁												
7岁												
8岁												
9岁												
10岁												
11岁												
12岁												
13岁												
14岁												
15岁												
16岁												
17岁												
18岁												
19岁												
20岁												
21岁												
22岁							1		1			
23岁												
24岁												
25岁												
26岁							1	1				
27岁												
28岁												
29岁												
30岁												

2-8a 续表 7

单位：人

年龄	中专			大学专科			大学本科			研究生		
	小计	男	女	小计	男	女	小计	男	女	小计	男	女
31岁												
32岁												
33岁												
34岁												
35岁												
36岁												
37岁												
38岁												
39岁												
40岁												
41岁												
42岁												
43岁												
44岁												
45岁												
46岁												
47岁												
48岁												
49岁												
50岁												
51岁												
52岁												
53岁												
54岁												
55岁												
56岁				1		1						
57岁												
58岁							1	1				

2–8a 续表 8

单位：人

年 龄	中专			大学专科			大学本科			研究生		
	小计	男	女	小计	男	女	小计	男	女	小计	男	女
59岁												
60岁												
61岁												
62岁				1		1						
63岁												
64岁	2		2									
65岁	1		1							1	1	
66岁	2	2										
67岁							3	2	1			
68岁	2	2										
69岁												
70岁	1	1										
71岁	1	1										
72岁				1	1							
73岁												
74岁												
75岁												
76岁												
77岁	1	1										
78岁												
79岁												
80岁												
81岁				1	1							
82岁	1	1										
83岁												
84岁												
85+												

2-8b 农村6岁及以上残疾人分年龄、性别的受教育程度

单位：人

年 龄	残疾人			不识字			未上过学		
	小计	男	女	小计	男	女	小计	男	女
总 计	**1197**	**574**	**623**	**860**	**332**	**528**	**39**	**29**	**10**
6岁	9	3	6	9	3	6			
7岁	8	3	5	4	1	3			
8岁	17	9	8	9	3	6			
9岁	13	9	4	3	3				
10岁	14	8	6	6	3	3			
11岁	13	7	6	5	1	4			
12岁	20	9	11	11	3	8	1	1	
13岁	10	6	4	5	3	2			
14岁	19	7	12	11	6	5	1		1
15岁	23	14	9	14	6	8			
16岁	14	9	5	9	5	4			
17岁	11	6	5	7	4	3			
18岁	16	13	3	8	6	2			
19岁	11	5	6	8	4	4			
20岁	7	5	2	5	4	1			
21岁	8	3	5	7	3	4	1		1
22岁	9	4	5	3	1	2	1	1	
23岁	10	5	5	8	4	4			
24岁	10	7	3	9	6	3			
25岁	10	3	7	7	3	4	1		1
26岁	8	3	5	5	2	3	1		1
27岁	12	7	5	9	4	5			
28岁	13	9	4	6	3	3	2	2	
29岁	3	1	2	2		2			
30岁	14	4	10	9	2	7	1		1

2–8b 续表 1

单位：人

年龄	残疾人			不识字			未上过学		
	小计	男	女	小计	男	女	小计	男	女
31岁	6	3	3	4	2	2	1	1	
32岁	11	7	4	7	4	3	1	1	
33岁	13	4	9	11	2	9			
34岁	16	5	11	11	3	8	1		1
35岁	17	11	6	13	7	6			
36岁	13	9	4	7	4	3	1	1	
37岁	13	8	5	6	2	4			
38岁	11	8	3	4	2	2			
39岁	11	5	6	5	2	3			
40岁	22	12	10	13	5	8	1	1	
41岁	12	8	4	10	6	4			
42岁	17	7	10	7	1	6	1		1
43岁	17	6	11	11	2	9	1	1	
44岁	14	8	6	9	3	6			
45岁	13	8	5	9	4	5			
46岁	20	9	11	17	8	9			
47岁	21	8	13	17	7	10	1		1
48岁	13	9	4	7	4	3			
49岁	21	8	13	16	4	12			
50岁	16	13	3	12	9	3	1	1	
51岁	11	3	8	8	1	7			
52岁	15	6	9	12	3	9	1	1	
53岁	11	6	5	8	3	5	1	1	
54岁	18	11	7	9	5	4	4	3	1
55岁	21	10	11	10	2	8	2	2	
56岁	19	12	7	11	6	5	1	1	
57岁	13	6	7	9	2	7	1	1	
58岁	22	13	9	12	5	7	1	1	

2-8b 续表 2

单位：人

年龄	残疾人			不识字			未上过学		
	小计	男	女	小计	男	女	小计	男	女
59岁	18	8	10	14	6	8	1		1
60岁	24	10	14	20	7	13			
61岁	14	4	10	12	3	9			
62岁	23	14	9	18	10	8	1	1	
63岁	27	10	17	24	8	16			
64岁	23	12	11	19	9	10			
65岁	26	11	15	21	7	14	1	1	
66岁	17	8	9	12	4	8	2	2	
67岁	21	9	12	16	4	12	1	1	
68岁	21	7	14	20	6	14			
69岁	26	11	15	20	5	15	1	1	
70岁	19	5	14	17	4	13			
71岁	20	7	13	17	4	13	1	1	
72岁	17	6	11	17	6	11			
73岁	20	8	12	18	6	12			
74岁	17	7	10	16	6	10	1	1	
75岁	19	5	14	18	4	14			
76岁	23	11	12	20	9	11			
77岁	13	5	8	12	4	8			
78岁	16	8	8	15	7	8			
79岁	15	7	8	14	6	8	1	1	
80岁	12	7	5	10	5	5			
81岁	5	3	2	5	3	2			
82岁	7	1	6	7	1	6			
83岁	8	1	7	7		7			
84岁	4		4	4		4			
85+	13	7	6	13	7	6			

2-8b 续表 3

单位：人

年龄	小学			初中			高中		
	小计	男	女	小计	男	女	小计	男	女
总计	**265**	**189**	**76**	**28**	**22**	**6**	**4**	**1**	**3**
6岁									
7岁	4	2	2						
8岁	8	6	2						
9岁	10	6	4						
10岁	8	5	3						
11岁	8	6	2						
12岁	7	4	3	1	1				
13岁	5	3	2						
14岁	5		5	2	1	1			
15岁	6	5	1	3	3				
16岁	1		1	4	4				
17岁	2	1	1	2	1	1			
18岁	8	7	1						
19岁	1	1		1		1	1		1
20岁	1	1					1		1
21岁									
22岁	4	2	2	1		1			
23岁	2	1	1						
24岁	1	1							
25岁	1		1	1		1			
26岁	2	1	1						
27岁	1	1		1	1				
28岁	5	4	1						
29岁	1	1							
30岁	3	1	2	1	1				

2-8b 续表 4

单位：人

年龄	小学			初中			高中		
	小计	男	女	小计	男	女	小计	男	女
31岁	1		1						
32岁	3	2	1						
33岁	2	2							
34岁	3	1	2	1	1				
35岁	4	4							
36岁	4	3	1	1	1				
37岁	7	6	1						
38岁	7	6	1						
39岁	6	3	3						
40岁	7	6	1	1		1			
41岁	2	2							
42岁	9	6	3						
43岁	5	3	2						
44岁	5	5							
45岁	2	2		2	2				
46岁	3	1	2						
47岁	3	1	2						
48岁	6	5	1						
49岁	5	4	1						
50岁	3	3							
51岁	3	2	1						
52岁				2	2				
53岁	2	2							
54岁	4	2	2	1	1				
55岁	9	6	3						
56岁	7	5	2						
57岁	3	3							
58岁	8	6	2	1	1				

2-8b 续表 5

单位：人

年 龄	小学			初中			高中		
	小计	男	女	小计	男	女	小计	男	女
59岁	3	2	1						
60岁	4	3	1						
61岁	2	1	1						
62岁	3	3					1		1
63岁	3	2	1						
64岁	3	2	1				1	1	
65岁	4	3	1						
66岁	3	2	1						
67岁	3	3		1	1				
68岁	1	1							
69岁	4	4		1	1				
70岁	2	1	1						
71岁	2	2							
72岁									
73岁	2	2							
74岁									
75岁	1	1							
76岁	3	2	1						
77岁	1	1							
78岁	1	1							
79岁									
80岁	2	2							
81岁									
82岁									
83岁	1	1							
84岁									
85+									

2-8b 续表 6

单位：人

年龄	中专			大学专科			大学本科			研究生		
	小计	男	女	小计	男	女	小计	男	女	小计	男	女
总 计				**1**	**1**							
6岁												
7岁												
8岁												
9岁												
10岁												
11岁												
12岁												
13岁												
14岁												
15岁												
16岁												
17岁												
18岁												
19岁												
20岁												
21岁												
22岁												
23岁												
24岁												
25岁												
26岁												
27岁				1	1							
28岁												
29岁												
30岁												

2-8b 续表 7

单位：人

年 龄	中专			大学专科			大学本科			研究生		
	小计	男	女	小计	男	女	小计	男	女	小计	男	女
31岁												
32岁												
33岁												
34岁												
35岁												
36岁												
37岁												
38岁												
39岁												
40岁												
41岁												
42岁												
43岁												
44岁												
45岁												
46岁												
47岁												
48岁												
49岁												
50岁												
51岁												
52岁												
53岁												
54岁												
55岁												
56岁												
57岁												
58岁												

2-8b 续表 8

单位：人

年龄	中专			大学专科			大学本科			研究生		
	小计	男	女	小计	男	女	小计	男	女	小计	男	女
59岁												
60岁												
61岁												
62岁												
63岁												
64岁												
65岁												
66岁												
67岁												
68岁												
69岁												
70岁												
71岁												
72岁												
73岁												
74岁												
75岁												
76岁												
77岁												
78岁												
79岁												
80岁												
81岁												
82岁												
83岁												
84岁												
85+												

2-9 各地区6岁及以上残疾人分性别的受教育程度

单位：人

地区	残疾人			不识字			未上过学		
	合计	男	女	小计	男	女	小计	男	女
总计	**1545**	**720**	**825**	**1056**	**386**	**670**	**48**	**36**	**12**
拉萨市城关区	332	148	184	163	48	115	5	5	
昌都地区察雅县	217	102	115	149	48	101	8	6	2
山南地区琼结县	313	136	177	232	76	156	7	4	3
日喀则地区南木林县	211	99	112	149	54	95	10	7	3
日喀则地区白朗县	222	117	105	159	70	89	10	9	1
那曲地区索县	250	118	132	204	90	114	8	5	3

2-9 续表 1

单位：人

地区	小学			初中			高中		
	小计	男	女	小计	男	女	小计	男	女
总计	**354**	**243**	**111**	**55**	**36**	**19**	**9**	**3**	**6**
拉萨市城关区	102	60	42	35	19	16	5	1	4
昌都地区察雅县	57	45	12	3	3				
山南地区琼结县	68	51	17	4	3	1	1	1	
日喀则地区南木林县	45	32	13	6	6		1		1
日喀则地区白朗县	44	32	12	7	5	2	2	1	1
那曲地区索县	38	23	15						

2-9 续表 2

单位：人

地　区	中专			大学专科			大学本科			研究生		
	小计	男	女	小计	男	女	小计	男	女	小计	男	女
总　计	**11**	**8**	**3**	**5**	**3**	**2**	**6**	**4**	**2**	**1**	**1**	
拉萨市城关区	11	8	3	5	3	2	5	3	2	1	1	
昌都地区察雅县												
山南地区琼结县							1	1				
日喀则地区南木林县												
日喀则地区白朗县												
那曲地区索县												

2-10 各地区15岁及以上残疾人分性别的文盲人口

单位：人，%

地　区	残疾人口			文盲人口			文盲人口占残疾人口的比例		
	合计	男	女	小计	男	女	小计	男	女
总　计	**1407**	**649**	**758**	**987**	**355**	**632**	**70.15**	**54.70**	**83.38**
拉萨市城关区	321	141	180	160	46	114	49.84	32.62	63.33
昌都地区察雅县	193	90	103	139	46	93	72.02	51.11	90.29
山南地区琼结县	302	129	173	226	71	155	74.83	55.04	89.60
日喀则地区南木林县	187	89	98	140	51	89	74.87	57.30	90.82
日喀则地区白朗县	196	103	93	145	65	80	73.98	63.11	86.02
那曲地区索县	208	97	111	177	76	101	85.10	78.35	90.99

2-10a 各地区城镇15岁及以上残疾人分性别的文盲人口

单位：人，%

地区	残疾人口			文盲人口			文盲人口占残疾人口的比例		
	合计	男	女	小计	男	女	小计	男	女
总计	**333**	**136**	**197**	**190**	**49**	**141**	**57.06**	**36.03**	**71.57**
拉萨市城关区	233	96	137	114	28	86	48.93	29.17	62.77
昌都地区察雅县									
山南地区琼结县	100	40	60	76	21	55	76.00	52.50	91.67
日喀则地区南木林县									
日喀则地区白朗县									
那曲地区索县									

2-10b 各地区农村15岁及以上残疾人分性别的文盲人口

单位：人，%

地区	残疾人口			文盲人口			文盲人口占残疾人口的比例		
	合计	男	女	小计	男	女	小计	男	女
总计	**1074**	**513**	**561**	**797**	**306**	**491**	**74.21**	**59.65**	**87.52**
拉萨市城关区	88	45	43	46	18	28	52.27	40.00	65.12
昌都地区察雅县	193	90	103	139	46	93	72.02	51.11	90.29
山南地区琼结县	202	89	113	150	50	100	74.26	56.18	88.50
日喀则地区南木林县	187	89	98	140	51	89	74.87	57.30	90.82
日喀则地区白朗县	196	103	93	145	65	80	73.98	63.11	86.02
那曲地区索县	208	97	111	177	76	101	85.10	78.35	90.99

2-11 15岁及以上残疾人分年龄、性别的文盲人口

单位：人，%

年龄	残疾人口			文盲人口			文盲人口占残疾人口的比例		
	合计	男	女	小计	男	女	小计	男	女
总计	**1407**	**649**	**758**	**987**	**355**	**632**	**70.15**	**54.70**	**83.38**
15-19	**83**	**52**	**31**	**49**	**27**	**22**	**59.04**	**51.92**	**70.97**
15岁	24	14	10	15	6	9	62.50	42.86	90.00
16岁	15	9	6	9	5	4	60.00	55.56	66.67
17岁	16	10	6	8	5	3	50.00	50.00	50.00
18岁	16	13	3	8	6	2	50.00	46.15	66.67
19岁	12	6	6	9	5	4	75.00	83.33	66.67
20-24	**52**	**27**	**25**	**35**	**18**	**17**	**67.31**	**66.67**	**68.00**
20岁	8	5	3	6	4	2	75.00	80.00	66.67
21岁	10	4	6	7	3	4	70.00	75.00	66.67
22岁	10	4	6	3	1	2	30.00	25.00	33.33
23岁	12	6	6	9	4	5	75.00	66.67	83.33
24岁	12	8	4	10	6	4	83.33	75.00	100.00
25-29	**64**	**29**	**35**	**34**	**13**	**21**	**53.13**	**44.83**	**60.00**
25岁	15	5	10	9	4	5	60.00	80.00	50.00
26岁	12	4	8	6	2	4	50.00	50.00	50.00
27岁	15	9	6	9	4	5	60.00	44.44	83.33
28岁	17	10	7	8	3	5	47.06	30.00	71.43
29岁	5	1	4	2		2	40.00		50.00
30-34	**70**	**27**	**43**	**48**	**16**	**32**	**68.57**	**59.26**	**74.42**
30岁	15	4	11	10	2	8	66.67	50.00	72.73
31岁	6	3	3	4	2	2	66.67	66.67	66.67
32岁	13	8	5	9	5	4	69.23	62.50	80.00
33岁	18	6	12	14	4	10	77.78	66.67	83.33
34岁	18	6	12	11	3	8	61.11	50.00	66.67
35-39	**80**	**45**	**35**	**43**	**18**	**25**	**53.75**	**40.00**	**71.43**
35岁	19	11	8	14	7	7	73.68	63.64	87.50
36岁	16	10	6	8	4	4	50.00	40.00	66.67

2-11 续表 1

单位：人，%

年龄	残疾人口			文盲人口			文盲人口占残疾人口的比例		
	合计	男	女	小计	男	女	小计	男	女
37岁	13	8	5	6	2	4	46.15	25.00	80.00
38岁	21	11	10	10	3	7	47.62	27.27	70.00
39岁	11	5	6	5	2	3	45.45	40.00	50.00
40-44	**95**	**47**	**48**	**59**	**21**	**38**	**62.11**	**44.68**	**79.17**
40岁	27	15	12	16	7	9	59.26	46.67	75.00
41岁	14	9	5	12	7	5	85.71	77.78	100.00
42岁	19	7	12	9	1	8	47.37	14.29	66.67
43岁	20	7	13	13	3	10	65.00	42.86	76.92
44岁	15	9	6	9	3	6	60.00	33.33	100.00
45-49	**105**	**50**	**55**	**73**	**29**	**44**	**69.52**	**58.00**	**80.00**
45岁	18	12	6	11	5	6	61.11	41.67	100.00
46岁	22	10	12	18	9	9	81.82	90.00	75.00
47岁	28	11	17	20	7	13	71.43	63.64	76.47
48岁	15	9	6	7	4	3	46.67	44.44	50.00
49岁	22	8	14	17	4	13	77.27	50.00	92.86
50-54	**89**	**48**	**41**	**54**	**23**	**31**	**60.67**	**47.92**	**75.61**
50岁	21	14	7	14	9	5	66.67	64.29	71.43
51岁	12	4	8	8	1	7	66.67	25.00	87.50
52岁	17	6	11	12	3	9	70.59	50.00	81.82
53岁	14	8	6	8	3	5	57.14	37.50	83.33
54岁	25	16	9	12	7	5	48.00	43.75	55.56
55-59	**116**	**57**	**59**	**68**	**23**	**45**	**58.62**	**40.35**	**76.27**
55岁	26	12	14	12	2	10	46.15	16.67	71.43
56岁	24	13	11	12	6	6	50.00	46.15	54.55
57岁	14	6	8	10	2	8	71.43	33.33	100.00
58岁	30	18	12	16	7	9	53.33	38.89	75.00
59岁	22	8	14	18	6	12	81.82	75.00	85.71
60-64	**149**	**69**	**80**	**114**	**43**	**71**	**76.51**	**62.32**	**88.75**
60岁	33	15	18	27	10	17	81.82	66.67	94.44

2-11 续表 2

单位：人，%

年龄	残疾人口			文盲人口			文盲人口占残疾人口的比例		
	合计	男	女	小计	男	女	小计	男	女
61岁	22	5	17	18	3	15	81.82	60.00	88.24
62岁	29	18	11	20	11	9	68.97	61.11	81.82
63岁	29	12	17	24	8	16	82.76	66.67	94.12
64岁	36	19	17	25	11	14	69.44	57.89	82.35
65–69	**166**	**69**	**97**	**119**	**32**	**87**	**71.69**	**46.38**	**89.69**
65岁	39	16	23	25	7	18	64.10	43.75	78.26
66岁	26	15	11	17	7	10	65.38	46.67	90.91
67岁	35	15	20	22	5	17	62.86	33.33	85.00
68岁	30	11	19	26	7	19	86.67	63.64	100.00
69岁	36	12	24	29	6	23	80.56	50.00	95.83
70–74	**150**	**53**	**97**	**127**	**36**	**91**	**84.67**	**67.92**	**93.81**
70岁	36	15	21	28	10	18	77.78	66.67	85.71
71岁	31	13	18	24	6	18	77.42	46.15	100.00
72岁	30	9	21	25	7	18	83.33	77.78	85.71
73岁	28	8	20	26	6	20	92.86	75.00	100.00
74岁	25	8	17	24	7	17	96.00	87.50	100.00
75–79	**113**	**46**	**67**	**100**	**34**	**66**	**88.50**	**73.91**	**98.51**
75岁	25	6	19	24	5	19	96.00	83.33	100.00
76岁	27	13	14	24	11	13	88.89	84.62	92.86
77岁	18	7	11	15	4	11	83.33	57.14	100.00
78岁	25	13	12	20	8	12	80.00	61.54	100.00
79岁	18	7	11	17	6	11	94.44	85.71	100.00
80–84	**54**	**20**	**34**	**44**	**13**	**31**	**81.48**	**65.00**	**91.18**
80岁	14	7	7	10	5	5	71.43	71.43	71.43
81岁	12	8	4	10	6	4	83.33	75.00	100.00
82岁	11	3	8	10	2	8	90.91	66.67	100.00
83岁	11	2	9	8		8	72.73		88.89
84岁	6		6	6		6	100.00		100.00
85+	**21**	**10**	**11**	**20**	**9**	**11**	**95.24**	**90.00**	**100.00**

2-12 15岁及以上残疾人分年龄、性别的婚姻状况

单位：人

年龄	残疾人			未婚			初婚有配偶		
	合计	男	女	小计	男	女	小计	男	女
总计	**1407**	**649**	**758**	**427**	**197**	**230**	**594**	**342**	**252**
15-19	**83**	**52**	**31**	**78**	**48**	**30**	**5**	**4**	**1**
15岁	24	14	10	24	14	10			
16岁	15	9	6	15	9	6			
17岁	16	10	6	15	9	6	1	1	
18岁	16	13	3	14	11	3	2	2	
19岁	12	6	6	10	5	5	2	1	1
20-24	**52**	**27**	**25**	**47**	**25**	**22**	**4**	**2**	**2**
20岁	8	5	3	8	5	3			
21岁	10	4	6	10	4	6			
22岁	10	4	6	10	4	6			
23岁	12	6	6	8	4	4	3	2	1
24岁	12	8	4	11	8	3	1		1
25-29	**64**	**29**	**35**	**45**	**18**	**27**	**17**	**11**	**6**
25岁	15	5	10	13	4	9	2	1	1
26岁	12	4	8	11	4	7			
27岁	15	9	6	9	5	4	6	4	2
28岁	17	10	7	10	4	6	7	6	1
29岁	5	1	4	2	1	1	2		2
30-34	**70**	**27**	**43**	**41**	**15**	**26**	**25**	**12**	**13**
30岁	15	4	11	9	1	8	5	3	2
31岁	6	3	3	6	3	3			
32岁	13	8	5	7	4	3	6	4	2
33岁	18	6	12	8	3	5	9	3	6
34岁	18	6	12	11	4	7	5	2	3
35-39	**80**	**45**	**35**	**43**	**21**	**22**	**36**	**23**	**13**
35岁	19	11	8	10	5	5	9	6	3
36岁	16	10	6	6	2	4	10	8	2

2-12 续表 1

单位：人

年 龄	残疾人			未婚			初婚有配偶		
	合计	男	女	小计	男	女	小计	男	女
37岁	13	8	5	11	7	4	2	1	1
38岁	21	11	10	13	6	7	7	4	3
39岁	11	5	6	3	1	2	8	4	4
40-44	**95**	**47**	**48**	**43**	**20**	**23**	**44**	**25**	**19**
40岁	27	15	12	11	5	6	16	10	6
41岁	14	9	5	9	6	3	3	2	1
42岁	19	7	12	7	3	4	10	3	7
43岁	20	7	13	10	4	6	7	3	4
44岁	15	9	6	6	2	4	8	7	1
45-49	**105**	**50**	**55**	**28**	**11**	**17**	**66**	**36**	**30**
45岁	18	12	6	4	3	1	12	9	3
46岁	22	10	12	6	4	2	15	5	10
47岁	28	11	17	8	4	4	18	7	11
48岁	15	9	6	2		2	11	8	3
49岁	22	8	14	8		8	10	7	3
50-54	**89**	**48**	**41**	**20**	**9**	**11**	**45**	**30**	**15**
50岁	21	14	7	2	1	1	13	10	3
51岁	12	4	8	4		4	4	3	1
52岁	17	6	11	5	1	4	8	4	4
53岁	14	8	6	5	4	1	4	3	1
54岁	25	16	9	4	3	1	16	10	6
55-59	**116**	**57**	**59**	**23**	**9**	**14**	**69**	**43**	**26**
55岁	26	12	14	5	2	3	16	10	6
56岁	24	13	11	4	1	3	16	10	6
57岁	14	6	8	5	3	2	7	2	5
58岁	30	18	12	5	2	3	19	14	5
59岁	22	8	14	4	1	3	11	7	4
60-64	**149**	**69**	**80**	**16**	**11**	**5**	**85**	**42**	**43**
60岁	33	15	18	3	2	1	23	10	13
61岁	22	5	17	2	1	1	11	3	8
62岁	29	18	11	4	4		18	11	7

2-12 续表 2

单位：人

年 龄	残疾人			未婚			初婚有配偶		
	合计	男	女	小计	男	女	小计	男	女
63岁	29	12	17	1	1		14	7	7
64岁	36	19	17	6	3	3	19	11	8
65-69	**166**	**69**	**97**	**15**	**5**	**10**	**85**	**48**	**37**
65岁	39	16	23	4	2	2	25	13	12
66岁	26	15	11	6	3	3	13	9	4
67岁	35	15	20	1		1	22	13	9
68岁	30	11	19	1		1	15	6	9
69岁	36	12	24	3		3	10	7	3
70-74	**150**	**53**	**97**	**15**	**1**	**14**	**60**	**34**	**26**
70岁	36	15	21	4	1	3	17	9	8
71岁	31	13	18	3		3	16	11	5
72岁	30	9	21	5		5	10	5	5
73岁	28	8	20	2		2	8	3	5
74岁	25	8	17	1		1	9	6	3
75-79	**113**	**46**	**67**	**10**	**3**	**7**	**37**	**23**	**14**
75岁	25	6	19	2		2	7	3	4
76岁	27	13	14	3	1	2	10	6	4
77岁	18	7	11	1		1	7	4	3
78岁	25	13	12	3	2	1	8	6	2
79岁	18	7	11	1		1	5	4	1
80-84	**54**	**20**	**34**	**3**	**1**	**2**	**12**	**7**	**5**
80岁	14	7	7				3	2	1
81岁	12	8	4	1	1		3	3	
82岁	11	3	8	1		1	4	2	2
83岁	11	2	9				2		2
84岁	6		6	1		1			
85+	**21**	**10**	**11**				**4**	**2**	**2**

2-12 续表 3

单位：人

年 龄	再婚有配偶			离婚			丧偶		
	小计	男	女	小计	男	女	小计	男	女
总 计	**11**	**7**	**4**	**32**	**8**	**24**	**343**	**95**	**248**
15-19									
15岁									
16岁									
17岁									
18岁									
19岁									
20-24				**1**		**1**			
20岁									
21岁									
22岁									
23岁				1		1			
24岁									
25-29				**2**		**2**			
25岁									
26岁				1		1			
27岁									
28岁									
29岁				1		1			
30-34				**3**		**3**	**1**		**1**
30岁				1		1			
31岁									
32岁									
33岁				1		1			
34岁				1		1	1		1
35-39				**1**	**1**				
35岁									
36岁									

2-12 续表 4

单位：人

年 龄	再婚有配偶			离婚			丧偶		
	小计	男	女	小计	男	女	小计	男	女
37岁									
38岁				1	1				
39岁									
40-44	**3**	**1**	**2**	**1**		**1**	**4**	**1**	**3**
40岁									
41岁							2	1	1
42岁	1	1		1		1			
43岁	2		2				1		1
44岁							1		1
45-49	**1**	**1**		**6**		**6**	**4**	**2**	**2**
45岁				1		1	1		1
46岁							1	1	
47岁				2		2			
48岁				1		1	1	1	
49岁	1	1		2		2	1		1
50-54	**2**	**2**		**6**	**4**	**2**	**16**	**3**	**13**
50岁	2	2		1	1		3		3
51岁							4	1	3
52岁				1	1		3		3
53岁				1		1	4	1	3
54岁				3	2	1	2	1	1
55-59				**2**	**1**	**1**	**22**	**4**	**18**
55岁				1		1	4		4
56岁							4	2	2
57岁							2	1	1
58岁				1	1		5	1	4
59岁							7		7
60-64	**3**	**3**		**2**		**2**	**43**	**13**	**30**
60岁	1	1					6	2	4
61岁							9	1	8
62岁	1	1					6	2	4

2-12 续表 5

单位：人

年 龄	再婚有配偶			离婚			丧偶		
	小计	男	女	小计	男	女	小计	男	女
63岁							14	4	10
64岁	1	1		2		2	8	4	4
65-69	**1**		**1**	**2**		**2**	**63**	**16**	**47**
65岁	1		1	1		1	8	1	7
66岁							7	3	4
67岁							12	2	10
68岁							14	5	9
69岁				1		1	22	5	17
70-74				**2**		**2**	**73**	**18**	**55**
70岁							15	5	10
71岁				2		2	10	2	8
72岁							15	4	11
73岁							18	5	13
74岁							15	2	13
75-79	**1**		**1**	**3**	**1**	**2**	**62**	**19**	**43**
75岁							16	3	13
76岁							14	6	8
77岁							10	3	7
78岁	1		1	3	1	2	10	4	6
79岁							12	3	9
80-84							**39**	**12**	**27**
80岁							11	5	6
81岁							8	4	4
82岁							6	1	5
83岁							9	2	7
84岁							5		5
85+				**1**	**1**		**16**	**7**	**9**

2-13 残疾人分年龄、性别的经济活动人口

单位：人

年 龄	残疾人口			在业人口			不在业人口		
	合计	男	女	小计	男	女	小计	男	女
总 计	**1407**	**649**	**758**	**580**	**319**	**261**	**827**	**330**	**497**
15-19	**83**	**52**	**31**	**43**	**27**	**16**	**40**	**25**	**15**
15岁	24	14	10	16	8	8	8	6	2
16岁	15	9	6	4	3	1	11	6	5
17岁	16	10	6	6	3	3	10	7	3
18岁	16	13	3	12	9	3	4	4	
19岁	12	6	6	5	4	1	7	2	5
20-24	**52**	**27**	**25**	**32**	**15**	**17**	**20**	**12**	**8**
20岁	8	5	3	4	2	2	4	3	1
21岁	10	4	6	7	2	5	3	2	1
22岁	10	4	6	6	3	3	4	1	3
23岁	12	6	6	8	3	5	4	3	1
24岁	12	8	4	7	5	2	5	3	2
25-29	**64**	**29**	**35**	**35**	**19**	**16**	**29**	**10**	**19**
25岁	15	5	10	5	2	3	10	3	7
26岁	12	4	8	6	3	3	6	1	5
27岁	15	9	6	9	4	5	6	5	1
28岁	17	10	7	12	9	3	5	1	4
29岁	5	1	4	3	1	2	2		2
30-34	**70**	**27**	**43**	**43**	**17**	**26**	**27**	**10**	**17**
30岁	15	4	11	10	3	7	5	1	4
31岁	6	3	3	5	3	2	1		1
32岁	13	8	5	5	3	2	8	5	3
33岁	18	6	12	12	4	8	6	2	4
34岁	18	6	12	11	4	7	7	2	5
35-39	**80**	**45**	**35**	**49**	**31**	**18**	**31**	**14**	**17**
35岁	19	11	8	11	8	3	8	3	5
36岁	16	10	6	13	8	5	3	2	1

2-13 续表 1

单位：人

年龄	残疾人口			在业人口			不在业人口		
	合计	男	女	小计	男	女	小计	男	女
37岁	13	8	5	7	5	2	6	3	3
38岁	21	11	10	12	6	6	9	5	4
39岁	11	5	6	6	4	2	5	1	4
40-44	**95**	**47**	**48**	**62**	**31**	**31**	**33**	**16**	**17**
40岁	27	15	12	20	11	9	7	4	3
41岁	14	9	5	8	4	4	6	5	1
42岁	19	7	12	12	3	9	7	4	3
43岁	20	7	13	11	6	5	9	1	8
44岁	15	9	6	11	7	4	4	2	2
45-49	**105**	**50**	**55**	**75**	**36**	**39**	**30**	**14**	**16**
45岁	18	12	6	13	9	4	5	3	2
46岁	22	10	12	17	8	9	5	2	3
47岁	28	11	17	18	7	11	10	4	6
48岁	15	9	6	8	5	3	7	4	3
49岁	22	8	14	19	7	12	3	1	2
50-54	**89**	**48**	**41**	**56**	**34**	**22**	**33**	**14**	**19**
50岁	21	14	7	14	11	3	7	3	4
51岁	12	4	8	10	2	8	2	2	
52岁	17	6	11	9	5	4	8	1	7
53岁	14	8	6	7	4	3	7	4	3
54岁	25	16	9	16	12	4	9	4	5
55-59	**116**	**57**	**59**	**58**	**33**	**25**	**58**	**24**	**34**
55岁	26	12	14	17	9	8	9	3	6
56岁	24	13	11	11	9	2	13	4	9
57岁	14	6	8	8	5	3	6	1	5
58岁	30	18	12	14	8	6	16	10	6
59岁	22	8	14	8	2	6	14	6	8

2-13 续表 2

单位：人

年龄	残疾人口			在业人口			不在业人口		
	合计	男	女	小计	男	女	小计	男	女
60-64	**149**	**69**	**80**	**59**	**38**	**21**	**90**	**31**	**59**
60岁	33	15	18	13	8	5	20	7	13
61岁	22	5	17	8	3	5	14	2	12
62岁	29	18	11	16	12	4	13	6	7
63岁	29	12	17	9	6	3	20	6	14
64岁	36	19	17	13	9	4	23	10	13
65-69	**166**	**69**	**97**	**38**	**23**	**15**	**128**	**46**	**82**
65岁	39	16	23	13	8	5	26	8	18
66岁	26	15	11	8	7	1	18	8	10
67岁	35	15	20	5	3	2	30	12	18
68岁	30	11	19	5	3	2	25	8	17
69岁	36	12	24	7	2	5	29	10	19
70-74	**150**	**53**	**97**	**16**	**10**	**6**	**134**	**43**	**91**
70岁	36	15	21	4	1	3	32	14	18
71岁	31	13	18	7	5	2	24	8	16
72岁	30	9	21				30	9	21
73岁	28	8	20	2	2		26	6	20
74岁	25	8	17	3	2	1	22	6	16
75-79	**113**	**46**	**67**	**11**	**4**	**7**	**102**	**42**	**60**
75岁	25	6	19	3		3	22	6	16
76岁	27	13	14	2	1	1	25	12	13
77岁	18	7	11	2	1	1	16	6	10
78岁	25	13	12	3	1	2	22	12	10
79岁	18	7	11	1	1		17	6	11
80-84	**54**	**20**	**34**	**2**		**2**	**52**	**20**	**32**
80岁	14	7	7				14	7	7
81岁	12	8	4	1		1	11	8	3
82岁	11	3	8	1		1	10	3	7
83岁	11	2	9				11	2	9
84岁	6		6				6		6
85+	**21**	**10**	**11**	**1**	**1**		**20**	**9**	**11**

2-13a 城镇残疾人分年龄、性别的经济活动人口

单位：人

年 龄	残疾人口			在业人口			不在业人口		
	合计	男	女	小计	男	女	小计	男	女
总 计	**333**	**136**	**197**	**64**	**33**	**31**	**269**	**103**	**166**
15-19	**8**	**5**	**3**	**1**	**1**		**7**	**4**	**3**
15岁	1		1				1		1
16岁	1		1				1		1
17岁	5	4	1				5	4	1
18岁									
19岁	1	1		1	1				
20-24	**8**	**3**	**5**	**2**		**2**	**6**	**3**	**3**
20岁	1		1	1		1			
21岁	2	1	1				2	1	1
22岁	1		1				1		1
23岁	2	1	1	1		1	1	1	
24岁	2	1	1				2	1	1
25-29	**18**	**6**	**12**	**4**	**2**	**2**	**14**	**4**	**10**
25岁	5	2	3	1	1		4	1	3
26岁	4	1	3	1		1	3	1	2
27岁	3	2	1	1		1	2	2	
28岁	4	1	3	1	1		3		3
29岁	2		2				2		2
30-34	**10**	**4**	**6**	**2**	**1**	**1**	**8**	**3**	**5**
30岁	1		1				1		1
31岁									
32岁	2	1	1				2	1	1
33岁	5	2	3	2	1	1	3	1	2
34岁	2	1	1				2	1	1
35-39	**15**	**4**	**11**	**6**		**6**	**9**	**4**	**5**
35岁	2		2	1		1	1		1
36岁	3	1	2	1		1	2	1	1

2-13a 续表 1

单位：人

年 龄	残疾人口			在业人口			不在业人口		
	合计	男	女	小计	男	女	小计	男	女
37岁									
38岁	10	3	7	4		4	6	3	3
39岁									
40-44	**13**	**6**	**7**	**7**	**4**	**3**	**6**	**2**	**4**
40岁	5	3	2	3	2	1	2	1	1
41岁	2	1	1	1		1	1	1	
42岁	2		2	1		1	1		1
43岁	3	1	2	1	1		2		2
44岁	1	1		1	1				
45-49	**17**	**8**	**9**	**10**	**5**	**5**	**7**	**3**	**4**
45岁	5	4	1	2	1	1	3	3	
46岁	2	1	1	2	1	1			
47岁	7	3	4	5	3	2	2		2
48岁	2		2				2		2
49岁	1		1	1		1			
50-54	**18**	**9**	**9**	**4**	**3**	**1**	**14**	**6**	**8**
50岁	5	1	4	1		1	4	1	3
51岁	1	1					1	1	
52岁	2		2				2		2
53岁	3	2	1	1	1		2	1	1
54岁	7	5	2	2	2		5	3	2
55-59	**23**	**8**	**15**	**7**	**3**	**4**	**16**	**5**	**11**
55岁	5	2	3	2	1	1	3	1	2
56岁	5	1	4	2	1	1	3		3
57岁	1		1				1		1
58岁	8	5	3	2	1	1	6	4	2
59岁	4		4	1		1	3		3

2-13a 续表 2

单位：人

年龄	残疾人口			在业人口			不在业人口		
	合计	男	女	小计	男	女	小计	男	女
60-64	**38**	**19**	**19**	**11**	**9**	**2**	**27**	**10**	**17**
60岁	9	5	4	1	1		8	4	4
61岁	8	1	7	2	1	1	6		6
62岁	6	4	2	2	2		4	2	2
63岁	2	2		2	2				
64岁	13	7	6	4	3	1	9	4	5
65-69	**55**	**23**	**32**	**5**	**2**	**3**	**50**	**21**	**29**
65岁	13	5	8	1		1	12	5	7
66岁	9	7	2	1	1		8	6	2
67岁	14	6	8	1		1	13	6	7
68岁	9	4	5	1	1		8	3	5
69岁	10	1	9	1		1	9	1	8
70-74	**57**	**20**	**37**	**3**	**2**	**1**	**54**	**18**	**36**
70岁	17	10	7	2	1	1	15	9	6
71岁	11	6	5	1	1		10	5	5
72岁	13	3	10				13	3	10
73岁	8		8				8		8
74岁	8	1	7				8	1	7
75-79	**27**	**10**	**17**	**1**	**1**		**26**	**9**	**17**
75岁	6	1	5				6	1	5
76岁	4	2	2				4	2	2
77岁	5	2	3				5	2	3
78岁	9	5	4	1	1		8	4	4
79岁	3		3				3		3
80-84	**18**	**8**	**10**	**1**		**1**	**17**	**8**	**9**
80岁	2		2				2		2
81岁	7	5	2	1		1	6	5	1
82岁	4	2	2				4	2	2
83岁	3	1	2				3	1	2
84岁	2		2				2		2
85+	**8**	**3**	**5**				**8**	**3**	**5**

2-13b 农村残疾人分年龄、性别的经济活动人口

单位：人

年 龄	残疾人口			在业人口			不在业人口		
	合计	男	女	小计	男	女	小计	男	女
总 计	**1074**	**513**	**561**	**516**	**286**	**230**	**558**	**227**	**331**
15-19	**75**	**47**	**28**	**42**	**26**	**16**	**33**	**21**	**12**
15岁	23	14	9	16	8	8	7	6	1
16岁	14	9	5	4	3	1	10	6	4
17岁	11	6	5	6	3	3	5	3	2
18岁	16	13	3	12	9	3	4	4	
19岁	11	5	6	4	3	1	7	2	5
20-24	**44**	**24**	**20**	**30**	**15**	**15**	**14**	**9**	**5**
20岁	7	5	2	3	2	1	4	3	1
21岁	8	3	5	7	2	5	1	1	
22岁	9	4	5	6	3	3	3	1	2
23岁	10	5	5	7	3	4	3	2	1
24岁	10	7	3	7	5	2	3	2	1
25-29	**46**	**23**	**23**	**31**	**17**	**14**	**15**	**6**	**9**
25岁	10	3	7	4	1	3	6	2	4
26岁	8	3	5	5	3	2	3		3
27岁	12	7	5	8	4	4	4	3	1
28岁	13	9	4	11	8	3	2	1	1
29岁	3	1	2	3	1	2			
30-34	**60**	**23**	**37**	**41**	**16**	**25**	**19**	**7**	**12**
30岁	14	4	10	10	3	7	4	1	3
31岁	6	3	3	5	3	2	1		1
32岁	11	7	4	5	3	2	6	4	2
33岁	13	4	9	10	3	7	3	1	2
34岁	16	5	11	11	4	7	5	1	4
35-39	**65**	**41**	**24**	**43**	**31**	**12**	**22**	**10**	**12**
35岁	17	11	6	10	8	2	7	3	4
36岁	13	9	4	12	8	4	1	1	

2-13b 续表 1

单位：人

年龄	残疾人口			在业人口			不在业人口		
	合计	男	女	小计	男	女	小计	男	女
37岁	13	8	5	7	5	2	6	3	3
38岁	11	8	3	8	6	2	3	2	1
39岁	11	5	6	6	4	2	5	1	4
40-44	**82**	**41**	**41**	**55**	**27**	**28**	**27**	**14**	**13**
40岁	22	12	10	17	9	8	5	3	2
41岁	12	8	4	7	4	3	5	4	1
42岁	17	7	10	11	3	8	6	4	2
43岁	17	6	11	10	5	5	7	1	6
44岁	14	8	6	10	6	4	4	2	2
45-49	**88**	**42**	**46**	**65**	**31**	**34**	**23**	**11**	**12**
45岁	13	8	5	11	8	3	2		2
46岁	20	9	11	15	7	8	5	2	3
47岁	21	8	13	13	4	9	8	4	4
48岁	13	9	4	8	5	3	5	4	1
49岁	21	8	13	18	7	11	3	1	2
50-54	**71**	**39**	**32**	**52**	**31**	**21**	**19**	**8**	**11**
50岁	16	13	3	13	11	2	3	2	1
51岁	11	3	8	10	2	8	1	1	
52岁	15	6	9	9	5	4	6	1	5
53岁	11	6	5	6	3	3	5	3	2
54岁	18	11	7	14	10	4	4	1	3
55-59	**93**	**49**	**44**	**51**	**30**	**21**	**42**	**19**	**23**
55岁	21	10	11	15	8	7	6	2	4
56岁	19	12	7	9	8	1	10	4	6
57岁	13	6	7	8	5	3	5	1	4
58岁	22	13	9	12	7	5	10	6	4
59岁	18	8	10	7	2	5	11	6	5

2-13b 续表 2

单位：人

年 龄	残疾人口			在业人口			不在业人口		
	合计	男	女	小计	男	女	小计	男	女
60-64	**111**	**50**	**61**	**48**	**29**	**19**	**63**	**21**	**42**
60岁	24	10	14	12	7	5	12	3	9
61岁	14	4	10	6	2	4	8	2	6
62岁	23	14	9	14	10	4	9	4	5
63岁	27	10	17	7	4	3	20	6	14
64岁	23	12	11	9	6	3	14	6	8
65-69	**111**	**46**	**65**	**33**	**21**	**12**	**78**	**25**	**53**
65岁	26	11	15	12	8	4	14	3	11
66岁	17	8	9	7	6	1	10	2	8
67岁	21	9	12	4	3	1	17	6	11
68岁	21	7	14	4	2	2	17	5	12
69岁	26	11	15	6	2	4	20	9	11
70-74	**93**	**33**	**60**	**13**	**8**	**5**	**80**	**25**	**55**
70岁	19	5	14	2		2	17	5	12
71岁	20	7	13	6	4	2	14	3	11
72岁	17	6	11				17	6	11
73岁	20	8	12	2	2		18	6	12
74岁	17	7	10	3	2	1	14	5	9
75-79	**86**	**36**	**50**	**10**	**3**	**7**	**76**	**33**	**43**
75岁	19	5	14	3		3	16	5	11
76岁	23	11	12	2	1	1	21	10	11
77岁	13	5	8	2	1	1	11	4	7
78岁	16	8	8	2		2	14	8	6
79岁	15	7	8	1	1		14	6	8
80-84	**36**	**12**	**24**	**1**		**1**	**35**	**12**	**23**
80岁	12	7	5				12	7	5
81岁	5	3	2				5	3	2
82岁	7	1	6	1		1	6	1	5
83岁	8	1	7				8	1	7
84岁	4		4				4		4
85+	**13**	**7**	**6**	**1**	**1**		**12**	**6**	**6**

2-14 残疾人分年龄、性别的职业状况

单位：人

年 龄	在业残疾人			国家机关、党群组织、企业、事业单位负责人			专业技术人员			办事人员和有关人员		
	合计	男	女	合计	男	女	合计	男	女	合计	男	女
总 计	**580**	**319**	**261**	**5**	**5**		**6**	**4**	**2**	**8**	**8**	
15-19	43	27	16									
20-24	32	15	17							1	1	
25-29	35	19	16							2	2	
30-34	43	17	26							1	1	
35-39	49	31	18				1		1	1	1	
40-44	62	31	31				1	1				
45-49	75	36	39							1	1	
50-54	56	34	22							1	1	
55-59	58	33	25	1	1		1	1				
60-64	59	38	21				1	1		1	1	
65+	68	38	30	4	4		2	1	1			

2-14 续表

单位：人

年 龄	商业、服务业人员			农、林、牧、渔、水利业生产人员			生产、运输设备操作人员及有关人员			不便分类的其他从业人员		
	合计	男	女	合计	男	女	合计	男	女	合计	男	女
总 计	**12**	**6**	**6**	**535**	**283**	**252**	**14**	**13**	**1**			
15-19				42	26	16	1	1				
20-24				28	11	17	3	3				
25-29	3	1	2	27	14	13	3	2	1			
30-34	1	1		41	15	26						
35-39	2	1	1	44	28	16	1	1				
40-44				57	26	31	4	4				
45-49	2	2		71	32	39	1	1				
50-54	1		1	54	33	21						
55-59	2		2	53	30	23	1	1				
60-64	1	1		56	35	21						
65+				62	33	29						

2-15 残疾人分性别、受教育程度的职业状况

单位：人

受教育程度	在业残疾人			国家机关、党群组织、企业事业单位负责人			专业技术人员			办事人员和有关人员		
	合计	男	女	小计	男	女	小计	男	女	小计	男	女
总　计	**580**	**319**	**261**	**5**	**5**		**6**	**4**	**2**	**8**	**8**	
不识字	358	148	210	2	2							
未上过学	31	24	7	1	1		1	1		1	1	
小学	168	129	39	1	1		4	3	1	3	3	
初中	18	14	4				1		1	3	3	
高中	3	2	1									
中专	1	1		1	1							
大学专科	1	1								1	1	
大学本科												
研究生												

2-15 续表

单位：人

受教育程度	商业、服务业人员			农、林、牧、渔、水利业生产人员			生产、运输设备操作人员及有关人员			不便分类的其他从业人员		
	小计	男	女	小计	男	女	小计	男	女	小计	男	女
总　计	**12**	**6**	**6**	**535**	**283**	**252**	**14**	**13**	**1**			
不识字	3		3	350	143	207	3	3				
未上过学				27	21	6	1		1			
小学	6	4	2	146	110	36	8	8				
初中	3	2	1	10	8	2	1	1				
高中				2	1	1	1	1				
中专												
大学专科												
大学本科												
研究生												

2–16 各地区残疾人分性别的未工作状况

单位：人

地 区	未工作残疾人			在校学生			离退休		
	合计	男	女	小计	男	女	小计	男	女
总 计	**827**	**330**	**497**	**13**	**7**	**6**	**124**	**63**	**61**
拉萨市城关区	276	108	168	7	2	5	118	57	61
昌都地区察雅县	94	37	57	2	2				
山南地区琼结县	157	56	101	1	1		4	4	
日喀则地区南木林县	88	35	53	3	2	1	1	1	
日喀则地区白朗县	102	49	53				1	1	
那曲地区索县	110	45	65						

2–16 续表 1

单位：人

地 区	料理家务			丧失劳动能力			毕业后未工作		
	小计	男	女	小计	男	女	小计	男	女
总 计	**259**	**74**	**185**	**415**	**176**	**239**	**4**	**2**	**2**
拉萨市城关区	90	26	64	58	20	38	2	2	
昌都地区察雅县	41	13	28	46	19	27			
山南地区琼结县	61	12	49	91	39	52			
日喀则地区南木林县	29	12	17	52	18	34			
日喀则地区白朗县	27	10	17	73	37	36			
那曲地区索县	11	1	10	95	43	52	2		2

2-16 续表 2

单位：人

地 区	因单位原因失去原工作			因本人原因失去原工作		
	小计	男	女	小计	男	女
总 计				**1**	**1**	
拉萨市城关区				1	1	
昌都地区察雅县						
山南地区琼结县						
日喀则地区南木林县						
日喀则地区白朗县						
那曲地区索县						

2-16 续表 3

单位：人

地 区	承包土地被征用			其他		
	小计	男	女	小计	男	女
总 计	**2**	**1**	**1**	**9**	**6**	**3**
拉萨市城关区						
昌都地区察雅县				5	3	2
山南地区琼结县						
日喀则地区南木林县	2	1	1	1	1	
日喀则地区白朗县				1	1	
那曲地区索县				2	1	1

2-16a 各地区城镇残疾人分性别的未工作状况

单位：人

地 区	未工作残疾人			在校学生			离退休		
	合计	男	女	小计	男	女	小计	男	女
总 计	**269**	**103**	**166**	**4**	**2**	**2**	**118**	**57**	**61**
拉萨市城关区	214	86	128	3	1	2	116	55	61
昌都地区察雅县									
山南地区琼结县	55	17	38	1	1		2	2	
日喀则地区南木林县									
日喀则地区白朗县									
那曲地区索县									

2-16a 续表 1

单位：人

地 区	料理家务			丧失劳动能力			毕业后未工作		
	小计	男	女	小计	男	女	小计	男	女
总 计	**78**	**16**	**62**	**66**	**25**	**41**	**2**	**2**	
拉萨市城关区	54	14	40	38	13	25	2	2	
昌都地区察雅县									
山南地区琼结县	24	2	22	28	12	16			
日喀则地区南木林县									
日喀则地区白朗县									
那曲地区索县									

2-16a 续表 2

单位：人

地 区	因单位原因失去原工作			因本人原因失去原工作		
	小计	男	女	小计	男	女
总 计				**1**	**1**	
拉萨市城关区				1	1	
昌都地区察雅县						
山南地区琼结县						
日喀则地区南木林县						
日喀则地区白朗县						
那曲地区索县						

2-16a 续表 3

单位：人

地 区	承包土地被征用			其他		
	小计	男	女	小计	男	女
总 计						
拉萨市城关区						
昌都地区察雅县						
山南地区琼结县						
日喀则地区南木林县						
日喀则地区白朗县						
那曲地区索县						

2-16b　各地区农村残疾人分性别的未工作状况

单位：人

地　区	未工作残疾人			在校学生			离退休		
	合计	男	女	小计	男	女	小计	男	女
总　计	**558**	**227**	**331**	**9**	**5**	**4**	**6**	**6**	
拉萨市城关区	62	22	40	4	1	3	2	2	
昌都地区察雅县	94	37	57	2	2				
山南地区琼结县	102	39	63				2	2	
日喀则地区南木林县	88	35	53	3	2	1	1	1	
日喀则地区白朗县	102	49	53				1	1	
那曲地区索县	110	45	65						

2-16b　续表 1

单位：人

地　区	料理家务			丧失劳动能力			毕业后未工作		
	小计	男	女	小计	男	女	小计	男	女
总　计	**181**	**58**	**123**	**349**	**151**	**198**	**2**		**2**
拉萨市城关区	36	12	24	20	7	13			
昌都地区察雅县	41	13	28	46	19	27			
山南地区琼结县	37	10	27	63	27	36			
日喀则地区南木林县	29	12	17	52	18	34			
日喀则地区白朗县	27	10	17	73	37	36			
那曲地区索县	11	1	10	95	43	52	2		2

2-16b 续表 2

单位：人

地区	因单位原因失去原工作			因本人原因失去原工作		
	小计	男	女	小计	男	女
总计						
拉萨市城关区						
昌都地区察雅县						
山南地区琼结县						
日喀则地区南木林县						
日喀则地区白朗县						
那曲地区索县						

2-16b 续表 3

单位：人

地区	承包土地被征用			其他		
	小计	男	女	小计	男	女
总计	**2**	**1**	**1**	**9**	**6**	**3**
拉萨市城关区						
昌都地区察雅县				5	3	2
山南地区琼结县						
日喀则地区南木林县	2	1	1	1	1	
日喀则地区白朗县				1	1	
那曲地区索县				2	1	1

2-17 残疾人分年龄、性别的未工作状况

单位：人

地 区	未工作残疾人			在校学生			离退休		
	合计	男	女	小计	男	女	小计	男	女
总 计	**827**	**330**	**497**	**13**	**7**	**6**	**124**	**63**	**61**
15-19	40	25	15	11	7	4			
20-24	20	12	8	2		2			
25-29	29	10	19						
30-34	27	10	17						
35-39	31	14	17						
40-44	33	16	17				1		1
45-49	30	14	16				1		1
50-54	33	14	19				10	6	4
55-59	58	24	34				9	5	4
60-64	90	31	59				19	7	12
65-69	128	46	82				35	18	17
70-74	134	43	91				31	14	17
75-79	102	42	60				10	7	3
80-84	52	20	32				6	4	2
85+	20	9	11				2	2	

2-17 续表 1

单位：人

地 区	料理家务			丧失劳动能力			毕业后未工作		
	小计	男	女	小计	男	女	小计	男	女
总 计	**259**	**74**	**185**	**415**	**176**	**239**	**4**	**2**	**2**
15-19	1		1	27	17	10			
20-24	7	2	5	10	9	1	1	1	
25-29	8	2	6	20	8	12			
30-34	9	2	7	16	6	10	1	1	
35-39	14	7	7	16	6	10			
40-44	14	2	12	17	13	4			
45-49	11	2	9	16	10	6			
50-54	12	2	10	10	5	5			
55-59	21	7	14	26	11	15			
60-64	35	11	24	35	13	22			
65-69	48	13	35	45	15	30			
70-74	38	10	28	64	19	45			
75-79	26	11	15	64	24	40	2		2
80-84	12	3	9	34	13	21			
85+	3		3	15	7	8			

2-17 续表 2

单位：人

地 区	因单位原因失去原工作			因本人原因失去原工作		
	小计	男	女	小计	男	女
总 计				**1**	**1**	
15-19						
20-24						
25-29						
30-34						
35-39				1	1	
40-44						
45-49						
50-54						
55-59						
60-64						
65-69						
70-74						
75-79						
80-84						
85+						

2-17 续表 3

单位：人

地 区	承包土地被征用			其他		
	小计	男	女	小计	男	女
总 计	**2**	**1**	**1**	**9**	**6**	**3**
15-19				1	1	
20-24						
25-29				1		1
30-34				1	1	
35-39						
40-44				1	1	
45-49	1	1		1	1	
50-54				1	1	
55-59				2	1	1
60-64	1		1			
65-69						
70-74				1		1
75-79						
80-84						
85+						

2-17a 城镇残疾人分年龄、性别的未工作状况

单位：人

年 龄	未工作残疾人			在校学生			离退休		
	合计	男	女	小计	男	女	小计	男	女
总 计	**269**	**103**	**166**	**4**	**2**	**2**	**118**	**57**	**61**
15-19	7	4	3	3	2	1			
20-24	6	3	3	1		1			
25-29	14	4	10						
30-34	8	3	5						
35-39	9	4	5						
40-44	6	2	4				1		1
45-49	7	3	4				1		1
50-54	14	6	8				9	5	4
55-59	16	5	11				6	2	4
60-64	27	10	17				19	7	12
65-69	50	21	29				34	17	17
70-74	54	18	36				31	14	17
75-79	26	9	17				10	7	3
80-84	17	8	9				6	4	2
85+	8	3	5				1	1	

2-17a 续表 1

单位：人

年 龄	料理家务			丧失劳动能力			毕业后未工作		
	小计	男	女	小计	男	女	小计	男	女
总 计	**78**	**16**	**62**	**66**	**25**	**41**	**2**	**2**	
15-19				4	2	2			
20-24	3	1	2	1	1		1	1	
25-29	6	1	5	8	3	5			
30-34	5		5	2	2		1	1	
35-39	4	2	2	4	1	3			
40-44	4	1	3	1	1				
45-49	4	1	3	2	2				
50-54	4		4	1	1				
55-59	5	3	2	5		5			
60-64	6	1	5	2	2				
65-69	10	3	7	6	1	5			
70-74	14	3	11	9	1	8			
75-79	7		7	9	2	7			
80-84	4		4	7	4	3			
85+	2		2	5	2	3			

2-17a 续表 2

单位：人

年龄	因单位原因失去原工作			因本人原因失去原工作		
	小计	男	女	小计	男	女
总计				**1**	**1**	
15-19						
20-24						
25-29						
30-34						
35-39				1	1	
40-44						
45-49						
50-54						
55-59						
60-64						
65-69						
70-74						
75-79						
80-84						
85+						

2-17a 续表 3

单位：人

年龄	承包土地被征用			其他		
	小计	男	女	小计	男	女
总计						
15-19						
20-24						
25-29						
30-34						
35-39						
40-44						
45-49						
50-54						
55-59						
60-64						
65-69						
70-74						
75-79						
80-84						
85+						

2-17b 农村残疾人分年龄、性别的未工作状况

单位：人

年龄	未工作残疾人			在校学生			离退休		
	合计	男	女	小计	男	女	小计	男	女
总　计	**558**	**227**	**331**	**9**	**5**	**4**	**6**	**6**	
15-19	33	21	12	8	5	3			
20-24	14	9	5	1		1			
25-29	15	6	9						
30-34	19	7	12						
35-39	22	10	12						
40-44	27	14	13						
45-49	23	11	12						
50-54	19	8	11				1	1	
55-59	42	19	23				3	3	
60-64	63	21	42						
65-69	78	25	53				1	1	
70-74	80	25	55						
75-79	76	33	43						
80-84	35	12	23						
85+	12	6	6				1	1	

2-17b 续表 1

单位：人

年龄	料理家务			丧失劳动能力			毕业后未工作		
	小计	男	女	小计	男	女	小计	男	女
总　计	**181**	**58**	**123**	**349**	**151**	**198**	**2**		**2**
15-19	1		1	23	15	8			
20-24	4	1	3	9	8	1			
25-29	2	1	1	12	5	7			
30-34	4	2	2	14	4	10			
35-39	10	5	5	12	5	7			
40-44	10	1	9	16	12	4			
45-49	7	1	6	14	8	6			
50-54	8	2	6	9	4	5			
55-59	16	4	12	21	11	10			
60-64	29	10	19	33	11	22			
65-69	38	10	28	39	14	25			
70-74	24	7	17	55	18	37			
75-79	19	11	8	55	22	33	2		2
80-84	8	3	5	27	9	18			
85+	1		1	10	5	5			

2-17b 续表 2

单位：人

年 龄	因单位原因失去原工作			因本人原因失去原工作		
	小计	男	女	小计	男	女
总 计						
15-19						
20-24						
25-29						
30-34						
35-39						
40-44						
45-49						
50-54						
55-59						
60-64						
65-69						
70-74						
75-79						
80-84						
85+						

2-17b 续表 3

单位：人

年 龄	承包土地被征用			其他		
	小计	男	女	小计	男	女
总 计	**2**	**1**	**1**	**9**	**6**	**3**
15-19				1	1	
20-24						
25-29				1		1
30-34				1	1	
35-39						
40-44				1	1	
45-49	1	1		1	1	
50-54				1	1	
55-59				2	1	1
60-64	1		1			
65-69						
70-74				1		1
75-79						
80-84						
85+						

2-18 各地区分性别、未工作残疾人的主要生活来源

单位：人

地区	未工作残疾人			离退休金			领取基本生活费		
	合计	男	女	小计	男	女	小计	男	女
总计	**827**	**330**	**497**	**123**	**63**	**60**	**21**	**10**	**11**
拉萨市城关区	276	108	168	117	57	60	4	1	3
昌都地区察雅县	94	37	57				1	1	
山南地区琼结县	157	56	101	4	4		10	3	7
日喀则地区南木林县	88	35	53	1	1		1	1	
日喀则地区白朗县	102	49	53	1	1		2	2	
那曲地区索县	110	45	65				3	2	1

2-18 续表

单位：人

地区	家庭其他成员供养			财产性收入			保险收入			其他		
	小计	男	女	小计	男	女	小计	男	女	小计	男	女
总计	**651**	**243**	**408**	**10**	**1**	**9**				**22**	**13**	**9**
拉萨市城关区	145	48	97	9	1	8				1	1	
昌都地区察雅县	89	34	55							4	2	2
山南地区琼结县	136	46	90							7	3	4
日喀则地区南木林县	80	29	51	1		1				5	4	1
日喀则地区白朗县	99	46	53									
那曲地区索县	102	40	62							5	3	2

2-19 分年龄、性别、未工作残疾人的主要生活来源

单位：人

年龄	未工作残疾人			离退休金			领取基本生活费		
	合计	男	女	小计	男	女	小计	男	女
总计	**827**	**330**	**497**	**123**	**63**	**60**	**21**	**10**	**11**
15-19	40	25	15						
20-24	20	12	8						
25-29	29	10	19						
30-34	27	10	17				1	1	
35-39	31	14	17						
40-44	33	16	17	1		1	2	2	
45-49	30	14	16	1		1			
50-54	33	14	19	10	6	4	1	1	
55-59	58	24	34	8	5	3	5	1	4
60-64	90	31	59	19	7	12	3	2	1
65-69	128	46	82	35	18	17	4	1	3
70-74	134	43	91	31	14	17	2		2
75-79	102	42	60	10	7	3	2	1	1
80-84	52	20	32	6	4	2			
85+	20	9	11	2	2		1	1	

2-19 续表

单位：人

年龄	家庭其他成员供养			财产性收入			保险收入			其他		
	小计	男	女	小计	男	女	小计	男	女	小计	男	女
总计	**651**	**243**	**408**	**10**	**1**	**9**				**22**	**13**	**9**
15-19	39	24	15							1	1	
20-24	20	12	8									
25-29	26	9	17							3	1	2
30-34	24	9	15	1		1				1		1
35-39	28	12	16	2	1	1				1	1	
40-44	28	13	15	1		1				1	1	
45-49	26	12	14	1		1				2	2	
50-54	19	5	14	1		1				2	2	
55-59	42	16	26	1		1				2	2	
60-64	66	22	44							2		2
65-69	85	26	59	3		3				1	1	
70-74	99	29	70							2		2
75-79	88	33	55							2	1	1
80-84	44	15	29							2	1	1
85+	17	6	11									

2-19a 城镇分年龄、性别、未工作残疾人的主要生活来源

单位：人

年 龄	未工作残疾人			离退休金			领取基本生活费		
	合计	男	女	小计	男	女	小计	男	女
总 计	**269**	**103**	**166**	**117**	**57**	**60**	**6**	**2**	**4**
15-19	7	4	3						
20-24	6	3	3						
25-29	14	4	10						
30-34	8	3	5						
35-39	9	4	5						
40-44	6	2	4	1		1	1	1	
45-49	7	3	4	1		1			
50-54	14	6	8	9	5	4			
55-59	16	5	11	5	2	3	1		1
60-64	27	10	17	19	7	12	1	1	
65-69	50	21	29	34	17	17	1		1
70-74	54	18	36	31	14	17	1		1
75-79	26	9	17	10	7	3	1		1
80-84	17	8	9	6	4	2			
85+	8	3	5	1	1				

2-19a 续表

单位：人

年 龄	家庭其他成员供养			财产性收入			保险收入			其他		
	小计	男	女	小计	男	女	小计	男	女	小计	男	女
总 计	**137**	**40**	**97**	**5**	**1**	**4**				**4**	**3**	**1**
15-19	6	3	3							1	1	
20-24	6	3	3									
25-29	13	3	10							1	1	
30-34	7	3	4	1		1						
35-39	7	3	4	2	1	1						
40-44	4	1	3									
45-49	5	2	3							1	1	
50-54	4	1	3	1		1						
55-59	10	3	7									
60-64	7	2	5									
65-69	14	4	10	1		1						
70-74	21	4	17							1		1
75-79	15	2	13									
80-84	11	4	7									
85+	7	2	5									

2-19b 农村分年龄、性别、未工作残疾人的主要生活来源

单位：人

年龄	未工作残疾人			离退休金			领取基本生活费		
	合计	男	女	小计	男	女	小计	男	女
总　计	**558**	**227**	**331**	**6**	**6**		**15**	**8**	**7**
15-19	33	21	12						
20-24	14	9	5						
25-29	15	6	9						
30-34	19	7	12				1	1	
35-39	22	10	12						
40-44	27	14	13				1	1	
45-49	23	11	12						
50-54	19	8	11	1	1		1	1	
55-59	42	19	23	3	3		4	1	3
60-64	63	21	42				2	1	1
65-69	78	25	53	1	1		3	1	2
70-74	80	25	55				1		1
75-79	76	33	43				1	1	
80-84	35	12	23						
85+	12	6	6	1	1		1	1	

2-19b 续表

单位：人

年龄	家庭其他成员供养			财产性收入			保险收入			其他		
	小计	男	女	小计	男	女	小计	男	女	小计	男	女
总　计	**514**	**203**	**311**	**5**		**5**				**18**	**10**	**8**
15-19	33	21	12									
20-24	14	9	5									
25-29	13	6	7							2		2
30-34	17	6	11							1		1
35-39	21	9	12							1	1	
40-44	24	12	12	1		1				1	1	
45-49	21	10	11	1		1				1	1	
50-54	15	4	11							2	2	
55-59	32	13	19	1		1				2	2	
60-64	59	20	39							2		2
65-69	71	22	49	2		2				1	1	
70-74	78	25	53							1		1
75-79	73	31	42							2	1	1
80-84	33	11	22							2	1	1
85+	10	4	6									

2-20 0-14岁残疾儿童及其家庭基本情况

指　　标	单位	数量
0－14岁残疾儿童总人数	人	174
有残疾儿童的家庭户	户	166
残疾类别		
视力残疾	人	21
听力残疾	人	27
言语残疾	人	19
肢体残疾	人	41
智力残疾	人	21
精神残疾	人	9
多重残疾	人	36
性别		
男	人	90
女	人	84
性别比(以女性为100)		107
年龄		
0-5岁	人	36
6岁	人	11
7-14岁	人	127
民族		
汉族	人	
少数民族	人	174
户口性质		
农业	人	164
非农业	人	9
户口待定	人	1
受教育程度		
未上过学	人	2
小学	人	62
初中	人	5
在校生接受义务教育情况		
普通教育学校普通班	人	38
普通教育学校特教班	人	1
特殊教育学校	人	
其他	人	5
残疾儿童家庭户人均收入水平		
2005年本户人均收入	元	1530
城市	元	4910
农村	元	1177
人均收入在0-683元之间	户	58
人均收入在684-994元之间	户	27

2-21 15岁及以上残疾妇女及其家庭基本情况

指　　标	单位	数量
15岁及15岁以上残疾妇女总人数	人	758
有残疾妇女的家庭户	户	710
残疾类别		
视力残疾	人	187
听力残疾	人	178
言语残疾	人	10
肢体残疾	人	205
智力残疾	人	5
精神残疾	人	32
多重残疾	人	141
年龄		
15-49岁	人	272
50-59岁	人	100
60-74岁	人	274
75-89岁	人	110
90岁以上	人	2
民族		
汉族	人	
少数民族	人	758
户口性质		
农业	人	655
非农业	人	103
户口待定	人	
文盲人口	人	632
受教育程度		
未上过学	人	11
小学	人	85
初中	人	17

2-21 续表

指　　标	单位	数量
高中	人	6
中专	人	3
大学专科	人	2
大学本科	人	2
研究生	人	
婚姻状况		
未婚	人	230
初婚有配偶	人	252
再婚有配偶	人	4
离婚	人	24
丧偶	人	248
当前工作状况		
当前有工作	人	261
当前无工作	人	497
当前无工作者主要生活来源		
离退休金	人	60
领取基本生活费	人	11
家庭其他成员供养	人	408
财产性收入	人	9
保险收入	人	
其他	人	9
残疾妇女家庭户人均收入水平		
2005年本户人均收入	元	2042
城市	元	4816
农村	元	1332
人均收入在0-683元之间	户	231
人均收入在684-994元之间	户	96

2-22 60岁及以上老年残疾人及其家庭基本情况

指　　标	单位	数量
60岁及60岁以上老年残疾人总数	人	653
有老年残疾人的家庭户	户	607
残疾类别		
视力残疾	人	208
听力残疾	人	171
言语残疾	人	
肢体残疾	人	138
智力残疾	人	4
精神残疾	人	5
多重残疾	人	127
性别		
男	人	267
女	人	386
性别比(以女性为100)		69
年龄		
60-74岁	人	465
75-89岁	人	185
90岁以上	人	3
民族		
汉族	人	2
少数民族	人	651
户口性质		
农业	人	529
非农业	人	124
户口待定	人	
文盲人口	人	524
受教育程度		
未上过学	人	18
小学	人	80

2-22 续表

指　　标	单位	数量
初中	人	10
高中	人	3
中专	人	11
大学专科	人	3
大学本科	人	3
研究生	人	1
婚姻状况		
未婚	人	59
初婚有配偶	人	283
再婚有配偶	人	5
离婚	人	10
丧偶	人	296
当前工作状况		
当前有工作	人	127
当前无工作	人	526
当前无工作者主要生活来源		
离退休金	人	103
领取基本生活费	人	12
家庭其他成员供养	人	399
财产性收入	人	3
保险收入	人	
其他	人	9
老年残疾人家庭户人均收入水平		
2005年本户人均收入	元	2342
城市	元	5331
农村	元	1373
人均收入在0-683元之间	户	187
人均收入在684-994元之间	户	74

第三部分　残疾人的残疾类别、等级和主要致残原因

3-1 各地区残疾人分残疾类别、残疾等级的分布

单位：人

地区	视力残疾					听力残疾				
	小计	一级	二级	三级	四级	小计	一级	二级	三级	四级
总计	**326**	**37**	**57**	**99**	**133**	**372**	**26**	**24**	**137**	**185**
拉萨市城关区	82	4	10	17	51	91	6	6	43	36
昌都地区察雅县	41	7	2		32	35	2	4	17	12
山南地区琼结县	55	8	5	10	32	115	3	8	39	65
日喀则地区南木林县	56	7	12	27	10	50	8	2	14	26
日喀则地区白朗县	58	6	10	35	7	43	2	2	17	22
那曲地区索县	34	5	18	10	1	38	5	2	7	24

3-1 续表 1

单位：人

地区	言语残疾					肢体残疾				
	小计	一级	二级	三级	四级	小计	一级	二级	三级	四级
总计	**42**	**5**	**14**	**12**	**11**	**457**	**28**	**30**	**124**	**275**
拉萨市城关区	2	1			1	99	8	12	24	55
昌都地区察雅县	5		3	1	1	84	7	8	28	41
山南地区琼结县	8	2	1	1	4	45	3	1	14	27
日喀则地区南木林县	4			1	3	68	5	1	9	53
日喀则地区白朗县	11	1	4	5	1	69	3	2	11	53
那曲地区索县	12	1	6	4	1	92	2	6	38	46

3-1 续表 2

单位：人

地 区	智力残疾					精神残疾				
	小计	一级	二级	三级	四级	小计	一级	二级	三级	四级
总 计	**35**	**1**	**3**	**10**	**21**	**58**	**20**	**9**	**7**	**22**
拉萨市城关区	4	1			3	4			1	3
昌都地区察雅县	2			1	1	11	6	1		4
山南地区琼结县	11		2	3	6	4	1		2	1
日喀则地区南木林县	1				1	10	3	1	2	4
日喀则地区白朗县	12			5	7	13	1		2	10
那曲地区索县	5		1	1	3	16	9	7		

3-1 续表 3

单位：人

地 区	多重残疾				
	小计	一级	二级	三级	四级
总 计	**291**	**149**	**42**	**67**	**33**
拉萨市城关区	55	22	8	15	10
昌都地区察雅县	43	30	4	8	1
山南地区琼结县	78	35	7	20	16
日喀则地区南木林县	26	14	4	8	
日喀则地区白朗县	23	13	4	3	3
那曲地区索县	66	35	15	13	3

3-1a　各地区城镇残疾人分残疾类别、残疾等级的分布

单位：人

地　区	视力残疾					听力残疾				
	小计	一级	二级	三级	四级	小计	一级	二级	三级	四级
总　计	**82**	**4**	**10**	**18**	**50**	**111**	**8**	**4**	**50**	**49**
拉萨市城关区	66	1	9	13	43	67	6	2	31	28
昌都地区察雅县										
山南地区琼结县	16	3	1	5	7	44	2	2	19	21
日喀则地区南木林县										
日喀则地区白朗县										
那曲地区索县										

3-1a　续表 1

单位：人

地　区	言语残疾					肢体残疾				
	小计	一级	二级	三级	四级	小计	一级	二级	三级	四级
总　计	**2**	**1**	**1**			**76**	**9**	**11**	**19**	**37**
拉萨市城关区						62	7	11	17	27
昌都地区察雅县										
山南地区琼结县	2	1	1			14	2		2	10
日喀则地区南木林县										
日喀则地区白朗县										
那曲地区索县										

3-1a 续表 2

单位：人

地 区	智力残疾					精神残疾				
	小计	一级	二级	三级	四级	小计	一级	二级	三级	四级
总 计	**5**		**1**	**1**	**3**	**2**			**1**	**1**
拉萨市城关区	1				1	2			1	1
昌都地区察雅县										
山南地区琼结县	4		1	1	2					
日喀则地区南木林县										
日喀则地区白朗县										
那曲地区索县										

3-1a 续表 3

单位：人

地 区	多重残疾				
	小计	一级	二级	三级	四级
总 计	**75**	**32**	**8**	**20**	**15**
拉萨市城关区	49	20	6	13	10
昌都地区察雅县					
山南地区琼结县	26	12	2	7	5
日喀则地区南木林县					
日喀则地区白朗县					
那曲地区索县					

3-1b 各地区农村残疾人分残疾类别、残疾等级的分布

单位：人

地 区	视力残疾					听力残疾				
	小计	一级	二级	三级	四级	小计	一级	二级	三级	四级
总 计	**244**	**33**	**47**	**81**	**83**	**261**	**18**	**20**	**87**	**136**
拉萨市城关区	16	3	1	4	8	24		4	12	8
昌都地区察雅县	41	7	2		32	35	2	4	17	12
山南地区琼结县	39	5	4	5	25	71	1	6	20	44
日喀则地区南木林县	56	7	12	27	10	50	8	2	14	26
日喀则地区白朗县	58	6	10	35	7	43	2	2	17	22
那曲地区索县	34	5	18	10	1	38	5	2	7	24

3-1b 续表 1

单位：人

地 区	言语残疾					肢体残疾				
	小计	一级	二级	三级	四级	小计	一级	二级	三级	四级
总 计	**40**	**4**	**13**	**12**	**11**	**381**	**19**	**19**	**105**	**238**
拉萨市城关区	2	1			1	37	1	1	7	28
昌都地区察雅县	5		3	1	1	84	7	8	28	41
山南地区琼结县	6	1		1	4	31	1	1	12	17
日喀则地区南木林县	4			1	3	68	5	1	9	53
日喀则地区白朗县	11	1	4	5	1	69	3	2	11	53
那曲地区索县	12	1	6	4	1	92	2	6	38	46

3-1b 续表 2

单位：人

地 区	智力残疾					精神残疾				
	小计	一级	二级	三级	四级	小计	一级	二级	三级	四级
总 计	**30**	**1**	**2**	**9**	**18**	**56**	**20**	**9**	**6**	**21**
拉萨市城关区	3	1			2	2				2
昌都地区察雅县	2			1	1	11	6	1		4
山南地区琼结县	7		1	2	4	4	1		2	1
日喀则地区南木林县	1				1	10	3	1	2	4
日喀则地区白朗县	12			5	7	13	1		2	10
那曲地区索县	5		1	1	3	16	9	7		

3-1b 续表 3

单位：人

地 区	多重残疾				
	小计	一级	二级	三级	四级
总 计	**216**	**117**	**34**	**47**	**18**
拉萨市城关区	6	2	2	2	
昌都地区察雅县	43	30	4	8	1
山南地区琼结县	52	23	5	13	11
日喀则地区南木林县	26	14	4	8	
日喀则地区白朗县	23	13	4	3	3
那曲地区索县	66	35	15	13	3

3-2 残疾人分残疾类别、残疾等级的年龄构成

单位：人

年龄	视力残疾					听力残疾				
	小计	一级	二级	三级	四级	小计	一级	二级	三级	四级
总计	**326**	**37**	**57**	**99**	**133**	**372**	**26**	**24**	**137**	**185**
0岁						1		1		
1岁										
2岁	1	1								
3岁										
4岁	1				1	1			1	
5岁	2				2					
6岁	3			1	2					
7岁						2			1	1
8岁	2			1	1	4	1		1	2
9岁	3			2	1	1				1
10岁	1			1		3	2		1	
11岁	2				2	2				2
12岁	2		2			9	2		2	5
13岁	1			1		2	1		1	
14岁	3		1		2	2			2	
15岁						7	1		1	5
16岁	1		1			2				2
17岁	1				1	5	1		1	3
18岁	2	1			1	2			1	1
19岁	1		1							
20岁	3	1	1	1						
21岁	3			2	1	2			1	1
22岁	1				1	4				4
23岁	1	1				2			1	1
24岁	1			1						
25岁	2	1	1			1				1
26岁						1			1	

3-2 续表 1

单位：人

年 龄	视力残疾					听力残疾				
	小计	一级	二级	三级	四级	小计	一级	二级	三级	四级
27岁	3				3	3	1		2	
28岁	3		1	1	1					
29岁										
30岁	1				1	3			1	2
31岁	1			1						
32岁	1	1								
33岁	1				1	5		1	1	3
34岁						4				4
35岁	2	1		1		4			2	2
36岁	2			1	1	4			1	3
37岁						4				4
38岁	2	1		1		5	1		2	2
39岁	2	1			1	3				3
40岁	4			2	2	7	1		3	3
41岁						5			3	2
42岁	2	1			1	5			2	3
43岁	2		1		1	7	1		3	3
44岁	1		1			4		1	1	2
45岁	3		2		1	4			1	3
46岁	3			2	1	4			2	2
47岁						6		1	3	2
48岁						5	1		4	
49岁	2			1	1	8	1	1	3	3
50岁	5		1	3	1	4		1	1	2
51岁						6			1	5
52岁	6		3	2	1	2			2	
53岁	2		1	1		2			1	1
54岁	7	2	1	3	1	12			5	7

3-2 续表 2

单位：人

年 龄	视力残疾					听力残疾				
	小计	一级	二级	三级	四级	小计	一级	二级	三级	四级
55岁	7			4	3	6	1		3	2
56岁	6	1	2	2	1	6			1	5
57岁	4		1	1	2	2		1	1	
58岁	8		2	3	3	13	1	3	2	7
59岁	1	1				5	2		1	2
60岁	9	1	1	1	6	8	1		4	3
61岁	5		2	1	2	11			2	9
62岁	9		2	3	4	8		2	3	3
63岁	12			5	7	3	1	1		1
64岁	13		4	1	8	11	1	2	2	6
65岁	10		2	3	5	14		1	5	8
66岁	7		1	3	3	7			2	5
67岁	9		2	2	5	12		2	5	5
68岁	6			2	4	9		2	5	2
69岁	8	2		1	5	12	2		5	5
70岁	13	3	3	4	3	13	1		9	3
71岁	13	1	2	3	7	6		1	3	2
72岁	9		1	4	4	8			4	4
73岁	9		2	2	5	5		1	3	1
74岁	9		2	2	5	5			2	3
75岁	11	1	3	3	4	6		1		5
76岁	6	2		4		10	1		6	3
77岁	3			2	1	7			4	3
78岁	10	1	2	2	5	6	1			5
79岁	6	1	1	3	1	1		1		
80岁	5	3	1		1	4			2	2
81岁	7	1		3	3					
82岁	5	2		1	2	2			1	1
83岁	6	3	1	2						
84岁	2	1		1						
85+	6	1	2	2	1	3			3	

3-2 续表 3

单位：人

年龄	言语残疾					肢体残疾				
	小计	一级	二级	三级	四级	小计	一级	二级	三级	四级
总计	**42**	**5**	**14**	**12**	**11**	**457**	**28**	**30**	**124**	**275**
0岁										
1岁										
2岁										
3岁	1			1		1				1
4岁	2	1	1			2				2
5岁						3			1	2
6岁						3			1	2
7岁	3		2	1		2				2
8岁	1				1	2				2
9岁	2	1			1	2				2
10岁	5		2	3		1				1
11岁						5			1	4
12岁	1			1		5			2	3
13岁	1		1			7			1	6
14岁	3			2	1	8		1	2	5
15岁	5		1	2	2	6			4	2
16岁						5	2		1	2
17岁						4		1	1	2
18岁	3	1	2			3			2	1
19岁						7				7
20岁						2				2
21岁	2		1		1	1			1	
22岁						4			1	3
23岁	1		1			6	2		2	2
24岁	1				1	8			2	6
25岁	1		1			5	1	1	2	1
26岁						7	1		1	5

3-2 续表 4

单位：人

年 龄	言语残疾					肢体残疾				
	小计	一级	二级	三级	四级	小计	一级	二级	三级	四级
27岁	1	1				5		2		3
28岁						5			1	4
29岁						4	1		2	1
30岁						6	1			5
31岁	1			1		2			1	1
32岁						9		1	1	7
33岁	1			1		5		1		4
34岁	1		1			7		1	2	4
35岁						4			1	3
36岁						7			1	6
37岁						5		1		4
38岁	1	1				9	1	1		7
39岁						5				5
40岁	1				1	7			2	5
41岁	1				1	3	1		1	1
42岁						6				6
43岁						6	1		1	4
44岁						6			3	3
45岁						11			2	9
46岁						11		1	5	5
47岁	1				1	10	2			8
48岁						8			3	5
49岁	1				1	7		1	5	1
50岁						10		1	4	5
51岁						2		1	1	
52岁						4			2	2
53岁						8			2	6
54岁						3				3

3-2 续表 5

单位：人

年 龄	言语残疾					肢体残疾				
	小计	一级	二级	三级	四级	小计	一级	二级	三级	四级
55岁						10	1	1	1	7
56岁	1		1			8		1	2	5
57岁						5			5	
58岁						8			4	4
59岁						14	1	3	2	8
60岁						14		1	4	9
61岁						3			1	2
62岁						8	2		2	4
63岁						10			3	7
64岁						6	1		3	2
65岁						9			3	6
66岁						6			3	3
67岁						11	1	1	4	5
68岁						7			3	4
69岁						12	1	3	5	3
70岁						5		1	3	1
71岁						8	1	1	1	5
72岁						8	2	2	3	1
73岁						7	1	1	2	3
74岁						6	1		1	4
75岁						4	1			3
76岁						3	1			2
77岁						3				3
78岁						2				2
79岁						2	1		1	
80岁						1			1	
81岁										
82岁										
83岁						2		1	1	
84岁										
85+						1			1	

3-2 续表 6

单位：人

年龄	智力残疾					精神残疾				
	小计	一级	二级	三级	四级	小计	一级	二级	三级	四级
总计	**35**	**1**	**3**	**10**	**21**	**58**	**20**	**9**	**7**	**22**
0岁	1				1					
1岁	2				2					
2岁	1				1					
3岁	3			1	2					
4岁	3			1	2					
5岁	1				1					
6岁	3			1	2					
7岁										
8岁	2		1		1	2		1		1
9岁	1				1	1				1
10岁	1				1					
11岁						2				2
12岁	2			2						
13岁						2	1			1
14岁	1		1			2		1		1
15岁						3			1	2
16岁										
17岁	1			1		1			1	
18岁						4		1		3
19岁										
20岁	1		1			1				1
21岁						1		1		
22岁						1			1	
23岁						1		1		
24岁										
25岁						2	1		1	
26岁						1	1			

3-2 续表 7

单位：人

年　龄	智力残疾					精神残疾				
	小计	一级	二级	三级	四级	小计	一级	二级	三级	四级
27岁	1	1								
28岁	1				1	2	2			
29岁						1		1		
30岁										
31岁										
32岁	1			1		1	1			
33岁	1				1	1				1
34岁						2	1	1		
35岁						3	1	1		1
36岁						1	1			
37岁	1				1	1		1		
38岁						1	1			
39岁										
40岁						2	1		1	
41岁						1	1			
42岁						1	1			
43岁						2	1			1
44岁						2	1			1
45岁										
46岁						2			1	1
47岁	1				1					
48岁						1				1
49岁						1			1	
50岁										
51岁						1	1			
52岁										
53岁	1			1		1	1			
54岁						1				1

3-2 续表 8

单位：人

年龄	智力残疾 小计	智力残疾 一级	智力残疾 二级	智力残疾 三级	智力残疾 四级	精神残疾 小计	精神残疾 一级	精神残疾 二级	精神残疾 三级	精神残疾 四级
55岁										
56岁	1				1					
57岁						1	1			
58岁										
59岁										
60岁										
61岁										
62岁	1				1					
63岁						2	1			1
64岁	1			1						
65岁										
66岁						1				1
67岁										
68岁	1				1					
69岁						1	1			
70岁										
71岁										
72岁	1			1						
73岁						1				1
74岁										
75岁										
76岁										
77岁										
78岁										
79岁										
80岁										
81岁										
82岁										
83岁										
84岁										
85+										

3-2 续表 9

单位：人

年 龄	多重残疾				
	小计	一级	二级	三级	四级
总 计	**291**	**149**	**42**	**67**	**33**
0岁					
1岁	1		1		
2岁					
3岁	2	2			
4岁	3	1	1	1	
5岁	4	2		2	
6岁	2	2			
7岁	1	1			
8岁	5	3	1		1
9岁	4	2	2		
10岁	3	2		1	
11岁	3	1	1	1	
12岁	2	1	1		
13岁	3	3			
14岁	3	1	2		
15岁	3	2		1	
16岁	7	4	1	1	1
17岁	4	3		1	
18岁	2	1	1		
19岁	4	4			
20岁	1	1			
21岁	1	1			
22岁					
23岁	1	1			
24岁	2	2			
25岁	4	3		1	
26岁	3	3			

3-2 续表 10

单位：人

年 龄	多重残疾				
	小计	一级	二级	三级	四级
27岁	2	2			
28岁	6	6			
29岁					
30岁	5	5			
31岁	2	1	1		
32岁	1			1	
33岁	4	3		1	
34岁	4	3	1		
35岁	6	4		2	
36岁	2	2			
37岁	2	1	1		
38岁	3	2		1	
39岁	1	1			
40岁	6	3		2	1
41岁	4	3			1
42岁	5	5			
43岁	3	2			1
44岁	2	1	1		
45岁					
46岁	2	2			
47岁	10	6	2	2	
48岁	1	1			
49岁	3	3			
50岁	2		1	1	
51岁	3	2	1		
52岁	5	4	1		
53岁					
54岁	2	1	1		

3-2 续表 11

单位：人

年龄	多重残疾				
	小计	一级	二级	三级	四级
55岁	3	2			1
56岁	2	2			
57岁	2	1		1	
58岁	1			1	
59岁	2	1	1		
60岁	2	1		1	
61岁	3		1	1	1
62岁	3	3			
63岁	2			2	
64岁	5	2	1	1	1
65岁	6	2		3	1
66岁	5	3		1	1
67岁	3			1	2
68岁	7		2	2	3
69岁	3			2	1
70岁	5	3		1	1
71岁	4	1		1	2
72岁	4			3	1
73岁	6	1	1	3	1
74岁	5	1	2		2
75岁	4		1	3	
76岁	8	5	1	1	1
77岁	5		1	3	1
78岁	7		1	5	1
79岁	9	1	2	4	2
80岁	4	1		2	1
81岁	5	1	1	1	2
82岁	4	1		2	1
83岁	3	2		1	
84岁	4	1	2	1	
85+	11	5	4	1	1

3-2a 残疾人分残疾类别、残疾等级的年龄构成(男性)

单位：人

年 龄	视力残疾					听力残疾				
	小计	一级	二级	三级	四级	小计	一级	二级	三级	四级
总 计	**128**	**15**	**18**	**45**	**50**	**183**	**14**	**12**	**70**	**87**
0岁										
1岁										
2岁	1	1								
3岁										
4岁						1			1	
5岁										
6岁	1				1					
7岁						1				1
8岁	2			1	1	3	1			2
9岁	3			2	1	1				1
10岁	1			1		3	2		1	
11岁	1				1	2				2
12岁						3				3
13岁						2	1		1	
14岁	1				1					
15岁						1				1
16岁						2				2
17岁						4	1			3
18岁	2	1			1	2			1	1
19岁	1		1							
20岁	2	1		1						
21岁	1				1	1				1
22岁	1				1	1				1
23岁	1	1								
24岁	1			1						
25岁						1				1
26岁										

3-2a 续表 1

单位：人

年 龄	视力残疾					听力残疾				
	小计	一级	二级	三级	四级	小计	一级	二级	三级	四级
27岁	2				2	2	1		1	
28岁	3		1	1	1					
29岁										
30岁	1				1	1			1	
31岁	1			1						
32岁	1	1								
33岁						1			1	
34岁						1				1
35岁	1			1		3			1	2
36岁	2			1	1	3			1	2
37岁						4				4
38岁	1	1				4	1		2	1
39岁						1				1
40岁	4			2	2	3	1			2
41岁						3			1	2
42岁	1				1	1				1
43岁	1		1			2			1	1
44岁	1		1			2		1		1
45岁	2		1		1	2			1	1
46岁	1			1		1			1	
47岁						2			2	
48岁						3			3	
49岁	1				1	3	1	1		1
50岁	3			2	1	3		1		2
51岁						1				1
52岁						2			2	
53岁	1			1		1				1
54岁	3	2			1	9			3	6

3-2a 续表 2

单位：人

年　龄	视力残疾					听力残疾				
	小计	一级	二级	三级	四级	小计	一级	二级	三级	四级
55岁	3			1	2	3			2	1
56岁	4	1	1	1	1	3			1	2
57岁	1			1		2		1	1	
58岁	3			2	1	10	1	3		6
59岁										
60岁	4			1	3	3	1		2	
61岁	1			1		4			2	2
62岁	4		1	1	2	6		1	3	2
63岁	4			1	3	2	1			1
64岁	5		3		2	7		1	2	4
65岁	5		2	2	1	4			1	3
66岁	2			2		5			2	3
67岁	2				2	5			3	2
68岁	1				1	7		2	5	
69岁	2	1		1		5	1		2	2
70岁	6		2	3	1	6			6	
71岁	5			2	3	3			2	1
72岁	3			2	1	4			1	3
73岁	2		1	1		2			2	
74岁	2			1	1	1				1
75岁	2			1	1	1		1		
76岁	1	1				4	1		2	1
77岁	1			1		3			2	1
78岁	4		1		3	2				2
79岁	3	1		1	1					
80岁	2	1	1			2			2	
81岁	3	1		2						
82岁						2			1	1
83岁										
84岁										
85+	4	1	1	1	1	1			1	

3-2a 续表 3

单位：人

年龄	言语残疾					肢体残疾				
	小计	一级	二级	三级	四级	小计	一级	二级	三级	四级
总 计	**23**	**2**	**5**	**7**	**9**	**234**	**10**	**13**	**69**	**142**
0岁										
1岁										
2岁										
3岁						1				1
4岁						1				1
5岁						1			1	
6岁						2			1	1
7岁						1				1
8岁	1				1	1				1
9岁	2	1			1	1				1
10岁	2			2						
11岁						4			1	3
12岁	1			1		3			1	2
13岁	1		1			5			1	4
14岁	3			2	1	3				3
15岁	4			2	2	6			4	2
16岁						2				2
17岁						2			1	1
18岁	3	1	2			3			2	1
19岁						2				2
20岁						2				2
21岁	1				1					
22岁						2			1	1
23岁	1		1			3	2		1	
24岁	1				1	5			2	3
25岁						1		1		
26岁						3	1		1	1

3-2a 续表 4

单位：人

年 龄	言语残疾					肢体残疾				
	小计	一级	二级	三级	四级	小计	一级	二级	三级	四级
27岁						2		1		1
28岁						5			1	4
29岁						1			1	
30岁						1	1			
31岁						1				1
32岁						4		1		3
33岁						2		1		1
34岁	1		1			3				3
35岁						3				3
36岁						4				4
37岁						2		1		1
38岁						5		1		4
39岁						4				4
40岁	1				1	4			1	3
41岁						3	1		1	1
42岁						3				3
43岁						2	1			1
44岁						5			2	3
45岁						8			1	7
46岁						6			3	3
47岁	1				1	2				2
48岁						6			3	3
49岁						4			4	
50岁						6			3	3
51岁						2		1	1	
52岁						2			1	1
53岁						5			2	3
54岁						1				1

3-2a 续表 5

单位：人

年 龄	言语残疾					肢体残疾				
	小计	一级	二级	三级	四级	小计	一级	二级	三级	四级
55岁						4	1			3
56岁						5		1	2	2
57岁						2			2	
58岁						5			3	2
59岁						7	1	2	1	3
60岁						7			3	4
61岁										
62岁						5			1	4
63岁						4			1	3
64岁						4	1		1	2
65岁						4				4
66岁						5			3	2
67岁						5	1	1		3
68岁						2			1	1
69岁						4		1	3	
70岁						1			1	
71岁						4		1		3
72岁						2			1	1
73岁						4			2	2
74岁						3			1	2
75岁						1				1
76岁						2				2
77岁										
78岁						2				2
79岁										
80岁						1			1	
81岁										
82岁										
83岁										
84岁										
85+						1			1	

3-2a 续表 6

单位：人

年龄	智力残疾					精神残疾				
	小计	一级	二级	三级	四级	小计	一级	二级	三级	四级
总 计	**20**	**1**		**5**	**14**	**20**	**7**	**2**	**2**	**9**
0岁										
1岁	2				2					
2岁	1				1					
3岁	1				1					
4岁	3			1	2					
5岁										
6岁	1				1					
7岁										
8岁										
9岁	1				1	1				1
10岁	1				1					
11岁						1				1
12岁	1			1						
13岁										
14岁						1		1		
15岁						3			1	2
16岁										
17岁	1			1		1			1	
18岁						1				1
19岁										
20岁										
21岁										
22岁										
23岁										
24岁										
25岁										
26岁										

3-2a 续表 7

单位：人

年 龄	智力残疾					精神残疾				
	小计	一级	二级	三级	四级	小计	一级	二级	三级	四级
27岁	1	1								
28岁	1				1	1	1			
29岁										
30岁										
31岁										
32岁	1			1		1	1			
33岁	1				1	1				1
34岁										
35岁						2		1		1
36岁						1	1			
37岁	1				1					
38岁						1	1			
39岁										
40岁						1	1			
41岁										
42岁						1	1			
43岁										
44岁										
45岁										
46岁										
47岁										
48岁										
49岁										
50岁										
51岁										
52岁										
53岁	1			1						
54岁						1				1

3-2a 续表 8

单位：人

年龄	智力残疾					精神残疾				
	小计	一级	二级	三级	四级	小计	一级	二级	三级	四级
55岁										
56岁	1				1					
57岁										
58岁										
59岁										
60岁										
61岁										
62岁	1				1					
63岁						2	1			1
64岁										
65岁										
66岁										
67岁										
68岁										
69岁										
70岁										
71岁										
72岁										
73岁										
74岁										
75岁										
76岁										
77岁										
78岁										
79岁										
80岁										
81岁										
82岁										
83岁										
84岁										
85+										

3-2a 续表 9

单位：人

年 龄	多重残疾				
	小计	一级	二级	三级	四级
总 计	**131**	**69**	**20**	**26**	**16**
0岁					
1岁	1		1		
2岁					
3岁	1	1			
4岁	2	1	1		
5岁	3	1		2	
6岁					
7岁	1	1			
8岁	3	2	1		
9岁	1	1			
10岁	1	1			
11岁					
12岁	1	1			
13岁	2	2			
14岁	1		1		
15岁					
16岁	5	4		1	
17岁	2	2			
18岁	2	1	1		
19岁	3	3			
20岁	1	1			
21岁	1	1			
22岁					
23岁	1	1			
24岁	1	1			
25岁	3	2		1	
26岁	1	1			

3-2a 续表 10

单位：人

年龄	多重残疾				
	小计	一级	二级	三级	四级
27岁	2	2			
28岁					
29岁					
30岁	1	1			
31岁	1		1		
32岁	1			1	
33岁	1	1			
34岁	1	1			
35岁	2	2			
36岁					
37岁	1	1			
38岁					
39岁					
40岁	2	1			1
41岁	3	2			1
42岁	1	1			
43岁	2	1			1
44岁	1	1			
45岁					
46岁	2	2			
47岁	6	3	1	2	
48岁					
49岁					
50岁	2		1	1	
51岁	1		1		
52岁	2	2			
53岁					
54岁	2	1	1		

3-2a 续表 11

单位：人

年龄	多重残疾				
	小计	一级	二级	三级	四级
55岁	2	1			1
56岁					
57岁	1	1			
58岁					
59岁	1	1			
60岁	1			1	
61岁					
62岁	2	2			
63岁					
64岁	3	1	1	1	
65岁	3	2			1
66岁	3	1		1	1
67岁	3			1	2
68岁	1			1	
69岁	1			1	
70岁	2	2			
71岁	1			1	
72岁					
73岁					
74岁	2		2		
75岁	2		1	1	
76岁	6	3	1	1	1
77岁	3		1	2	
78岁	5		1	3	1
79岁	4		1	1	2
80岁	2			1	1
81岁	5	1	1	1	2
82岁	1	1			
83岁	2	1		1	
84岁					
85+	4	2	1		1

3-2b 残疾人分残疾类别、残疾等级的年龄构成(女性)

单位：人

年龄	视力残疾					听力残疾				
	小计	一级	二级	三级	四级	小计	一级	二级	三级	四级
总计	**198**	**22**	**39**	**54**	**83**	**189**	**12**	**12**	**67**	**98**
0岁						1		1		
1岁										
2岁										
3岁										
4岁	1				1					
5岁	2				2					
6岁	2			1	1					
7岁						1			1	
8岁						1			1	
9岁										
10岁										
11岁	1				1					
12岁	2		2			6	2		2	2
13岁	1			1						
14岁	2		1		1	2			2	
15岁						6	1		1	4
16岁	1		1							
17岁	1				1	1			1	
18岁										
19岁										
20岁	1		1							
21岁	2			2		1			1	
22岁						3				3
23岁						2			1	1
24岁										
25岁	2	1	1							
26岁						1			1	

3-2b 续表 1

单位：人

年 龄	视力残疾					听力残疾				
	小计	一级	二级	三级	四级	小计	一级	二级	三级	四级
27岁	1				1	1			1	
28岁										
29岁										
30岁						2				2
31岁										
32岁										
33岁	1				1	4		1		3
34岁						3				3
35岁	1	1				1			1	
36岁						1				1
37岁										
38岁	1			1		1				1
39岁	2	1			1	2				2
40岁						4			3	1
41岁						2			2	
42岁	1	1				4			2	2
43岁	1				1	5	1		2	2
44岁						2			1	1
45岁	1		1			2				2
46岁	2			1	1	3			1	2
47岁						4		1	1	2
48岁						2	1		1	
49岁	1			1		5			3	2
50岁	2		1	1		1			1	
51岁						5			1	4
52岁	6		3	2	1					
53岁	1		1			1			1	
54岁	4		1	3		3			2	1

3-2b 续表 2

单位：人

年 龄	视力残疾					听力残疾				
	小计	一级	二级	三级	四级	小计	一级	二级	三级	四级
55岁	4			3	1	3	1		1	1
56岁	2		1	1		3				3
57岁	3		1		2					
58岁	5		2	1	2	3			2	1
59岁	1	1				5	2		1	2
60岁	5	1	1		3	5			2	3
61岁	4		2		2	7				7
62岁	5		1	2	2	2		1		1
63岁	8			4	4	1		1		
64岁	8		1	1	6	4	1	1		2
65岁	5			1	4	10		1	4	5
66岁	5		1	1	3	2				2
67岁	7		2	2	3	7		2	2	3
68岁	5			2	3	2				2
69岁	6	1			5	7	1		3	3
70岁	7	3	1	1	2	7	1		3	3
71岁	8	1	2	1	4	3		1	1	1
72岁	6		1	2	3	4			3	1
73岁	7		1	1	5	3		1	1	1
74岁	7		2	1	4	4			2	2
75岁	9	1	3	2	3	5				5
76岁	5	1		4		6			4	2
77岁	2			1	1	4			2	2
78岁	6	1	1	2	2	4	1			3
79岁	3		1	2		1		1		
80岁	3	2			1	2				2
81岁	4			1	3					
82岁	5	2		1	2					
83岁	6	3	1	2						
84岁	2	1		1						
85+	2		1	1		2			2	

3-2b 续表 3

单位：人

年 龄	言语残疾					肢体残疾				
	小计	一级	二级	三级	四级	小计	一级	二级	三级	四级
总 计	**19**	**3**	**9**	**5**	**2**	**223**	**18**	**17**	**55**	**133**
0岁										
1岁										
2岁										
3岁	1			1						
4岁	2	1	1			1				1
5岁						2				2
6岁						1				1
7岁	3		2	1		1				1
8岁						1				1
9岁						1				1
10岁	3		2	1		1				1
11岁						1				1
12岁						2			1	1
13岁						2				2
14岁						5		1	2	2
15岁	1		1							
16岁						3	2		1	
17岁						2		1		1
18岁										
19岁						5				5
20岁										
21岁	1		1			1			1	
22岁						2				2
23岁						3			1	2
24岁						3				3
25岁	1		1			4	1		2	1
26岁						4				4

3-2b 续表 4

单位：人

年龄	言语残疾					肢体残疾				
	小计	一级	二级	三级	四级	小计	一级	二级	三级	四级
27岁	1	1				3		1		2
28岁										
29岁						3	1		1	1
30岁						5				5
31岁	1			1		1			1	
32岁						5			1	4
33岁	1			1		3				3
34岁						4		1	2	1
35岁						1			1	
36岁						3			1	2
37岁						3				3
38岁	1	1				4	1			3
39岁						1				1
40岁						3			1	2
41岁	1				1					
42岁						3				3
43岁						4			1	3
44岁						1			1	
45岁						3			1	2
46岁						5		1	2	2
47岁						8	2			6
48岁						2				2
49岁	1				1	3		1	1	1
50岁						4		1	1	2
51岁										
52岁						2			1	1
53岁						3				3
54岁						2				2

3-2b 续表 5

单位：人

年龄	言语残疾					肢体残疾				
	小计	一级	二级	三级	四级	小计	一级	二级	三级	四级
55岁						6		1	1	4
56岁	1		1			3				3
57岁						3			3	
58岁						3			1	2
59岁						7		1	1	5
60岁						7		1	1	5
61岁						3			1	2
62岁						3	2		1	
63岁						6			2	4
64岁						2			2	
65岁						5			3	2
66岁						1				1
67岁						6			4	2
68岁						5			2	3
69岁						8	1	2	2	3
70岁						4		1	2	1
71岁						4	1		1	2
72岁						6	2	2	2	
73岁						3	1	1		1
74岁						3	1			2
75岁						3	1			2
76岁						1	1			
77岁						3				3
78岁										
79岁						2	1		1	
80岁										
81岁										
82岁										
83岁						2		1	1	
84岁										
85+										

3-2b 续表 6

单位：人

年 龄	智力残疾					精神残疾				
	小计	一级	二级	三级	四级	小计	一级	二级	三级	四级
总 计	**15**		**3**	**5**	**7**	**38**	**13**	**7**	**5**	**13**
0岁	1				1					
1岁										
2岁										
3岁	2			1	1					
4岁										
5岁	1				1					
6岁	2			1	1					
7岁										
8岁	2		1		1	2		1		1
9岁										
10岁										
11岁						1				1
12岁	1			1						
13岁						2	1			1
14岁	1		1			1				1
15岁										
16岁										
17岁										
18岁						3		1		2
19岁										
20岁	1		1			1				1
21岁						1		1		
22岁						1			1	
23岁						1		1		
24岁										
25岁						2	1		1	
26岁						1	1			

3–2b 续表 7

单位：人

年 龄	智力残疾					精神残疾				
	小计	一级	二级	三级	四级	小计	一级	二级	三级	四级
27岁										
28岁						1	1			
29岁						1		1		
30岁										
31岁										
32岁										
33岁										
34岁						2	1	1		
35岁						1	1			
36岁										
37岁						1		1		
38岁										
39岁										
40岁						1			1	
41岁						1	1			
42岁										
43岁						2	1			1
44岁						2	1			1
45岁										
46岁						2			1	1
47岁	1				1					
48岁						1				1
49岁						1			1	
50岁										
51岁						1	1			
52岁										
53岁						1	1			
54岁										

3-2b 续表 8

单位：人

年龄	智力残疾					精神残疾				
	小计	一级	二级	三级	四级	小计	一级	二级	三级	四级
55岁										
56岁										
57岁						1	1			
58岁										
59岁										
60岁										
61岁										
62岁										
63岁										
64岁	1			1						
65岁										
66岁						1				1
67岁										
68岁	1				1					
69岁						1	1			
70岁										
71岁										
72岁	1			1						
73岁						1				1
74岁										
75岁										
76岁										
77岁										
78岁										
79岁										
80岁										
81岁										
82岁										
83岁										
84岁										
85+										

3-2b 续表 9

单位：人

年 龄	多重残疾				
	小计	一级	二级	三级	四级
总 计	**160**	**80**	**22**	**41**	**17**
0岁					
1岁					
2岁					
3岁	1	1			
4岁	1			1	
5岁	1	1			
6岁	2	2			
7岁					
8岁	2	1			1
9岁	3	1	2		
10岁	2	1		1	
11岁	3	1	1	1	
12岁	1		1		
13岁	1	1			
14岁	2	1	1		
15岁	3	2		1	
16岁	2		1		1
17岁	2	1		1	
18岁					
19岁	1	1			
20岁					
21岁					
22岁					
23岁					
24岁	1	1			
25岁	1	1			
26岁	2	2			

3-2b 续表 10

单位：人

年龄	多重残疾				
	小计	一级	二级	三级	四级
27岁					
28岁	6	6			
29岁					
30岁	4	4			
31岁	1	1			
32岁					
33岁	3	2		1	
34岁	3	2	1		
35岁	4	2		2	
36岁	2	2			
37岁	1		1		
38岁	3	2		1	
39岁	1	1			
40岁	4	2		2	
41岁	1	1			
42岁	4	4			
43岁	1	1			
44岁	1		1		
45岁					
46岁					
47岁	4	3	1		
48岁	1	1			
49岁	3	3			
50岁					
51岁	2	2			
52岁	3	2	1		
53岁					
54岁					

3-2b 续表 11

单位：人

年龄	多重残疾				
	小计	一级	二级	三级	四级
55岁	1	1			
56岁	2	2			
57岁	1			1	
58岁	1			1	
59岁	1		1		
60岁	1	1			
61岁	3		1	1	1
62岁	1	1			
63岁	2			2	
64岁	2	1			1
65岁	3			3	
66岁	2	2			
67岁					
68岁	6		2	1	3
69岁	2			1	1
70岁	3	1		1	1
71岁	3	1			2
72岁	4			3	1
73岁	6	1	1	3	1
74岁	3	1			2
75岁	2			2	
76岁	2	2			
77岁	2			1	1
78岁	2			2	
79岁	5	1	1	3	
80岁	2	1		1	
81岁					
82岁	3			2	1
83岁	1	1			
84岁	4	1	2	1	
85+	7	3	3	1	

3–3 各地区多重残疾人分残疾类别、残疾等级的分布

单位：人

地区	视力残疾					听力残疾				
	小计	一级	二级	三级	四级	小计	一级	二级	三级	四级
总计	**120**	**21**	**21**	**31**	**47**	**202**	**79**	**15**	**54**	**54**
拉萨市城关区	34	6	4	5	19	33	5	3	12	13
昌都地区察雅县	11	2		1	8	36	23	2	10	1
山南地区琼结县	33	6	3	7	17	63	17	2	22	22
日喀则地区南木林县	7	1	1	5		12	9		2	1
日喀则地区白朗县	10	4	1	3	2	19	8	5	3	3
那曲地区索县	25	2	12	10	1	39	17	3	5	14

3–3 续表 1

单位：人

地区	言语残疾					肢体残疾				
	小计	一级	二级	三级	四级	小计	一级	二级	三级	四级
总计	**125**	**87**	**18**	**12**	**8**	**73**	**12**	**11**	**16**	**34**
拉萨市城关区	16	11	1	2	2	14	2	1	6	5
昌都地区察雅县	25	21	3	1		9	1	3	1	4
山南地区琼结县	30	14	6	5	5	14	2	1	2	9
日喀则地区南木林县	11	7	3	1		2	1			1
日喀则地区白朗县	10	9		1		4		1	1	2
那曲地区索县	33	25	5	2	1	30	6	5	6	13

3-3 续表 2

单位：人

地 区	智力残疾					精神残疾				
	小计	一级	二级	三级	四级	小计	一级	二级	三级	四级
总 计	**79**	**19**	**20**	**27**	**13**	**47**	**29**	**8**	**8**	**2**
拉萨市城关区	11	2	4	3	2	12	9	1	1	1
昌都地区察雅县	5	1	2	2		9	6	2		1
山南地区琼结县	21	6	1	8	6	9	6	2	1	
日喀则地区南木林县	13	1	3	7	2	11	3	2	6	
日喀则地区白朗县	7		3	3	1					
那曲地区索县	22	9	7	4	2	6	5	1		

3-3a 各地区城镇多重残疾人分残疾类别、残疾等级的分布

单位：人

地 区	视力残疾					听力残疾				
	小计	一级	二级	三级	四级	小计	一级	二级	三级	四级
总 计	**41**	**8**	**3**	**8**	**22**	**46**	**8**	**3**	**17**	**18**
拉萨市城关区	32	6	3	5	18	29	3	2	11	13
昌都地区察雅县										
山南地区琼结县	9	2		3	4	17	5	1	6	5
日喀则地区南木林县										
日喀则地区白朗县										
那曲地区索县										

3-3a 续表 1

单位：人

地 区	言语残疾					肢体残疾				
	小计	一级	二级	三级	四级	小计	一级	二级	三级	四级
总 计	**23**	**17**	**1**	**3**	**2**	**19**	**3**	**1**	**7**	**8**
拉萨市城关区	12	9	1		2	13	2	1	6	4
昌都地区察雅县										
山南地区琼结县	11	8		3		6	1		1	4
日喀则地区南木林县										
日喀则地区白朗县										
那曲地区索县										

3-3a 续表 2

单位：人

地 区	智力残疾					精神残疾				
	小计	一级	二级	三级	四级	小计	一级	二级	三级	四级
总 计	**19**	**5**	**5**	**6**	**3**	**17**	**12**	**3**	**1**	**1**
拉萨市城关区	10	2	4	2	2	11	9	1		1
昌都地区察雅县										
山南地区琼结县	9	3	1	4	1	6	3	2	1	
日喀则地区南木林县										
日喀则地区白朗县										
那曲地区索县										

3-3b 各地区农村多重残疾人分残疾类别、残疾等级的分布

单位：人

地 区	视力残疾					听力残疾				
	小计	一级	二级	三级	四级	小计	一级	二级	三级	四级
总 计	**79**	**13**	**18**	**23**	**25**	**156**	**71**	**12**	**37**	**36**
拉萨市城关区	2		1		1	4	2	1	1	
昌都地区察雅县	11	2		1	8	36	23	2	10	1
山南地区琼结县	24	4	3	4	13	46	12	1	16	17
日喀则地区南木林县	7	1	1	5		12	9		2	1
日喀则地区白朗县	10	4	1	3	2	19	8	5	3	3
那曲地区索县	25	2	12	10	1	39	17	3	5	14

3-3b 续表 1

单位：人

地 区	言语残疾					肢体残疾				
	小计	一级	二级	三级	四级	小计	一级	二级	三级	四级
总 计	**102**	**70**	**17**	**9**	**6**	**54**	**9**	**10**	**9**	**26**
拉萨市城关区	4	2		2		1				1
昌都地区察雅县	25	21	3	1		9	1	3	1	4
山南地区琼结县	19	6	6	2	5	8	1	1	1	5
日喀则地区南木林县	11	7	3	1		2	1			1
日喀则地区白朗县	10	9		1		4		1	1	2
那曲地区索县	33	25	5	2	1	30	6	5	6	13

3-3b 续表 2

单位：人

地 区	智力残疾					精神残疾				
	小计	一级	二级	三级	四级	小计	一级	二级	三级	四级
总 计	**60**	**14**	**15**	**21**	**10**	**30**	**17**	**5**	**7**	**1**
拉萨市城关区	1			1		1			1	
昌都地区察雅县	5	1	2	2		9	6	2		1
山南地区琼结县	12	3		4	5	3	3			
日喀则地区南木林县	13	1	3	7	2	11	3	2	6	
日喀则地区白朗县	7		3	3	1					
那曲地区索县	22	9	7	4	2	6	5	1		

3-4 多重残疾人分残疾类别、残疾等级的年龄构成

单位：人

年龄	视力残疾					听力残疾				
	小计	一级	二级	三级	四级	小计	一级	二级	三级	四级
总计	**120**	**21**	**21**	**31**	**47**	**202**	**79**	**15**	**54**	**54**
0岁										
1岁										
2岁										
3岁										
4岁	1		1							
5岁						2	1	1		
6岁										
7岁										
8岁	1		1			4	3			1
9岁	1		1							
10岁						3	2			1
11岁						1	1			
12岁						2	1			1
13岁						1	1			
14岁						1		1		
15岁										
16岁	3	1		1	1	2	1			1
17岁	1			1						
18岁										
19岁						1	1			
20岁						1		1		
21岁										
22岁										
23岁						1	1			
24岁						2	2			
25岁						1	1			
26岁						2	2			

3-4 续表 1

单位：人

年 龄	视力残疾					听力残疾				
	小计	一级	二级	三级	四级	小计	一级	二级	三级	四级
27岁						1	1			
28岁						4	4			
29岁										
30岁	1	1				5	4		1	
31岁						2	1		1	
32岁						1			1	
33岁						2	2			
34岁						3	1	1		1
35岁	1				1	5	3		2	
36岁						1	1			
37岁						2		2		
38岁						2			2	
39岁										
40岁						5	3		1	1
41岁						2	1			1
42岁						5	5			
43岁	1				1	2	2			
44岁						1			1	
45岁										
46岁						2	2			
47岁	2			2		6	5	1		
48岁	1	1				1			1	
49岁						3	3			
50岁	1			1		2		1	1	
51岁						3	2		1	
52岁	1		1			4	4			
53岁										
54岁	1		1			1	1			

3-4 续表 2

单位：人

年龄	视力残疾					听力残疾				
	小计	一级	二级	三级	四级	小计	一级	二级	三级	四级
55岁						3	1		1	1
56岁						2	2			
57岁						2			1	1
58岁	1				1	1			1	
59岁	1				1	1	1			
60岁	1	1				2			2	
61岁	2			1	1	3		1	1	1
62岁	2			1	1	1	1			
63岁	1			1		2				2
64岁	3		1		2	4	1		1	2
65岁	5			3	2	3	1		1	1
66岁	2	1			1	3	1			2
67岁	3			1	2	2				2
68岁	5		1	1	3	7		1	2	4
69岁	3			2	1	2				2
70岁	3	1	1	1		5	3			2
71岁	2			1	1	4			1	3
72岁	3			1	2	3			1	2
73岁	5	1	1	1	2	4			2	2
74岁	4		2		2	4			1	3
75岁	3			2	1	3		1	1	1
76岁	7	3	1	2	1	5	2		1	2
77岁	4		1	2	1	4			3	1
78岁	7			1	6	6		1	4	1
79岁	8	1	2	2	3	9		1	5	3
80岁	4	1			3	4			3	1
81岁	4	1		1	2	4		1	1	2
82岁	4	1		1	2	3	1		1	1
83岁	3	2			1	3			3	
84岁	4	1	1		2	4		1	1	2
85+	10	4	5	1		10	3		4	3

3-4 续表 3

单位：人

年龄	言语残疾					肢体残疾				
	小计	一级	二级	三级	四级	小计	一级	二级	三级	四级
总计	**125**	**87**	**18**	**12**	**8**	**73**	**12**	**11**	**16**	**34**
0岁										
1岁						1				1
2岁										
3岁	2	2								
4岁	2	1		1		1	1			
5岁	3	2		1						
6岁	1	1				2	1		1	
7岁	1	1				1		1		
8岁	3	2	1			2				2
9岁	3	1	1	1		1			1	
10岁	2	2				2	1		1	
11岁	1				1					
12岁	2	1	1							
13岁	3	3				1	1			
14岁	2	1	1			1		1		
15岁	1	1								
16岁	3	2			1	1			1	
17岁	3	2		1		1	1			
18岁	1	1				2		1		1
19岁	4	3	1			1		1		
20岁	1	1								
21岁										
22岁										
23岁	1	1								
24岁	2	2								
25岁	2	2								
26岁	3	3								

3-4 续表 4

单位：人

年龄	言语残疾					肢体残疾				
	小计	一级	二级	三级	四级	小计	一级	二级	三级	四级
27岁	2	2								
28岁	6	3	2	1						
29岁										
30岁	5	4			1					
31岁	2	1	1							
32岁	1				1					
33岁	3	2	1			1				1
34岁	3	2	1							
35岁	4	2	1	1		1				1
36岁	1	1								
37岁	1	1								
38岁	2			2						
39岁	1	1								
40岁	4	2	1	1		1				1
41岁	3	2			1	1				1
42岁	5	3	2							
43岁	2	2				1				1
44岁						1			1	
45岁										
46岁	2	2								
47岁	5	3	1		1	3		2		1
48岁										
49岁	3	1	2							
50岁										
51岁	2	2				1		1		
52岁	4	4				1				1
53岁										
54岁	1	1				1		1		

3-4 续表 5

单位：人

年 龄	言语残疾					肢体残疾				
	小计	一级	二级	三级	四级	小计	一级	二级	三级	四级
55岁	2	2				1				1
56岁	2	1	1							
57岁	1			1		1	1			
58岁										
59岁	1	1				1		1		
60岁	1				1					
61岁	1			1						
62岁	2	2				1	1			
63岁						1			1	
64岁	1	1				2	1		1	
65岁	1			1		3	1		1	1
66岁	3	2			1	1			1	
67岁						1			1	
68岁						2		1		1
69岁						2				2
70岁	1	1				2	1			1
71岁						2	1			1
72岁						2			2	
73岁						2			1	1
74岁	1	1				2				2
75岁										
76岁						4		1	1	2
77岁						2				2
78岁						1				1
79岁						2				2
80岁										
81岁						2			1	1
82岁						1				1
83岁						1				1
84岁						1				1
85+						4	1		1	2

3-4 续表 6

单位：人

年　龄	智力残疾					精神残疾				
	小计	一级	二级	三级	四级	小计	一级	二级	三级	四级
总　计	**79**	**19**	**20**	**27**	**13**	**47**	**29**	**8**	**8**	**2**
0岁										
1岁	1		1			1		1		
2岁										
3岁	2		2			1		1		
4岁	3		1	1	1					
5岁	3			3		1			1	
6岁	2	2								
7岁	1	1								
8岁	1		1							
9岁	3	2	1			1			1	
10岁	1	1								
11岁	2		1	1		2		1	1	
12岁	1			1						
13岁	2	2				2	2			
14岁	3		1	1	1	1		1		
15岁	2	1		1		3	2		1	
16岁	5	1		3	1	4	1	1	2	
17岁	3	1	1	1		3	3			
18岁	1		1							
19岁	3	2	1			1	1			
20岁	1		1							
21岁	1			1		1	1			
22岁										
23岁										
24岁										
25岁	3		2	1		3	2			1
26岁						1	1			

3-4 续表 7

单位：人

年 龄	智力残疾					精神残疾				
	小计	一级	二级	三级	四级	小计	一级	二级	三级	四级
27岁	2		1	1						
28岁	2			2		2	2			
29岁										
30岁	2	1	1			1	1			
31岁	1				1					
32岁										
33岁	2		1	1						
34岁	2	1		1		1	1			
35岁	2				2	2	2			
36岁	1		1			1	1			
37岁	1			1						
38岁	2			2		2	2			
39岁	1	1								
40岁	1				1	2			1	1
41岁	2			1	1	1	1			
42岁	1			1						
43岁						1	1			
44岁	2		1		1	2	1	1		
45岁										
46岁										
47岁	4	1	1		2	3	1	2		
48岁										
49岁										
50岁	1				1					
51岁	1				1					
52岁	1			1		1	1			
53岁										
54岁										

3-4 续表 8

单位：人

年 龄	智力残疾					精神残疾				
	小计	一级	二级	三级	四级	小计	一级	二级	三级	四级
55岁										
56岁										
57岁										
58岁										
59岁										
60岁										
61岁										
62岁	1	1				1	1			
63岁										
64岁										
65岁										
66岁	1	1				1	1			
67岁										
68岁										
69岁										
70岁										
71岁										
72岁										
73岁	1			1						
74岁										
75岁	1			1		1			1	
76岁										
77岁										
78岁										
79岁										
80岁										
81岁										
82岁										
83岁										
84岁										
85+										

3-5 残疾(含多重)人分残疾类别、残疾等级的残疾发现年龄

单位：人

残疾发现年龄	视力残疾					听力残疾				
	小计	一级	二级	三级	四级	小计	一级	二级	三级	四级
总　计	**446**	**58**	**78**	**130**	**180**	**574**	**105**	**39**	**191**	**239**
0岁	11	3	3	2	3	23	14	4	4	1
1岁	1	1				15	7	1	3	4
2岁	2	1			1	19	13		3	3
3岁	5	1		1	3	19	13	1	2	3
4岁	3	1	1		1	19	11		3	5
5岁	5	1		3	1	11	3	3	3	2
6岁	2				2	9	2		2	5
7岁	4			1	3	15	5	1	3	6
8岁						15	4	2	6	3
9岁	5		2	1	2	5	3			2
10岁	3	1			2	14	6	1	2	5
11岁	1		1			6	2		1	3
12岁	1		1			4	2	1	1	
13岁	3		2		1	9	2	1	2	4
14岁	2			1	1	3			2	1
15岁	1			1		7	2		4	1
16岁	4			4		3			1	2
17岁	3		1		2	3			1	2
18岁	1				1	3			1	2
19岁	1		1			5				5
20岁	1			1		10		1	7	2
21岁	2	1		1		2			1	1
22岁	1	1				1			1	
23岁						1				1
24岁	1	1				2			2	
25岁	4		1	1	2	2				2
26岁	1	1				1				1

3-5 续表 1

单位：人

残疾发现年龄	视力残疾					听力残疾				
	小计	一级	二级	三级	四级	小计	一级	二级	三级	四级
27岁						3			2	1
28岁	2			1	1	4		1	1	2
29岁	1			1		2				2
30岁	2	1		1		7	1	1	4	1
31岁						6		1	1	4
32岁	1	1				4	2		1	1
33岁	2			1	1	2			1	1
34岁	2			1	1	1				1
35岁						4			3	1
36岁	3	1			2	4			2	2
37岁	1				1	3			2	1
38岁	2			1	1	3			2	1
39岁	1		1			6			3	3
40岁	2		1	1		6	1		3	2
41岁	2				2	6		2	2	2
42岁	7	1	2	3	1	3				3
43岁	1		1			3	2	1		
44岁	3	1		1	1	2		1		1
45岁	1			1		3				3
46岁	3	1	1	1		1		1		
47岁	6	2	1	2	1	1			1	
48岁	5	1	2	1	1	3			3	
49岁	6		3	2	1	6			1	5
50岁	6	1	1	3	1	4		1		3
51岁	5	1		3	1	4				4
52岁	5		1	2	2	6			4	2
53岁	3	1		1	1	10				10
54岁	9	1	1	3	4	8			3	5

3-5 续表 2

单位：人

残疾发现年龄	视力残疾					听力残疾				
	小计	一级	二级	三级	四级	小计	一级	二级	三级	四级
55岁	10		3	3	4	7			3	4
56岁	9		3	2	4	7		1	2	4
57岁	12		4	5	3	6		1	3	2
58岁	3		1	1	1	8		1	3	4
59岁	9		1	3	5	7			4	3
60岁	11	1	3	3	4	14	1	2	2	9
61岁	13		2	3	8	9	2		1	6
62岁	15			6	9	13	1	1	2	9
63岁	18	1	1	4	12	12		1	6	5
64岁	7		2	1	4	12		3	5	4
65岁	13	2	2	5	4	9			6	3
66岁	11		3	3	5	10	1		6	3
67岁	7		1	3	3	10			6	4
68岁	11		1	1	9	9			2	7
69岁	11		1	2	8	10			4	6
70岁	12	2	2	6	2	8		2	3	3
71岁	10	3	2	2	3	9	1		4	4
72岁	9		2	2	5	4	1	1		2
73岁	13	1	3	3	6	8		1	4	3
74岁	15	3	3	6	3	12			10	2
75岁	13	4		3	6	10			4	6
76岁	6		1	1	4	7			3	4
77岁	7	2	1	2	2	5	1		2	2
78岁	14	1	1	5	7	7			3	4
79岁	10	3	2	1	4	4				4
80岁	7	2	1	2	2	1			1	
81岁	6	2			4	4			2	2
82岁	8	4	1	2	1	2			1	1
83岁						3			3	
84岁	4		1	3		2	1			1
85+	3	1	2			4	1		2	1

3-5 续表 3

单位：人

残疾发现年龄	言语残疾					肢体残疾				
	小计	一级	二级	三级	四级	小计	一级	二级	三级	四级
总　计	**167**	**92**	**32**	**24**	**19**	**530**	**40**	**41**	**140**	**309**
0岁	16	11	3		2	53	5	8	10	30
1岁	24	14	3	4	3	25	3		10	12
2岁	48	22	11	12	3	21		1	5	15
3岁	24	13	4	2	5	13	1	1	3	8
4岁	16	12	1	3		12	2	1	2	7
5岁	5	3	1		1	6			1	5
6岁	2	1	1			5			1	4
7岁	6	3	1	1	1	7			1	6
8岁	2	1	1			9	1	1	2	5
9岁	2	1	1			6			1	5
10岁	5	2	2		1	5			1	4
11岁	1	1				4			1	3
12岁	1				1	5			2	3
13岁	3	3				12	1		1	10
14岁	1		1			4			1	3
15岁	3	1	1	1		4			1	3
16岁	1				1	7				7
17岁	1		1			2				2
18岁						4	1		1	2
19岁						3			1	2
20岁						9		1	4	4
21岁						5	2		1	2
22岁						4		2		2
23岁						7	2		2	3
24岁						7		1	2	4
25岁						7			1	6
26岁						4		1		3

3-5 续表 4

单位：人

残疾发现年龄	言语残疾					肢体残疾				
	小计	一级	二级	三级	四级	小计	一级	二级	三级	四级
27岁						7	2	1		4
28岁						9	1		1	7
29岁						2				2
30岁						5	1	1	3	
31岁						5			2	3
32岁	1	1				2				2
33岁						4			2	2
34岁						6			4	2
35岁						2				2
36岁						7			3	4
37岁						4			1	3
38岁						12		2		10
39岁						3			2	1
40岁						4			1	3
41岁						7		1	2	4
42岁						7			3	4
43岁						7		2	2	3
44岁						6		1	1	4
45岁						10	1	1	4	4
46岁						3		1		2
47岁						6		1	3	2
48岁						7		1	1	5
49岁						5			4	1
50岁						6	1		2	3
51岁						5			4	1
52岁						10	2	2	2	4
53岁						4		1	1	2
54岁						1				1

3-5 续表 5

单位：人

残疾发现年龄	言语残疾					肢体残疾				
	小计	一级	二级	三级	四级	小计	一级	二级	三级	四级
55岁						5	1			4
56岁						10	2		1	7
57岁						9	1	2	4	2
58岁	1				1	9	1	1	3	4
59岁	1			1		8	2		4	2
60岁						9	1		2	6
61岁	1	1				7		1	4	2
62岁	1	1				6	1		3	2
63岁						2			1	1
64岁						7		1	1	5
65岁						9	2		4	3
66岁						7		1	3	3
67岁						4	1		1	2
68岁						5		1	2	2
69岁						2			1	1
70岁						2				2
71岁	1	1				2				2
72岁						3		1		2
73岁						1				1
74岁										
75岁						5	1			4
76岁						2				2
77岁										
78岁						5	1	1	1	2
79岁										
80岁										
81岁						1				1
82岁										
83岁										
84岁						1				1
85+						3			2	1

3-5 续表 6

单位：人

残疾发现年龄	视力残疾					精神残疾				
	小计	一级	二级	三级	四级	小计	一级	二级	三级	四级
总　计	**446**	**58**	**78**	**130**	**180**	**105**	**49**	**17**	**15**	**24**
0岁	11	3	3	2	3	8	4	1	1	2
1岁	1	1				4	2		1	1
2岁	2	1			1	5	3	1	1	
3岁	5	1		1	3	5	2		1	2
4岁	3	1	1		1	3	1	1	1	
5岁	5	1		3	1	3		1		2
6岁	2				2	3		1	1	1
7岁	4			1	3	2	1	1		
8岁						3	1		1	1
9岁	5		2	1	2	2	1			1
10岁	3	1			2	3	1		1	1
11岁	1		1			2	2			
12岁	1		1			5	1	3		1
13岁	3		2		1	6	5		1	
14岁	2			1	1					
15岁	1			1						
16岁	4			4		6	2	1	1	2
17岁	3		1		2	4	1	1		2
18岁	1				1	1	1			
19岁	1		1			2	1	1		
20岁	1			1		6	5		1	
21岁	2	1		1		1	1			
22岁	1	1				5	4	1		
23岁										
24岁	1	1				1	1			
25岁	4		1	1	2					
26岁	1	1								

3-5 续表 7

单位：人

残疾发现年龄	视力残疾					精神残疾				
	小计	一级	二级	三级	四级	小计	一级	二级	三级	四级
27岁										
28岁	2			1	1	2	1	1		
29岁	1			1		1	1			
30岁	2	1		1		3	2	1		
31岁										
32岁	1	1								
33岁	2			1	1					
34岁	2			1	1	1			1	
35岁										
36岁	3	1			2					
37岁	1				1	1				1
38岁	2			1	1	3		1		2
39岁	1		1							
40岁	2		1	1		2		1		1
41岁	2				2					
42岁	7	1	2	3	1					
43岁	1		1			1	1			
44岁	3	1		1	1	1			1	
45岁	1			1		2	1			1
46岁	3	1	1	1		2			1	1
47岁	6	2	1	2	1					
48岁	5	1	2	1	1					
49岁	6		3	2	1					
50岁	6	1	1	3	1					
51岁	5	1		3	1					
52岁	5		1	2	2					
53岁	3	1		1	1					
54岁	9	1	1	3	4					

3-5 续表 8

单位：人

残疾发现年龄	视力残疾					精神残疾				
	小计	一级	二级	三级	四级	小计	一级	二级	三级	四级
55岁	10		3	3	4					
56岁	9		3	2	4					
57岁	12		4	5	3					
58岁	3		1	1	1					
59岁	9		1	3	5	1				1
60岁	11	1	3	3	4					
61岁	13		2	3	8	1				1
62岁	15			6	9	1	1			
63岁	18	1	1	4	12					
64岁	7		2	1	4					
65岁	13	2	2	5	4	1	1			
66岁	11		3	3	5					
67岁	7		1	3	3					
68岁	11		1	1	9					
69岁	11		1	2	8	1	1			
70岁	12	2	2	6	2					
71岁	10	3	2	2	3					
72岁	9		2	2	5	1			1	
73岁	13	1	3	3	6					
74岁	15	3	3	6	3					
75岁	13	4		3	6					
76岁	6		1	1	4					
77岁	7	2	1	2	2					
78岁	14	1	1	5	7					
79岁	10	3	2	1	4					
80岁	7	2	1	2	2					
81岁	6	2			4					
82岁	8	4	1	2	1					
83岁										
84岁	4		1	3						
85+	3	1	2							

3-6 视力残疾(含多重)人分城乡、残疾等级的主要致残原因

单位：人

致残主要原因	合计			残疾一级		
	合计	城市	农村	小计	城市	农村
总　　计	**446**	**123**	**323**	**58**	**12**	**46**
致残原因一						
遗传、先天异常或发育障碍	9	1	8	3	1	2
白内障	276	84	192	30	7	23
青光眼	13	6	7	3	1	2
沙眼						
角膜病	39	10	29	3	1	2
视神经病变	27	3	24	6		6
视网膜、色素膜病变	24	9	15	7	2	5
屈光不正	8	4	4			
弱势	22	5	17			
外伤	13	1	12	4		4
中毒						
其他	5		5			
原因不明	10		10	2		2
致残原因二						
遗传、先天异常或发育障碍						
白内障						
青光眼	4	1	3	3	1	2
沙眼	1		1			
角膜病	14	5	9	4	1	3
视神经病变	1		1	1		1
视网膜、色素膜病变	1		1			
屈光不正						
弱势	1		1			
外伤	4		4			
中毒						
其他						
原因不明						

3-6 续表

单位：人

致残主要原因	残疾二级			残疾三级			残疾四级		
	小计	城市	农村	小计	城市	农村	小计	城市	农村
总　　计	**78**	**13**	**65**	**130**	**26**	**104**	**180**	**72**	**108**
致残原因一									
遗传、先天异常或发育障碍	2		2	2		2	2		2
白内障	50	9	41	72	15	57	124	53	71
青光眼	2	1	1	4	1	3	4	3	1
沙眼									
角膜病	10	2	8	13	5	8	13	2	11
视神经病变	3	1	2	14	1	13	4	1	3
视网膜、色素膜病变				9	4	5	8	3	5
屈光不正							8	4	4
弱势	4		4	8		8	10	5	5
外伤				6		6	3	1	2
中毒									
其他	3		3	1		1	1		1
原因不明	4		4	1		1	3		3
致残原因二									
遗传、先天异常或发育障碍									
白内障									
青光眼							1		1
沙眼				1		1			
角膜病	5	1	4	3	2	1	2	1	1
视神经病变									
视网膜、色素膜病变							1		1
屈光不正									
弱势				1		1			
外伤	3		3				1		1
中毒									
其他									
原因不明									

3-7 听力残疾(含多重)人分城乡、残疾等级的主要致残原因

单位：人

致残主要原因	合计			残疾一级		
	合计	城市	农村	小计	城市	农村
总　　计	**574**	**157**	**417**	**105**	**16**	**89**
致残原因一						
遗传	10	2	8	2		2
母孕期病毒感染	1		1			
传染性疾病	35	5	30	26	2	24
自身免疫缺陷性疾病						
全身性疾病	30	10	20	4		4
中耳炎	134	38	96	19	6	13
老年性耳聋	193	79	114	4		4
早产和低体重						
新生儿窒息						
高胆红素血症						
药物中毒	18	1	17	4	1	3
创伤或意外伤害	28	7	21	4	1	3
噪声和爆震	5	1	4	1		1
其他	7		7	3		3
原因不明	113	14	99	38	6	32
致残原因二						
遗传						
母孕期病毒感染	1		1			
传染性疾病						
自身免疫缺陷性疾病	1	1				
全身性疾病	1	1				
中耳炎	2	1	1	1		1
老年性耳聋	23	12	11	4	2	2
早产和低体重						
新生儿窒息						
高胆红素血症						
药物中毒	1	1				
创伤或意外伤害	1		1			
噪声和爆震	2	1	1			
其他						
原因不明						

3-7 续表

单位：人

致残主要原因	残疾二级			残疾三级			残疾四级		
	小计	城市	农村	小计	城市	农村	小计	城市	农村
总　　计	**39**	**7**	**32**	**191**	**67**	**124**	**239**	**67**	**172**
致残原因一									
遗传	3	1	2	5	1	4			
母孕期病毒感染				1		1			
传染性疾病	2		2	6	2	4	1	1	
自身免疫缺陷性疾病									
全身性疾病	1	1		6	5	1	19	4	15
中耳炎	5		5	46	17	29	64	15	49
老年性耳聋	11	3	8	79	36	43	99	40	59
早产和低体重									
新生儿窒息									
高胆红素血症									
药物中毒	1		1	6		6	7		7
创伤或意外伤害	2	1	1	11	1	10	11	4	7
噪声和爆震				1		1	3	1	2
其他	1		1	2		2	1		1
原因不明	13	1	12	28	5	23	34	2	32
致残原因二									
遗传									
母孕期病毒感染	1		1						
传染性疾病									
自身免疫缺陷性疾病	1	1							
全身性疾病							1	1	
中耳炎				1	1				
老年性耳聋	2		2	8	5	3	9	5	4
早产和低体重									
新生儿窒息									
高胆红素血症									
药物中毒							1	1	
创伤或意外伤害	1		1						
噪声和爆震	1	1		1		1			
其他									
原因不明									

3-8 言语残疾(含多重)人分城乡、残疾等级的主要致残原因

单位：人

致残主要原因	合计			残疾一级		
	合计	城市	农村	小计	城市	农村
总　　计	**167**	**25**	**142**	**92**	**18**	**74**
致残原因一						
唐氏综合症	1		1	1		1
脑性瘫痪	3	2	1	3	2	1
新生儿病理性黄						
早产、低体重和过期产	6		6	3		3
腭裂	12	2	10			
智力低下	7	1	6	2		2
脑梗死	2	1	1			
脑出血	5	2	3	4	2	2
脑炎	32	1	31	26	1	25
脑囊虫病						
喉、舌疾病术后						
听力障碍	24	7	17	14	5	9
帕金森疾病						
多发性硬化						
脊髓侧索硬化						
脑外伤	3		3	2		2
产伤						
孤独症						
癫痫	1	1		1	1	
CO中毒						
其他	29	2	27	12	1	11
原因不明	42	6	36	24	6	18
致残原因二						
唐氏综合症						
脑性瘫痪						
新生儿病理性黄						
早产、低体重和过期产						
腭裂						
智力低下						
脑梗死						
脑出血						
脑炎	1		1	1		1
脑囊虫病						
喉、舌疾病术后						
听力障碍	9		9	7		7
帕金森疾病						
多发性硬化						
脊髓侧索硬化						
脑外伤						
产伤						
孤独症						
癫痫						
CO中毒						
其他						
原因不明						

3-8 续表

单位：人

致残主要原因	残疾二级			残疾三级			残疾四级		
	小计	城市	农村	小计	城市	农村	小计	城市	农村
总　计	**32**	**2**	**30**	**24**	**3**	**21**	**19**	**2**	**17**
致残原因一									
唐氏综合症									
脑性瘫痪									
新生儿病理性黄									
早产、低体重和过期产	2		2				1		1
腭裂	10	2	8	1		1	1		1
智力低下	2		2	3	1	2			
脑梗死				1		1	1	1	
脑出血				1		1			
脑炎	4		4				2		2
脑囊虫病									
喉、舌疾病术后									
听力障碍	4		4	4	2	2	2		2
帕金森疾病									
多发性硬化									
脊髓侧索硬化									
脑外伤	1		1						
产伤									
孤独症									
癫痫									
CO中毒									
其他	3		3	5		5	9	1	8
原因不明	6		6	9		9	3		3
致残原因二									
唐氏综合症									
脑性瘫痪									
新生儿病理性黄									
早产、低体重和过期产									
腭裂									
智力低下									
脑梗死									
脑出血									
脑炎									
脑囊虫病									
喉、舌疾病术后									
听力障碍	1		1				1		1
帕金森疾病									
多发性硬化									
脊髓侧索硬化									
脑外伤									
产伤									
孤独症									
癫痫									
CO中毒									
其他									
原因不明									

3-9 肢体残疾(含多重)人分城乡、残疾等级的主要致残原因

单位：人

致残主要原因	合计			残疾一级		
	合计	城市	农村	小计	城市	农村
总　　计	**530**	**95**	**435**	**40**	**12**	**28**
致残原因一						
脑性瘫痪	15	2	13	4		4
发育畸形	48	4	44	1		1
侏儒症	11	5	6			
其他先天性或发育障碍	4	1	3	1		1
脊髓灰质炎	17	8	9			
脑血管疾病	36	11	25	7	2	5
周围血管疾病	3	1	2	1		1
肿瘤	1		1			
骨关节病	163	22	141	11	4	7
地方病	15		15			
脊髓疾病	7		7	3		3
工伤	27	10	17			
交通事故	28	7	21	2	2	
脊髓损伤	4	3	1	3	2	1
脑外伤	4	2	2			
其他外伤	70	10	60	2		2
结核性感染	9	1	8			
化脓性感染	4		4			
中毒						
其他	23	3	20	3	2	1
原因不明	41	5	36	2		2
致残原因二						
脑性瘫痪						
发育畸形						
侏儒症	1		1	1		1
其他先天性或发育障碍	16		16	1		1
脊髓灰质炎						
脑血管疾病						
周围血管疾病						
肿瘤						
骨关节病						
地方病						
脊髓疾病						
工伤						
交通事故						
脊髓损伤						
脑外伤						
其他外伤						
结核性感染						
化脓性感染						
中毒						
其他						
原因不明						

3-9 续表

单位：人

致残主要原因	残疾二级			残疾三级			残疾四级		
	小计	城市	农村	小计	城市	农村	小计	城市	农村
总　　计	**41**	**12**	**29**	**140**	**26**	**114**	**309**	**45**	**264**
致残原因一									
脑性瘫痪	5	1	4	4	1	3	2		2
发育畸形	2		2	11	2	9	34	2	32
侏儒症	1	1					10	4	6
其他先天性或发育障碍	2	1	1	1		1			
脊髓灰质炎				10	5	5	7	3	4
脑血管疾病	4	3	1	11	3	8	14	3	11
周围血管疾病							2	1	1
肿瘤							1		1
骨关节病	11	2	9	48	8	40	93	8	85
地方病	3		3	7		7	5		5
脊髓疾病	1		1	2		2	1		1
工伤	3	2	1	5	2	3	19	6	13
交通事故	1		1	8	2	6	17	3	14
脊髓损伤	1	1							
脑外伤	1		1	1	1		2	1	1
其他外伤	1	1		19	2	17	48	7	41
结核性感染				2		2	7	1	6
化脓性感染	1		1	1		1	2		2
中毒									
其他	2		2	5		5	13	1	12
原因不明	2		2	5		5	32	5	27
致残原因二									
脑性瘫痪									
发育畸形									
侏儒症									
其他先天性或发育障碍	2		2	5		5	8		8
脊髓灰质炎									
脑血管疾病									
周围血管疾病									
肿瘤									
骨关节病									
地方病									
脊髓疾病									
工伤									
交通事故									
脊髓损伤									
脑外伤									
其他外伤									
结核性感染									
化脓性感染									
中毒									
其他									
原因不明									

3-10 智力残疾(含多重)人分城乡、残疾等级的主要致残原因

单位：人

致残主要原因	合计			残疾一级		
	合计	城市	农村	小计	城市	农村
总　　计	**114**	**24**	**90**	**20**	**5**	**15**
致残原因一						
遗传	32	10	22	5	1	4
脑疾病	26	6	20	12	3	9
内分泌障碍						
惊厥性疾病	2	1	1	1		1
新生儿窒息	2	1	1			
早产、低体重和过期产	3	1	2			
发育畸形	1		1			
营养不良	3		3			
母孕期外伤及物力伤害						
产伤						
工伤	2		2			
交通事故	2		2			
其他外伤	1		1			
中毒与过敏反应	1	1				
不良社会文化因素	5		5			
其他	5	1	4			
原因不明	29	3	26	2	1	1
致残原因二						
遗传						
脑疾病						
内分泌障碍						
惊厥性疾病						
新生儿窒息						
早产、低体重和过期产	1		1			
发育畸形	1		1			
营养不良						
母孕期外伤及物力伤害						
产伤						
工伤						
交通事故						
其他外伤						
中毒与过敏反应						
不良社会文化因素						
其他						
原因不明						

3-10 续表

单位：人

致残主要原因	残疾二级			残疾三级			残疾四级		
	小计	城市	农村	小计	城市	农村	小计	城市	农村
总　　计	**23**	**6**	**17**	**37**	**7**	**30**	**34**	**6**	**28**
致残原因一									
遗传	5	2	3	14	5	9	8	2	6
脑疾病	7		7	5	2	3	2	1	1
内分泌障碍									
惊厥性疾病	1	1							
新生儿窒息	1	1		1		1			
早产、低体重和过期产	1		1				2	1	1
发育畸形				1		1			
营养不良							3		3
母孕期外伤及物力伤害									
产伤									
工伤							2		2
交通事故	1		1	1		1			
其他外伤				1		1			
中毒与过敏反应							1	1	
不良社会文化因素				4		4	1		1
其他				1		1	4	1	3
原因不明	7	2	5	9		9	11		11
致残原因二									
遗传									
脑疾病									
内分泌障碍									
惊厥性疾病									
新生儿窒息									
早产、低体重和过期产	1		1						
发育畸形							1		1
营养不良									
母孕期外伤及物力伤害									
产伤									
工伤									
交通事故									
其他外伤									
中毒与过敏反应									
不良社会文化因素									
其他									
原因不明									

3-11 精神残疾(含多重)人分城乡、残疾等级的主要致残原因

单位：人

致残主要原因	合计			残疾一级		
	合计	城市	农村	小计	城市	农村
总　　计	**105**	**19**	**86**	**49**	**12**	**37**
致残原因一						
痴呆	4	2	2	2	1	1
其他器质性精神障碍	22	6	16	10	5	5
使用精神活性物质所致的障碍	2	1	1			
精神分裂症	36	3	33	24	1	23
妄想性障碍	1		1	1		1
分裂情感性障碍						
其他精神病性障碍						
心境障碍	4	2	2	1	1	
神经症性障碍	6		6	2		2
行为综合症	1		1	1		1
人格障碍						
孤独症	1		1	1		1
癫痫	13	2	11	2	2	
其他	13	3	10	4	2	2
原因不明	2		2	1		1
致残原因二						
痴呆						
其他器质性精神障碍						
使用精神活性物质所致的障碍						
精神分裂症						
妄想性障碍						
分裂情感性障碍						
其他精神病性障碍						
心境障碍						
神经症性障碍	1		1			
行为综合症						
人格障碍						
孤独症						
癫痫	13	4	9	6	3	3
其他						
原因不明						

3-11 续表

单位：人

致残主要原因	残疾二级			残疾三级			残疾四级		
	小计	城市	农村	小计	城市	农村	小计	城市	农村
总　　计	**17**	**3**	**14**	**15**	**2**	**13**	**24**	**2**	**22**
致残原因一									
痴呆	1		1	1	1				
其他器质性精神障碍	7	1	6	2		2	3		3
使用精神活性物质所致的障碍	1	1					1		1
精神分裂症	5	1	4	3	1	2	4		4
妄想性障碍									
分裂情感性障碍									
其他精神病性障碍									
心境障碍				1		1	2	1	1
神经症性障碍							4		4
行为综合症									
人格障碍									
孤独症									
癫痫				3		3	8		8
其他	2		2	5		5	2	1	1
原因不明	1		1						
致残原因二									
痴呆									
其他器质性精神障碍									
使用精神活性物质所致的障碍									
精神分裂症									
妄想性障碍									
分裂情感性障碍									
其他精神病性障碍									
心境障碍									
神经症性障碍				1		1			
行为综合症									
人格障碍									
孤独症									
癫痫	6	1	5				1		1
其他									
原因不明									

3-12 视力残疾(含多重)人分年龄、性别的主要致残原因

单位：人

年龄	遗传、先天异常或发育障碍		白内障		青光眼		沙眼		角膜病	
	男	女	男	女	男	女	男	女	男	女
总计	**2**	**7**	**111**	**165**	**5**	**12**		**1**	**25**	**28**
0岁										
1岁										
2岁									1	
3岁										
4岁			1							
5岁										
6岁										
7岁										
8岁			2							
9岁										
10岁										
11岁			1							
12岁		1								1
13岁										
14岁										
15岁										
16岁	1									1
17岁		1								
18岁			2							
19岁					1					
20岁										1
21岁				1						
22岁			1							
23岁										
24岁									1	
25岁				1						
26岁										
27岁			1	1						

3-12 续表 1

单位：人

年 龄	遗传、先天异常或发育障碍		白内障		青光眼		沙眼		角膜病	
	男	女	男	女	男	女	男	女	男	女
28岁			2						1	
29岁										
30岁			1							
31岁			1							
32岁			1							
33岁										
34岁										
35岁										1
36岁										
37岁										
38岁										
39岁										
40岁			1						2	
41岁										
42岁										
43岁			1							
44岁									1	
45岁			1							
46岁				1						
47岁										
48岁				1						
49岁			1							
50岁			3	1					1	1
51岁										
52岁				4		1				
53岁			1	1						
54岁			2	2	1					1
55岁				1					1	
56岁			2						1	1

3-12 续表 2

单位：人

年龄	遗传、先天异常或发育障碍		白内障		青光眼		沙眼		角膜病	
	男	女	男	女	男	女	男	女	男	女
57岁				2						
58岁				4	1				2	1
59岁		1								
60岁	1		1	4						1
61岁		1	1	3						
62岁			2	2	1	1			1	2
63岁			2	7					2	1
64岁			7	5		2				
65岁			5	7					2	
66岁			2	3						1
67岁			4	3		1				2
68岁			1	5		1			1	2
69岁			1	7		1				1
70岁		1	5	5	1				2	
71岁			3	6		2			1	1
72岁			3	9						1
73岁			2	10		1				1
74岁		1	4	7						2
75岁		1	2	8						1
76岁			6	6					1	
77岁			3	2						1
78岁			9	6					1	2
79岁			5	7						
80岁			4	5		2			1	
81岁			5	4				1		
82岁				7						
83岁			2	5						
84岁				4						
85+			7	8					2	1

3-12 续表 3

单位：人

年 龄	视神经病变		视网膜、色素膜病变		屈光不正		弱视	
	男	女	男	女	男	女	男	女
总 计	**11**	**17**	**15**	**10**	**4**	**4**	**8**	**15**
0岁								
1岁								
2岁								
3岁								
4岁								1
5岁								2
6岁							1	1
7岁								
8岁							1	
9岁	1						1	1
10岁	1							
11岁								
12岁								
13岁		1						
14岁					1			1
15岁								
16岁			1					
17岁							1	
18岁								
19岁								
20岁			1					
21岁			1					1
22岁								
23岁								
24岁								
25岁								
26岁								
27岁					1			

3-12 续表 4

单位：人

年 龄	视神经病变		视网膜、色素膜病变		屈光不正		弱视	
	男	女	男	女	男	女	男	女
28岁								
29岁								
30岁								
31岁								
32岁								
33岁		1						
34岁								
35岁			1					
36岁					1			
37岁								
38岁	1			1				
39岁		1		1				
40岁								
41岁								
42岁	1	1						
43岁						1		
44岁								
45岁		1			1			
46岁				1				
47岁	1		1					
48岁								
49岁		1						
50岁								
51岁								
52岁								1
53岁								
54岁	1							1
55岁	1	2	1					1
56岁	1	1	1					

3-12 续表 5

单位：人

年 龄	视神经病变		视网膜、色素膜病变		屈光不正		弱视	
	男	女	男	女	男	女	男	女
57岁	1							1
58岁						1		
59岁								
60岁	1		1	1				
61岁				1				
62岁		1						
63岁								
64岁						1		1
65岁								1
66岁		1						
67岁	1			2				
68岁								
69岁			1	1			1	
70岁			1	1				
71岁			3					
72岁								
73岁		1						
74岁								
75岁		2					1	
76岁			1					
77岁							1	
78岁								
79岁							1	1
80岁								
81岁			1					
82岁								
83岁		2						
84岁		1				1		1
85+				1				

3-12 续表 6

单位：人

年 龄	外伤		中毒		其他		原因不明	
	男	女	男	女	男	女	男	女
总 计	**9**	**8**			**2**	**3**	**2**	**8**
0岁								
1岁								
2岁								
3岁								
4岁								
5岁								
6岁		1						
7岁								
8岁								
9岁	1							
10岁								
11岁								1
12岁		1						
13岁								
14岁						1		
15岁								
16岁		1						
17岁								
18岁								
19岁								
20岁	1							
21岁								
22岁								
23岁							1	
24岁								
25岁								1
26岁								
27岁								

3-12 续表 7

单位：人

年 龄	外伤		中毒		其他		原因不明	
	男	女	男	女	男	女	男	女
28岁								
29岁								
30岁	1							
31岁								
32岁								
33岁								
34岁								
35岁						1		
36岁	1							
37岁								
38岁								
39岁								
40岁	1							
41岁								
42岁								
43岁							1	
44岁	1							
45岁								
46岁	1							
47岁								
48岁								
49岁								
50岁								
51岁								
52岁						1		
53岁								
54岁								
55岁								
56岁								

3-12 续表 8

单位：人

年龄	外伤		中毒		其他		原因不明	
	男	女	男	女	男	女	男	女
57岁								
58岁								
59岁		1						
60岁		1						
61岁								1
62岁					1			
63岁		1						
64岁								
65岁								
66岁					1			1
67岁								
68岁								1
69岁								
70岁		1						
71岁								1
72岁								
73岁								
74岁								
75岁								1
76岁								
77岁								
78岁								
79岁		1						
80岁								
81岁	1							
82岁	1							1
83岁								
84岁								
85+								

3-13 听力残疾(含多重)人分年龄、性别的主要致残原因

单位：人

年　龄	遗传		母孕期病毒感染		传染性疾病		自身免疫缺陷性疾病	
	男	女	男	女	男	女	男	女
总　计	**2**	**8**	**1**	**1**	**15**	**20**	**1**	
0岁								
1岁								
2岁								
3岁								
4岁					1			
5岁								
6岁								
7岁								
8岁					1	1		
9岁								
10岁					1	1		
11岁						1		
12岁					1			
13岁								
14岁								
15岁								
16岁								
17岁								
18岁								
19岁								
20岁	1							
21岁								
22岁								
23岁					1			
24岁					1	1		
25岁					1			
26岁						1		
27岁								

3-13 续表 1

单位：人

年　龄	遗传		母孕期病毒感染		传染性疾病		自身免疫缺陷性疾病	
	男	女	男	女	男	女	男	女
28岁						2		
29岁								
30岁		1				1		
31岁						1		
32岁								
33岁		1				2		
34岁								
35岁				1				
36岁						1		
37岁		1			1			
38岁		1			1			
39岁								
40岁						1		
41岁								
42岁								
43岁						1		
44岁			1					
45岁								
46岁		1						
47岁	1				1			
48岁								
49岁		1				2		
50岁								
51岁		1				1		
52岁								
53岁								
54岁					1	1		
55岁					1	1		
56岁						1		

3-13 续表 2

单位：人

年 龄	遗传		母孕期病毒感染		传染性疾病		自身免疫缺陷性疾病	
	男	女	男	女	男	女	男	女
57岁		1						
58岁								
59岁								
60岁								
61岁								
62岁							1	
63岁								
64岁								
65岁								
66岁								
67岁								
68岁								
69岁					1			
70岁								
71岁								
72岁								
73岁								
74岁								
75岁								
76岁								
77岁					1			
78岁								
79岁					1			
80岁								
81岁								
82岁								
83岁								
84岁								
85+								

3-13 续表 3

单位：人

年 龄	全身性疾病		中耳炎		老年性耳聋		早产和低体重	
	男	女	男	女	男	女	男	女
总 计	**12**	**19**	**67**	**69**	**94**	**122**		
0岁				1				
1岁								
2岁								
3岁								
4岁								
5岁								
6岁								
7岁			1	1				
8岁			3	2				
9岁			1					
10岁			2	1				
11岁			2					
12岁			3	5				
13岁			2					
14岁				2				
15岁		1		2				
16岁			2	1				
17岁			3	1				
18岁			2					
19岁								
20岁								
21岁			1	1				
22岁			1	2				
23岁				1				
24岁								
25岁			1					
26岁				1				
27岁			2					

3-13 续表 4

单位：人

年 龄	全身性疾病		中耳炎		老年性耳聋		早产和低体重	
	男	女	男	女	男	女	男	女
28岁								
29岁								
30岁			1	1				
31岁								
32岁								
33岁								
34岁			1	3				
35岁	1		1	1				
36岁	1		2	1				
37岁			1					
38岁			1	1				
39岁			1	1				
40岁	1		2	2				
41岁			1	1				
42岁	1		1	2				
43岁		1		4				
44岁		1	1					
45岁			1	1				
46岁		1	1	1				
47岁	1	3	1	2				
48岁			3			1		
49岁		1	1	1	1			
50岁					1	1		
51岁					1	4		
52岁			2					
53岁				1				
54岁			1		3	2		
55岁			1		1	2		
56岁			1	1	2	1		

3-13 续表 5

单位：人

年龄	全身性疾病		中耳炎		老年性耳聋		早产和低体重	
	男	女	男	女	男	女	男	女
57岁	1							
58岁			1	1	4			
59岁				2		2		
60岁			1	3	2	2		
61岁				1	4	6		
62岁			1		3			
63岁			1	1	1	1		
64岁			2		7	3		
65岁			2	2	3	8		
66岁	1		1		5	2		
67岁	1		1	1	4	6		
68岁		1			4	4		
69岁	1		1	1	2	7		
70岁	1	1	1	3	5	8		
71岁		1	1	1	2	5		
72岁		1			4	6		
73岁		2		2	2	5		
74岁		2		1		5		
75岁		2		1	1	4		
76岁			2		5	7		
77岁	1	1		1	3	6		
78岁	1			1	6	5		
79岁					2	4		
80岁					4	4		
81岁					4			
82岁					3	1		
83岁					2	1		
84岁						2		
85+			1	2	3	7		

3-13 续表 6

单位：人

年 龄	新生儿窒息		高胆红素血症		药物中毒		创伤或意外伤害	
	男	女	男	女	男	女	男	女
总 计					**10**	**9**	**19**	**10**
0岁								
1岁								
2岁								
3岁								
4岁								
5岁								
6岁								
7岁								
8岁								
9岁								
10岁								
11岁								
12岁								
13岁								
14岁								
15岁						1		
16岁								
17岁								
18岁								
19岁								
20岁								
21岁								
22岁								
23岁								1
24岁								
25岁								
26岁					1			
27岁								

3-13 续表 7

单位：人

年龄	新生儿窒息		高胆红素血症		药物中毒		创伤或意外伤害	
	男	女	男	女	男	女	男	女
28岁						1		
29岁								
30岁						1		1
31岁							1	
32岁								
33岁					1			1
34岁					1			
35岁					1	1		
36岁								
37岁							1	
38岁								
39岁								
40岁							1	1
41岁							1	
42岁								1
43岁							1	
44岁					1	1	1	
45岁					1			
46岁								
47岁						1		
48岁						1		
49岁							1	2
50岁							1	
51岁								
52岁							1	
53岁								
54岁							2	
55岁					1		1	
56岁								

3-13 续表 8

单位：人

年龄	新生儿窒息		高胆红素血症		药物中毒		创伤或意外伤害	
	男	女	男	女	男	女	男	女
57岁								
58岁					1		2	
59岁								
60岁							1	
61岁						1		1
62岁					1		1	
63岁							1	
64岁								
65岁								1
66岁								1
67岁								
68岁						1	2	
69岁					1			
70岁								
71岁								
72岁								
73岁								
74岁								
75岁								
76岁								
77岁								
78岁								
79岁								
80岁								
81岁								
82岁								
83岁								
84岁								
85+								

3-13　续表 9

单位：人

年　龄	噪声和爆震		其他		原因不明	
	男	女	男	女	男	女
总　计	**5**	**2**	**4**	**3**	**47**	**66**
0岁						
1岁						
2岁						
3岁						
4岁						
5岁					1	1
6岁						
7岁						
8岁			1			
9岁						
10岁					1	
11岁						
12岁						2
13岁						1
14岁						1
15岁	1					2
16岁					1	
17岁					1	
18岁						
19岁					1	
20岁						
21岁						
22岁						1
23岁						
24岁						
25岁						
26岁						
27岁					1	1

3-13 续表 10

单位：人

年 龄	噪声和爆震		其他		原因不明	
	男	女	男	女	男	女
28岁						1
29岁						
30岁			1			1
31岁						
32岁					1	
33岁						2
34岁				1		1
35岁					2	1
36岁					1	
37岁					2	
38岁					2	1
39岁						1
40岁					1	3
41岁					2	2
42岁						5
43岁					2	
44岁						
45岁						1
46岁					2	
47岁		1			1	2
48岁						1
49岁					1	1
50岁	1		1		1	
51岁		1			1	
52岁					1	2
53岁	1					
54岁					3	
55岁	1					1
56岁						2

3-13 续表 11

单位：人

年 龄	噪声和爆震		其他		原因不明	
	男	女	男	女	男	女
57岁					2	
58岁					2	3
59岁					1	1
60岁						1
61岁				1		1
62岁						3
63岁						2
64岁					1	3
65岁					1	1
66岁						
67岁					1	
68岁			1		1	3
69岁						
70岁					2	2
71岁					1	1
72岁						1
73岁						
74岁					2	
75岁					1	2
76岁						1
77岁	1					
78岁					1	
79岁					1	2
80岁						
81岁						
82岁						1
83岁						
84岁				1		1
85+					1	

3-14 言语残疾(含多重)人分年龄、性别的主要致残原因

单位：人

年龄	唐氏综合症		脑性瘫痪		新生儿病理性黄疸		早产、低体重和过期产		腭裂	
	男	女	男	女	男	女	男	女	男	女
总 计	**1**		**2**	**1**			**3**	**3**	**2**	**10**
0岁										
1岁										
2岁										
3岁								1		
4岁							1			1
5岁										
6岁										
7岁										1
8岁							1			1
9岁			1					1		
10岁										2
11岁										
12岁								1		
13岁									1	
14岁									1	
15岁							1			1
16岁										
17岁										
18岁										
19岁			1							
20岁										
21岁										1
22岁										
23岁										
24岁										
25岁										
26岁										
27岁										

3-14 续表 1

单位：人

年龄	唐氏综合症		脑性瘫痪		新生儿病理性黄疸		早产、低体重和过期产		腭裂	
	男	女	男	女	男	女	男	女	男	女
28岁										1
29岁										
30岁										
31岁										
32岁										
33岁										
34岁										
35岁										
36岁										
37岁	1									
38岁				1						
39岁										
40岁										
41岁										1
42岁										
43岁										
44岁										
45岁										
46岁										
47岁										
48岁										
49岁										
50岁										
51岁										
52岁										
53岁										
54岁										
55岁										
56岁										1

3-14　续表 2

单位：人

年　龄	唐氏综合症		脑性瘫痪		新生儿病理性黄疸		早产、低体重和过期产		腭裂	
	男	女	男	女	男	女	男	女	男	女
57岁										
58岁										
59岁										
60岁										
61岁										
62岁										
63岁										
64岁										
65岁										
66岁										
67岁										
68岁										
69岁										
70岁										
71岁										
72岁										
73岁										
74岁										
75岁										
76岁										
77岁										
78岁										
79岁										
80岁										
81岁										
82岁										
83岁										
84岁										
85+										

3-14 续表 3

单位：人

年龄	智力低下		脑梗死		脑出血		脑炎	
	男	女	男	女	男	女	男	女
总 计	**3**	**4**	**2**		**3**	**2**	**14**	**19**
0岁								
1岁								
2岁								
3岁								
4岁		1					1	1
5岁								
6岁								1
7岁							1	
8岁							1	
9岁						1		
10岁							1	1
11岁								1
12岁							1	
13岁							1	
14岁	1							
15岁								
16岁								
17岁		2						
18岁							1	
19岁	1							1
20岁								
21岁								
22岁								
23岁							1	
24岁							2	1
25岁							1	
26岁								1
27岁	1							

3-14 续表 4

单位：人

年龄	智力低下		脑梗死		脑出血		脑炎	
	男	女	男	女	男	女	男	女
28岁		1						2
29岁								
30岁					1			1
31岁								1
32岁								
33岁								2
34岁								
35岁								
36岁								1
37岁								
38岁								
39岁								1
40岁								
41岁								
42岁								
43岁								1
44岁								
45岁								
46岁								
47岁							2	1
48岁								
49岁								1
50岁								
51岁								
52岁								
53岁								
54岁								
55岁							1	
56岁								1

3–14 续表 5

单位：人

年 龄	智力低下		脑梗死		脑出血		脑炎	
	男	女	男	女	男	女	男	女
57岁								
58岁								
59岁								
60岁								
61岁								
62岁					2			
63岁								
64岁								
65岁			1					
66岁			1					
67岁								
68岁								
69岁								
70岁								
71岁								
72岁								
73岁								
74岁						1		
75岁								
76岁								
77岁								
78岁								
79岁								
80岁								
81岁								
82岁								
83岁								
84岁								
85+								

3-14 续表 6

单位：人

年 龄	脑囊虫病		喉、舌疾病术后		听力障碍		帕金森氏病		多发性硬化	
	男	女	男	女	男	女	男	女	男	女
总 计					**13**	**20**				
0岁										
1岁										
2岁										
3岁										
4岁										
5岁										
6岁										
7岁										
8岁										
9岁										
10岁						1				
11岁						1				
12岁					1					
13岁										
14岁										
15岁										
16岁										
17岁										
18岁										
19岁					1					
20岁										
21岁										
22岁										
23岁					1					
24岁										
25岁										
26岁						1				
27岁										

3-14 续表 7

单位：人

年 龄	脑囊虫病		喉、舌疾病术后		听力障碍		帕金森氏病		多发性硬化	
	男	女	男	女	男	女	男	女	男	女
28岁						1				
29岁										
30岁					1	1				
31岁					1	1				
32岁					1					
33岁						1				
34岁					1					
35岁						1				
36岁										
37岁										
38岁						2				
39岁										
40岁					1	2				
41岁						1				
42岁					1	2				
43岁										
44岁										
45岁										
46岁					1					
47岁										
48岁										
49岁						2				
50岁										
51岁										
52岁					1					
53岁										
54岁					1					
55岁										
56岁						1				

3-14 续表 8

单位：人

年 龄	脑囊虫病		喉、舌疾病术后		听力障碍		帕金森氏病		多发性硬化	
	男	女	男	女	男	女	男	女	男	女
57岁						1				
58岁										
59岁										
60岁					1					
61岁										
62岁										
63岁										
64岁						1				
65岁										
66岁										
67岁										
68岁										
69岁										
70岁										
71岁										
72岁										
73岁										
74岁										
75岁										
76岁										
77岁										
78岁										
79岁										
80岁										
81岁										
82岁										
83岁										
84岁										
85+										

3-14 续表 9

单位：人

年龄	脊髓侧索硬化		脑外伤		产伤		孤独症	
	男	女	男	女	男	女	男	女
总 计			**1**	**2**				
0岁								
1岁								
2岁								
3岁								
4岁								
5岁								
6岁								
7岁								
8岁								
9岁								
10岁								
11岁								
12岁								
13岁								
14岁								
15岁								
16岁								
17岁								
18岁			1					
19岁								
20岁								
21岁								
22岁								
23岁								
24岁								
25岁								
26岁								
27岁								

3-14 续表 10

单位：人

年　龄	脊髓侧索硬化		脑外伤		产伤		孤独症	
	男	女	男	女	男	女	男	女
28岁								
29岁								
30岁								
31岁								
32岁								
33岁								
34岁								
35岁								
36岁								
37岁								
38岁								
39岁								
40岁								
41岁								
42岁				1				
43岁								
44岁								
45岁								
46岁								
47岁								
48岁								
49岁								
50岁								
51岁								
52岁								
53岁								
54岁								
55岁								
56岁								

3-14 续表 11

单位：人

年 龄	脊髓侧索硬化		脑外伤		产伤		孤独症	
	男	女	男	女	男	女	男	女
57岁								
58岁								
59岁								
60岁								
61岁								
62岁								
63岁								
64岁								
65岁								
66岁				1				
67岁								
68岁								
69岁								
70岁								
71岁								
72岁								
73岁								
74岁								
75岁								
76岁								
77岁								
78岁								
79岁								
80岁								
81岁								
82岁								
83岁								
84岁								
85+								

3-14 续表 12

单位：人

年 龄	癫痫		CO中毒		其他		原因不明	
	男	女	男	女	男	女	男	女
总 计		**1**			**17**	**12**	**23**	**19**
0岁								
1岁								
2岁								
3岁							1	1
4岁								
5岁					1		1	1
6岁								
7岁						2		
8岁							1	
9岁					1		1	
10岁							2	1
11岁								
12岁					1			
13岁							1	1
14岁					2			1
15岁					1		2	1
16岁					2		1	
17岁					1			
18岁					1		1	
19岁								
20岁					1			
21岁							1	
22岁								
23岁							1	
24岁								
25岁						1		1
26岁		1			1			
27岁						1	1	

3-14 续表 13

单位：人

年 龄	癫痫		CO中毒		其他		原因不明	
	男	女	男	女	男	女	男	女
28岁								1
29岁								
30岁						2		
31岁								1
32岁								
33岁							1	1
34岁						1	1	1
35岁					1	1	1	
36岁								
37岁								
38岁								
39岁								
40岁					1			1
41岁					1		1	
42岁								1
43岁							1	
44岁								
45岁								
46岁							1	
47岁					2			1
48岁								
49岁						1		1
50岁								
51岁						2		
52岁							1	2
53岁								
54岁								
55岁								1
56岁								

3-14 续表 14

单位：人

年龄	癫痫		CO中毒		其他		原因不明	
	男	女	男	女	男	女	男	女
57岁								
58岁								
59岁							1	
60岁								
61岁						1		
62岁								
63岁								
64岁								
65岁								
66岁							1	
67岁								
68岁								
69岁								
70岁								1
71岁								
72岁								
73岁								
74岁								
75岁								
76岁								
77岁								
78岁								
79岁								
80岁								
81岁								
82岁								
83岁								
84岁								
85+								

3-15 肢体残疾(含多重)人分年龄、性别的主要致残原因

单位：人

年龄	脑性瘫痪		发育畸形		侏儒症		其他先天性或发育障碍	
	男	女	男	女	男	女	男	女
总计	**12**	**3**	**22**	**26**	**4**	**8**	**9**	**11**
0岁								
1岁								
2岁								
3岁								
4岁	1						1	
5岁			1	2				
6岁		1	1	1				1
7岁	1		1					
8岁			1	1			1	
9岁	1		1				1	
10岁	1			2				2
11岁								
12岁	1							
13岁			1					
14岁			1	1				2
15岁			3				2	
16岁			2	1		1		
17岁				1				2
18岁	1		1				1	
19岁	1		1	1			1	
20岁								
21岁								
22岁						1		
23岁	1			2				
24岁			1					
25岁	1							
26岁				1		1		
27岁								

3-15 续表 1

单位：人

年 龄	脑性瘫痪		发育畸形		侏儒症		其他先天性或发育障碍	
	男	女	男	女	男	女	男	女
28岁								
29岁				1				
30岁				1				
31岁								
32岁				2	1			
33岁								
34岁								1
35岁						1		1
36岁								
37岁					1			
38岁				2				
39岁								
40岁	1	1						
41岁								
42岁				1	1			
43岁			1	1	1			
44岁								
45岁								
46岁			1	1			1	
47岁	1		1	1		1		
48岁			1					
49岁				1				1
50岁						1		
51岁								
52岁								
53岁			1					
54岁								
55岁								
56岁								

3-15 续表 2

单位：人

年龄	脑性瘫痪		发育畸形		侏儒症		其他先天性或发育障碍	
	男	女	男	女	男	女	男	女
57岁								
58岁				1				
59岁				1		1		
60岁								
61岁								
62岁	1							
63岁		1						
64岁								
65岁								
66岁							1	
67岁			1					
68岁								
69岁								1
70岁								
71岁								
72岁								
73岁								
74岁								
75岁						1		
76岁			1					
77岁								
78岁								
79岁								
80岁								
81岁								
82岁								
83岁								
84岁								
85+								

3-15 续表 3

单位：人

年龄	脊髓灰质炎		脑血管疾病		周围血管疾病		肿瘤	
	男	女	男	女	男	女	男	女
总计	**7**	**10**	**17**	**19**		**3**	**1**	
0岁								
1岁			1					
2岁								
3岁								
4岁								
5岁								
6岁				1				
7岁								
8岁								
9岁								
10岁								
11岁								
12岁								
13岁								
14岁								
15岁	1							
16岁		1				1		
17岁	2	1						
18岁								
19岁		1						
20岁								
21岁								
22岁								
23岁								
24岁								
25岁		1						
26岁		1						
27岁								

3-15 续表 4

单位：人

年 龄	脊髓灰质炎		脑血管疾病		周围血管疾病		肿瘤	
	男	女	男	女	男	女	男	女
28岁	1							
29岁								
30岁		1						
31岁								
32岁								
33岁			1	1				
34岁		1						
35岁								
36岁				1				
37岁								
38岁								
39岁								
40岁								
41岁								
42岁								
43岁								
44岁	1							
45岁								
46岁								
47岁								
48岁			1				1	
49岁	1							
50岁	1	1						
51岁			1					
52岁				1				
53岁								
54岁						1		
55岁			3	1				
56岁		1						

3-15 续表 5

单位：人

年 龄	脊髓灰质炎		脑血管疾病		周围血管疾病		肿瘤	
	男	女	男	女	男	女	男	女
57岁				1				
58岁		1		1				
59岁								
60岁								
61岁								
62岁			1	1				
63岁				1				
64岁			1					
65岁			1					
66岁			1					
67岁			2					
68岁								
69岁			1	2				
70岁				1				
71岁								
72岁			1	2				
73岁			1	1				
74岁								
75岁				1				
76岁								
77岁				2				
78岁			1	1				
79岁								
80岁								
81岁								
82岁								
83岁						1		
84岁								
85+								

3-15 续表 6

单位：人

年 龄	骨关节病		地方病		脊髓疾病		工伤	
	男	女	男	女	男	女	男	女
总 计	**57**	**106**	**8**	**7**	**4**	**3**	**21**	**6**
0岁								
1岁								
2岁								
3岁								
4岁								
5岁								
6岁								
7岁								
8岁		1						
9岁								
10岁								
11岁			2					
12岁		1						
13岁			1					
14岁				1				
15岁			1					
16岁	1							
17岁								
18岁	1							
19岁		1						
20岁	1							
21岁								
22岁								
23岁								
24岁		1		1				
25岁		1				1		
26岁								
27岁				1				1

3-15 续表 7

单位：人

年　龄	骨关节病		地方病		脊髓疾病		工伤	
	男	女	男	女	男	女	男	女
28岁	1						1	
29岁		1						
30岁		2						
31岁								
32岁		1					1	
33岁		1			1			
34岁						1		
35岁								
36岁	1							1
37岁								
38岁	1						1	
39岁	2							
40岁	1						1	
41岁	2							
42岁	1	2						
43岁		1						
44岁	1			1			1	
45岁	1	3					3	
46岁	1	3						
47岁	2	2						
48岁		2						
49岁					1		1	
50岁	1	2						
51岁							1	
52岁		1						
53岁		2						
54岁	1	1						
55岁		2						
56岁	3		1					2

3-15 续表 8

单位：人

年龄	骨关节病		地方病		脊髓疾病		工伤	
	男	女	男	女	男	女	男	女
57岁	3	2						
58岁			1				1	
59岁	4	5						
60岁	2	6			1			1
61岁		3						
62岁	2	2					1	
63岁		4	1					
64岁	3	2						
65岁	1	6	1					
66岁	2	1					1	
67岁	1	4		1	1		1	1
68岁	1	6					1	
69岁	1	5					2	
70岁	2	3		1				
71岁	1	6					2	
72岁	1	5		1				
73岁	2	4						
74岁	2	2				1		
75岁								
76岁	1	1					1	
77岁	1	2						
78岁	1							
79岁	2	2						
80岁	1							
81岁							1	
82岁								
83岁		2						
84岁		1						
85+	1	1						

3-15 续表 9

单位：人

年龄	交通事故		脊髓损伤		脑外伤		其他外伤		结核性感染	
	男	女	男	女	男	女	男	女	男	女
总 计	**22**	**6**	**3**	**1**	**4**		**42**	**28**	**5**	**4**
0岁										
1岁										
2岁										
3岁					1					
4岁								1		
5岁										
6岁										
7岁										
8岁								1		
9岁										
10岁										
11岁	1							1	1	
12岁							1			
13岁								1		1
14岁							1	2		
15岁	1									
16岁										
17岁										
18岁							1			
19岁								2		
20岁										
21岁								1		
22岁							1	1		
23岁			1				1			
24岁	1						2	1		
25岁		1								
26岁	1							1		
27岁	1		1							

3-15 续表 10

单位：人

年 龄	交通事故		脊髓损伤		脑外伤		其他外伤		结核性感染	
	男	女	男	女	男	女	男	女	男	女
28岁							1			
29岁							1			
30岁		1	1							
31岁										
32岁	2	1								
33岁								1		
34岁	1						2			1
35岁							2	1		
36岁	2								1	
37岁								2		
38岁				1			2			
39岁							1			1
40岁	1							1		
41岁										
42岁	1									
43岁								1		1
44岁	2						1			
45岁	1				1				1	
46岁	1	1					3			
47岁		1						2		
48岁							3			
49岁										
50岁	1						1			
51岁							1			
52岁	1						1	1		
53岁							2	1		
54岁							1			
55岁	1	1					1	1		
56岁							1			

3-15 续表 11

单位：人

年龄	交通事故		脊髓损伤		脑外伤		其他外伤		结核性感染	
	男	女	男	女	男	女	男	女	男	女
57岁										
58岁							1			
59岁					1		2			
60岁							2			
61岁										
62岁										
63岁	1						1			
64岁							1			
65岁	1						1	1		
66岁									1	
67岁										
68岁								1		
69岁										
70岁										
71岁	1									
72岁										
73岁										
74岁							1		1	
75岁							1	1		
76岁					1					
77岁										
78岁										
79岁										
80岁										
81岁							1			
82岁								1		
83岁										
84岁										
85+								1		

3-15 续表 12

单位：人

年 龄	化脓性感染		中毒		其他		原因不明	
	男	女	男	女	男	女	男	女
总 计	**2**	**2**			**19**	**4**	**23**	**18**
0岁								
1岁								
2岁								
3岁								
4岁							1	
5岁								
6岁							1	
7岁								1
8岁								
9岁								1
10岁								
11岁								
12岁		1					1	
13岁					1		3	
14岁							1	1
15岁								
16岁								
17岁								
18岁							1	
19岁							1	
20岁							1	
21岁								
22岁					1			
23岁								1
24岁					1			
25岁								
26岁							2	
27岁								1

3-15 续表 13

单位：人

年龄	化脓性感染		中毒		其他		原因不明	
	男	女	男	女	男	女	男	女
28岁	1							
29岁						1		
30岁								
31岁					1	1		
32岁								1
33岁								1
34岁								
35岁							1	
36岁								1
37岁					1			1
38岁							1	1
39岁							1	
40岁							1	1
41岁							2	
42岁								
43岁					1			
44岁								
45岁					1			
46岁								
47岁						1		1
48岁								
49岁					1			2
50岁	1				1			
51岁								
52岁								
53岁					1		1	
54岁								
55岁								1
56岁								

3-15 续表 14

单位：人

年龄	化脓性感染		中毒		其他		原因不明	
	男	女	男	女	男	女	男	女
57岁								
58岁					2			
59岁								1
60岁					1		1	
61岁								
62岁					1			
63岁					1			1
64岁					1			
65岁								
66岁					1			
67岁								
68岁								
69岁					1	1		
70岁								
71岁								
72岁								
73岁							1	
74岁								1
75岁								
76岁		1					1	
77岁								
78岁								
79岁								
80岁								
81岁								
82岁								
83岁								
84岁								
85+					1		1	

3-16 智力残疾(含多重)人分年龄、性别的主要致残原因

单位：人

年龄	遗传		脑疾病		内分泌障碍		惊厥性疾病		新生儿窒息	
	男	女	男	女	男	女	男	女	男	女
总　计	**15**	**17**	**15**	**11**				**2**	**1**	**1**
0岁										
1岁			1							
2岁										
3岁										1
4岁			1							
5岁										
6岁				2						
7岁			1							
8岁	1									
9岁			1	2						
10岁	1									
11岁		1								
12岁			1							
13岁			1							
14岁		2	1							
15岁				1				1		
16岁	3	1								
17岁		2	1						1	
18岁			1							
19岁			1	1						
20岁	1							1		
21岁										
22岁										
23岁										
24岁										
25岁	1									
26岁										
27岁			1							

3-16 续表 1

单位：人

年　龄	遗传		脑疾病		内分泌障碍		惊厥性疾病		新生儿窒息	
	男	女	男	女	男	女	男	女	男	女
28岁		2								
29岁										
30岁		1	1							
31岁										
32岁	1									
33岁										
34岁		1								
35岁	1			1						
36岁		1								
37岁	1	1								
38岁		1								
39岁				1						
40岁										
41岁	2									
42岁										
43岁										
44岁		1								
45岁										
46岁										
47岁		1	1	1						
48岁										
49岁										
50岁										
51岁										
52岁		1								
53岁	1									
54岁										
55岁										
56岁										

3-16 续表 2

单位：人

年 龄	遗传		脑疾病		内分泌障碍		惊厥性疾病		新生儿窒息	
	男	女	男	女	男	女	男	女	男	女
57岁										
58岁										
59岁										
60岁										
61岁										
62岁	1		1							
63岁										
64岁		1								
65岁										
66岁	1									
67岁										
68岁				1						
69岁										
70岁										
71岁										
72岁										
73岁				1						
74岁										
75岁			1							
76岁										
77岁										
78岁										
79岁										
80岁										
81岁										
82岁										
83岁										
84岁										
85+										

3-16 续表 3

单位：人

年 龄	早产、低体重和过期产		发育畸形		营养不良		母孕期外伤及物理伤害	
	男	女	男	女	男	女	男	女
总 计	**2**	**2**		**2**	**2**	**1**		
0岁		1						
1岁	1				1			
2岁								
3岁		1						
4岁	1							
5岁						1		
6岁					1			
7岁								
8岁								
9岁								
10岁								
11岁								
12岁								
13岁								
14岁				1				
15岁								
16岁								
17岁								
18岁								
19岁								
20岁								
21岁								
22岁								
23岁								
24岁								
25岁								
26岁								
27岁								

3-16 续表 4

单位：人

年　龄	早产、低体重和过期产		发育畸形		营养不良		母孕期外伤及物理伤害	
	男	女	男	女	男	女	男	女
28岁								
29岁								
30岁								
31岁								
32岁								
33岁								
34岁								
35岁								
36岁								
37岁								
38岁								
39岁								
40岁								
41岁								
42岁								
43岁								
44岁								
45岁								
46岁								
47岁								
48岁								
49岁								
50岁								
51岁								
52岁								
53岁								
54岁								
55岁								
56岁								

3-16 续表 5

单位：人

年 龄	早产、低体重和过期产		发育畸形		营养不良		母孕期外伤及物理伤害	
	男	女	男	女	男	女	男	女
57岁								
58岁								
59岁								
60岁								
61岁								
62岁								
63岁								
64岁								
65岁								
66岁								
67岁								
68岁								
69岁								
70岁								
71岁								
72岁				1				
73岁								
74岁								
75岁								
76岁								
77岁								
78岁								
79岁								
80岁								
81岁								
82岁								
83岁								
84岁								
85+								

3-16 续表 6

单位：人

年龄	产伤		工伤		交通事故		其他外伤	
	男	女	男	女	男	女	男	女
总计			**2**		**1**	**1**	**1**	
0岁								
1岁								
2岁								
3岁								
4岁								
5岁								
6岁						1		
7岁								
8岁								
9岁								
10岁								
11岁								
12岁								
13岁								
14岁								
15岁								
16岁							1	
17岁								
18岁								
19岁								
20岁								
21岁								
22岁								
23岁								
24岁								
25岁								
26岁								
27岁								

3-16 续表 7

单位：人

年龄	产伤		工伤		交通事故		其他外伤	
	男	女	男	女	男	女	男	女
28岁								
29岁								
30岁								
31岁								
32岁								
33岁								
34岁								
35岁								
36岁								
37岁								
38岁								
39岁								
40岁								
41岁								
42岁								
43岁								
44岁					1			
45岁								
46岁								
47岁			1					
48岁								
49岁								
50岁			1					
51岁								
52岁								
53岁								
54岁								
55岁								
56岁								

3-16 续表 8

单位：人

年 龄	产伤		工伤		交通事故		其他外伤	
	男	女	男	女	男	女	男	女
57岁								
58岁								
59岁								
60岁								
61岁								
62岁								
63岁								
64岁								
65岁								
66岁								
67岁								
68岁								
69岁								
70岁								
71岁								
72岁								
73岁								
74岁								
75岁								
76岁								
77岁								
78岁								
79岁								
80岁								
81岁								
82岁								
83岁								
84岁								
85+								

3-16 续表 9

单位：人

年 龄	中毒与过敏反应		不良社会文化因素		其他		原因不明	
	男	女	男	女	男	女	男	女
总 计	**1**		**4**	**1**	**4**	**1**	**17**	**12**
0岁								
1岁								
2岁							1	
3岁					1	1	1	
4岁			1				3	1
5岁			2				1	
6岁								1
7岁								
8岁								2
9岁							1	
10岁							1	
11岁								1
12岁			1					1
13岁							1	
14岁								1
15岁								
16岁								
17岁								
18岁								
19岁							1	
20岁								
21岁							1	
22岁								
23岁								
24岁								
25岁							1	1
26岁								
27岁							2	

3-16 续表 10

单位：人

年 龄	中毒与过敏反应		不良社会文化因素		其他		原因不明	
	男	女	男	女	男	女	男	女
28岁							1	
29岁								
30岁								
31岁							1	
32岁								
33岁				1	1		1	
34岁								1
35岁								
36岁								
37岁								
38岁								1
39岁								
40岁								1
41岁								
42岁					1			
43岁								
44岁								
45岁								
46岁								
47岁	1							
48岁								
49岁								
50岁								
51岁								1
52岁								
53岁								
54岁								
55岁								
56岁					1			

3-16 续表 11

单位：人

年 龄	中毒与过敏反应		不良社会文化因素		其他		原因不明	
	男	女	男	女	男	女	男	女
57岁								
58岁								
59岁								
60岁								
61岁								
62岁								
63岁								
64岁								
65岁								
66岁								
67岁								
68岁								
69岁								
70岁								
71岁								
72岁								
73岁								
74岁								
75岁								
76岁								
77岁								
78岁								
79岁								
80岁								
81岁								
82岁								
83岁								
84岁								
85+								

3–17 精神残疾(含多重)人分年龄、性别的主要致残原因

单位：人

年 龄	痴呆		其他器质性精神障碍		使用精神活性物质所致的障碍		精神分裂症	
	男	女	男	女	男	女	男	女
总 计	**3**	**1**	**8**	**14**	**2**		**14**	**22**
0岁								
1岁			1					
2岁								
3岁								
4岁								
5岁								
6岁								
7岁								
8岁				1				
9岁								
10岁								
11岁								
12岁								
13岁			1					
14岁							1	2
15岁				1			1	
16岁			1	1				
17岁			1				1	
18岁		1	1					
19岁								1
20岁				1				
21岁			1	1				
22岁								
23岁								1
24岁								
25岁				1			1	2
26岁				1				1
27岁								

3-17 续表 1

单位：人

年龄	痴呆		其他器质性精神障碍		使用精神活性物质所致的障碍		精神分裂症	
	男	女	男	女	男	女	男	女
28岁				1			1	
29岁				1				
30岁							1	
31岁								
32岁							1	
33岁					1			
34岁				1				2
35岁				1			1	1
36岁	1							
37岁				1				
38岁							1	2
39岁								
40岁							1	1
41岁								1
42岁							1	
43岁				1				1
44岁			1	1				1
45岁								
46岁								
47岁			1		1			1
48岁								1
49岁								
50岁								
51岁								1
52岁								1
53岁								1
54岁							1	
55岁								
56岁								

3-17 续表 2

单位：人

年龄	痴呆		其他器质性精神障碍		使用精神活性物质所致的障碍		精神分裂症	
	男	女	男	女	男	女	男	女
57岁								1
58岁								
59岁								
60岁								
61岁								
62岁	1							
63岁							2	
64岁								
65岁								
66岁								
67岁								
68岁								
69岁								
70岁								
71岁								
72岁								
73岁								
74岁								
75岁	1							
76岁								
77岁								
78岁								
79岁								
80岁								
81岁								
82岁								
83岁								
84岁								
85+								

3-17 续表 3

单位：人

年 龄	妄想性障碍		分裂情感性障碍		其他精神病性障碍		心境障碍	
	男	女	男	女	男	女	男	女
总 计		**1**						**4**
0岁								
1岁								
2岁								
3岁								
4岁								
5岁								
6岁								
7岁								
8岁								
9岁								
10岁								
11岁								
12岁								
13岁								
14岁								
15岁								
16岁								
17岁								
18岁								
19岁								
20岁								
21岁								
22岁								
23岁								
24岁								
25岁								
26岁								
27岁								

3-17 续表 4

单位：人

年 龄	妄想性障碍		分裂情感性障碍		其他精神病性障碍		心境障碍	
	男	女	男	女	男	女	男	女
28岁		1						
29岁								
30岁								
31岁								
32岁								
33岁								
34岁								
35岁								1
36岁								
37岁								
38岁								
39岁								
40岁								1
41岁								
42岁								
43岁								
44岁								
45岁								
46岁								2
47岁								
48岁								
49岁								
50岁								
51岁								
52岁								
53岁								
54岁								
55岁								
56岁								

3-17 续表 5

单位：人

年 龄	妄想性障碍		分裂情感性障碍		其他精神病性障碍		心境障碍	
	男	女	男	女	男	女	男	女
57岁								
58岁								
59岁								
60岁								
61岁								
62岁								
63岁								
64岁								
65岁								
66岁								
67岁								
68岁								
69岁								
70岁								
71岁								
72岁								
73岁								
74岁								
75岁								
76岁								
77岁								
78岁								
79岁								
80岁								
81岁								
82岁								
83岁								
84岁								
85+								

3-17 续表 6

单位：人

年 龄	神经症性障碍		行为综合症		人格障碍		孤独症	
	男	女	男	女	男	女	男	女
总 计		**7**		**1**				**1**
0岁								
1岁								
2岁								
3岁								
4岁								
5岁								
6岁								
7岁								
8岁								
9岁								
10岁								
11岁								
12岁								
13岁								1
14岁								
15岁				1				
16岁								
17岁								
18岁		1						
19岁								
20岁								
21岁								
22岁								
23岁								
24岁								
25岁								
26岁								
27岁								

3-17 续表 7

单位：人

年龄	神经症性障碍		行为综合症		人格障碍		孤独症	
	男	女	男	女	男	女	男	女
28岁								
29岁								
30岁								
31岁								
32岁								
33岁								
34岁								
35岁								
36岁								
37岁								
38岁								
39岁								
40岁		1						
41岁								
42岁								
43岁		1						
44岁								
45岁								
46岁								
47岁								
48岁								
49岁								
50岁								
51岁								
52岁								
53岁								
54岁								
55岁								
56岁								

3-17 续表 8

单位：人

年 龄	神经症性障碍		行为综合症		人格障碍		孤独症	
	男	女	男	女	男	女	男	女
57岁								
58岁								
59岁								
60岁								
61岁								
62岁								
63岁								
64岁								
65岁								
66岁		2						
67岁								
68岁								
69岁		1						
70岁								
71岁								
72岁								
73岁		1						
74岁								
75岁								
76岁								
77岁								
78岁								
79岁								
80岁								
81岁								
82岁								
83岁								
84岁								
85+								

3-17 续表 9

单位：人

年 龄	癫痫		其他		原因不明	
	男	女	男	女	男	女
总 计	**7**	**19**	**6**	**7**	**2**	
0岁						
1岁						
2岁						
3岁					1	
4岁						
5岁			1			
6岁						
7岁						
8岁		2				
9岁	1	1				
10岁						
11岁	1	1		2		
12岁						
13岁	1	2	1			
14岁						
15岁	1	1	1	1		
16岁		1	1		1	
17岁	1			1		
18岁		2				
19岁						
20岁		1				
21岁		1				
22岁		1				
23岁						
24岁						
25岁		1	1			
26岁		1				
27岁						

3-17 续表 10

单位：人

年 龄	癫痫		其他		原因不明	
	男	女	男	女	男	女
28岁		1				
29岁		1				
30岁						
31岁						
32岁						
33岁						
34岁		1				
35岁	1					
36岁				1		
37岁						
38岁						
39岁						
40岁				1		
41岁			1			
42岁						
43岁						
44岁	1			1		
45岁						
46岁						
47岁						
48岁						
49岁		1				
50岁						
51岁						
52岁						
53岁						
54岁						
55岁						
56岁						

3-17 续表 11

单位：人

年 龄	癫痫		其他		原因不明	
	男	女	男	女	男	女
57岁						
58岁						
59岁						
60岁						
61岁						
62岁						
63岁						
64岁						
65岁						
66岁						
67岁						
68岁						
69岁						
70岁						
71岁						
72岁						
73岁						
74岁						
75岁						
76岁						
77岁						
78岁						
79岁						
80岁						
81岁						
82岁						
83岁						
84岁						
85+						

第四部分　残疾人的活动和参与、义务教育、社会保障、接受服务及主要需求

4-1 各地区18岁及以上视力残疾人分残疾等级的生活自理状况

单位：人

地 区	无障碍/无适用				轻度障碍			
	一级	二级	三级	四级	一级	二级	三级	四级
总 计		**6**	**28**	**35**	**4**	**26**	**35**	**67**
拉萨市城关区		1	2	27		5	5	8
昌都地区察雅县					1	1		24
山南地区琼结县		1	1	5	1	1	8	25
日喀则地区南木林县		4	13	1	1	5	3	6
日喀则地区白朗县			12	1			10	4
那曲地区索县				1	1	14	9	

4-1 续表 1

单位：人

地 区	中度障碍				重度障碍			
	一级	二级	三级	四级	一级	二级	三级	四级
总 计	**12**	**14**	**29**	**19**	**14**	**6**	**1**	
拉萨市城关区	1	3	9	9				
昌都地区察雅县	3	1		5	2			
山南地区琼结县	3	2	1		3	1		
日喀则地区南木林县	2	2	9	3	3			
日喀则地区白朗县	1	5	10	2	4	5	1	
那曲地区索县	2	1			2			

4-1 续表 2

单位：人

地 区	极重度障碍/不能完成			
	一级	二级	三级	四级
总 计	**6**	**1**		
拉萨市城关区	3	1		
昌都地区察雅县	1			
山南地区琼结县				
日喀则地区南木林县	1			
日喀则地区白朗县	1			
那曲地区索县				

4-2 各地区18岁及以上视力残疾人分残疾等级的生活活动状况

单位：人

地 区	无障碍/无适用				轻度障碍			
	一级	二级	三级	四级	一级	二级	三级	四级
总 计		**1**	**1**	**4**		**3**	**26**	**76**
拉萨市城关区				4		1	1	27
昌都地区察雅县								10
山南地区琼结县							3	29
日喀则地区南木林县		1				2	9	4
日喀则地区白朗县			1				13	5
那曲地区索县								1

4-2 续表 1

单位：人

地 区	中度障碍				重度障碍			
	一级	二级	三级	四级	一级	二级	三级	四级
总 计	**5**	**18**	**43**	**31**	**10**	**29**	**23**	**8**
拉萨市城关区		3	10	10	2	5	5	2
昌都地区察雅县	2	1		18	4	1		
山南地区琼结县	2	3	7	1	1	2		
日喀则地区南木林县		3	7	2	1	5	9	4
日喀则地区白朗县		3	11			6	8	2
那曲地区索县	1	5	8		2	10	1	

4-2 续表 2

单位：人

地 区	极重度障碍/不能完成			
	一级	二级	三级	四级
总 计	**21**	**2**		**2**
拉萨市城关区	2	1		1
昌都地区察雅县	1			1
山南地区琼结县	4			
日喀则地区南木林县	6			
日喀则地区白朗县	6	1		
那曲地区索县	2			

4-3 各地区18岁及以上视力残疾人分残疾等级的社会参与状况

单位：人

地区	无障碍/无适用				轻度障碍			
	一级	二级	三级	四级	一级	二级	三级	四级
总计			**1**	**1**		**5**	**22**	**46**
拉萨市城关区				1		2	1	27
昌都地区察雅县								5
山南地区琼结县							1	4
日喀则地区南木林县						2	10	5
日喀则地区白朗县			1			1	10	4
那曲地区索县								1

4-3 续表 1

单位：人

地区	中度障碍				重度障碍			
	一级	二级	三级	四级	一级	二级	三级	四级
总计	**5**	**15**	**43**	**61**	**16**	**31**	**27**	**11**
拉萨市城关区		2	9	12	1	4	6	2
昌都地区察雅县	1			21	5	2		3
山南地区琼结县	2		9	26		5		
日喀则地区南木林县	1	3	7	1	3	6	8	4
日喀则地区白朗县	1	5	14	1	4	4	8	2
那曲地区索县		5	4		3	10	5	

4-3 续表 2

单位：人

地 区	极重度障碍/不能完成			
	一级	二级	三级	四级
总 计	**15**	**2**		**2**
拉萨市城关区	3	2		2
昌都地区察雅县	1			
山南地区琼结县	5			
日喀则地区南木林县	3			
日喀则地区白朗县	1			
那曲地区索县	2			

4-4 各地区18岁及以上听力残疾人分残疾等级的理解和交流状况

单位：人

地 区	无障碍/无适用				轻度障碍			
	一级	二级	三级	四级	一级	二级	三级	四级
总 计	**1**	**2**	**11**	**22**	**9**	**10**	**83**	**111**
拉萨市城关区		1	5	4	1	3	23	27
昌都地区察雅县		1	1	1	2	2	12	8
山南地区琼结县				6	1	4	31	43
日喀则地区南木林县	1		4	6	2		5	9
日喀则地区白朗县				3			9	14
那曲地区索县			1	2	3	1	3	10

4-4 续表 1

单位：人

地 区	中度障碍				重度障碍			
	一级	二级	三级	四级	一级	二级	三级	四级
总 计	**5**	**11**	**30**	**29**	**3**		**2**	**2**
拉萨市城关区	3	2	12	3	2		1	2
昌都地区察雅县		1	3					
山南地区琼结县	2	4	7	15				
日喀则地区南木林县		2	2	3	1			
日喀则地区白朗县		2	5	2			1	
那曲地区索县			1	6				

4-4 续表 2

单位：人

地 区	极重度障碍/不能完成			
	一级	二级	三级	四级
总 计				
拉萨市城关区				
昌都地区察雅县				
山南地区琼结县				
日喀则地区南木林县				
日喀则地区白朗县				
那曲地区索县				

4-5 各地区18岁及以上听力残疾人分残疾等级的生活自理状况

单位：人

地区	无障碍/无适用				轻度障碍			
	一级	二级	三级	四级	一级	二级	三级	四级
总计	**14**	**17**	**104**	**140**	**3**	**6**	**20**	**21**
拉萨市城关区	5	6	40	33	1		1	1
昌都地区察雅县	2	4	16	9				
山南地区琼结县	2	5	32	48		3	5	15
日喀则地区南木林县	2	1	7	16	2	1	4	2
日喀则地区白朗县			6	16		2	8	3
那曲地区索县	3	1	3	18			2	

4-5 续表 1

单位：人

地区	中度障碍				重度障碍			
	一级	二级	三级	四级	一级	二级	三级	四级
总计	**1**		**2**	**1**				**2**
拉萨市城关区								2
昌都地区察雅县								
山南地区琼结县	1		1	1				
日喀则地区南木林县								
日喀则地区白朗县			1					
那曲地区索县								

4-5 续表 2

单位：人

地 区	极重度障碍/不能完成			
	一级	二级	三级	四级
总 计				
拉萨市城关区				
昌都地区察雅县				
山南地区琼结县				
日喀则地区南木林县				
日喀则地区白朗县				
那曲地区索县				

4-6 各地区18岁及以上听力残疾人分残疾等级的与人相处状况

单位：人

地 区	无障碍/无适用				轻度障碍			
	一级	二级	三级	四级	一级	二级	三级	四级
总 计	**1**	**2**	**13**	**20**	**8**	**12**	**76**	**110**
拉萨市城关区			3	2	1	4	27	28
昌都地区察雅县		1	1	1	1	2	11	8
山南地区琼结县		1	5	9	2	3	24	44
日喀则地区南木林县	1		3	6	3	1	6	7
日喀则地区白朗县				2		1	8	13
那曲地区索县			1		1	1		10

4-6 续表 1

单位：人

地　区	中度障碍				重度障碍			
	一级	二级	三级	四级	一级	二级	三级	四级
总　计	**7**	**9**	**34**	**32**	**1**		**3**	**2**
拉萨市城关区	4	2	11	4	1			2
昌都地区察雅县	1	1	4					
山南地区琼结县		4	9	11				
日喀则地区南木林县		1	2	5				
日喀则地区白朗县		1	4	4			3	
那曲地区索县	2		4	8				

4-6 续表 2

单位：人

地　区	极重度障碍/不能完成			
	一级	二级	三级	四级
总　计	**1**			
拉萨市城关区				
昌都地区察雅县				
山南地区琼结县	1			
日喀则地区南木林县				
日喀则地区白朗县				
那曲地区索县				

4-7 各地区18岁及以上听力残疾人分残疾等级的生活活动状况

单位：人

地 区	无障碍/无适用				轻度障碍			
	一级	二级	三级	四级	一级	二级	三级	四级
总 计	**2**	**3**	**22**	**41**	**7**	**10**	**55**	**74**
拉萨市城关区	1	1	7	5	1	2	8	10
昌都地区察雅县		1	3	2		2	13	7
山南地区琼结县		1	7	23	2	4	20	28
日喀则地区南木林县	1		5	9	2		4	6
日喀则地区白朗县				1		1	6	11
那曲地区索县				1	2	1	4	12

4-7 续表 1

单位：人

地 区	中度障碍				重度障碍			
	一级	二级	三级	四级	一级	二级	三级	四级
总 计	**5**	**8**	**33**	**36**	**3**	**1**	**12**	**9**
拉萨市城关区	2	3	15	11	1		8	6
昌都地区察雅县	2	1						
山南地区琼结县		2	10	12	1		1	1
日喀则地区南木林县		1	2	1	1	1		2
日喀则地区白朗县		1	5	7			3	
那曲地区索县	1		1	5				

4-7 续表 2

单位：人

地 区	极重度障碍/不能完成			
	一级	二级	三级	四级
总 计	**1**	**1**	**4**	**4**
拉萨市城关区	1		3	4
昌都地区察雅县				
山南地区琼结县		1		
日喀则地区南木林县				
日喀则地区白朗县			1	
那曲地区索县				

4-8 各地区18岁及以上听力残疾人分残疾等级的社会参与状况

单位：人

地 区	无障碍/无适用				轻度障碍			
	一级	二级	三级	四级	一级	二级	三级	四级
总 计			**2**	**5**	**3**	**3**	**39**	**83**
拉萨市城关区							2	7
昌都地区察雅县						1	4	5
山南地区琼结县			2	3		1	27	44
日喀则地区南木林县				2	3		6	10
日喀则地区白朗县								8
那曲地区索县						1		9

4-8 续表 1

单位：人

地 区	中度障碍				重度障碍			
	一级	二级	三级	四级	一级	二级	三级	四级
总 计	**5**	**10**	**70**	**71**	**4**	**9**	**14**	**5**
拉萨市城关区		2	35	27	1	4	4	2
昌都地区察雅县			9	4	1	2	2	
山南地区琼结县	2	6	9	15	1	1		2
日喀则地区南木林县		1	5	6	1	1		
日喀则地区白朗县		1	7	10		1	8	1
那曲地区索县	3		5	9				

4-8 续表 2

单位：人

地 区	极重度障碍/不能完成			
	一级	二级	三级	四级
总 计	**6**	**1**	**1**	
拉萨市城关区	5			
昌都地区察雅县	1	1	1	
山南地区琼结县				
日喀则地区南木林县				
日喀则地区白朗县				
那曲地区索县				

4-9 各地区18岁及以上言语残疾人分残疾等级的理解和交流状况

单位：人

地 区	无障碍/无适用				轻度障碍			
	一级	二级	三级	四级	一级	二级	三级	四级
总 计		**1**		**1**		**3**	**2**	**3**
拉萨市城关区								1
昌都地区察雅县						1		1
山南地区琼结县		1		1			1	
日喀则地区南木林县								1
日喀则地区白朗县							1	
那曲地区索县						2		

4-9 续表 1

单位：人

地 区	中度障碍				重度障碍			
	一级	二级	三级	四级	一级	二级	三级	四级
总 计	**1**	**3**		**2**	**2**			
拉萨市城关区					1			
昌都地区察雅县		2						
山南地区琼结县	1			1				
日喀则地区南木林县				1				
日喀则地区白朗县		1			1			
那曲地区索县								

4-9 续表 2

单位：人

地 区	极重度障碍/不能完成			
	一级	二级	三级	四级
总 计				
拉萨市城关区				
昌都地区察雅县				
山南地区琼结县				
日喀则地区南木林县				
日喀则地区白朗县				
那曲地区索县				

4-10 各地区18岁及以上言语残疾人分残疾等级的生活自理状况

单位：人

地 区	无障碍/无适用				轻度障碍			
	一级	二级	三级	四级	一级	二级	三级	四级
总 计	**1**	**6**	**2**	**5**	**1**	**1**		**1**
拉萨市城关区	1							1
昌都地区察雅县		3		1				
山南地区琼结县		1	1	2	1			
日喀则地区南木林县				2				
日喀则地区白朗县			1			1		
那曲地区索县		2						

4-10 续表 1

单位：人

地 区	中度障碍				重度障碍			
	一级	二级	三级	四级	一级	二级	三级	四级
总 计					**1**			
拉萨市城关区								
昌都地区察雅县								
山南地区琼结县								
日喀则地区南木林县								
日喀则地区白朗县					1			
那曲地区索县								

4-10 续表 2

单位：人

地 区	极重度障碍/不能完成			
	一级	二级	三级	四级
总 计				
拉萨市城关区				
昌都地区察雅县				
山南地区琼结县				
日喀则地区南木林县				
日喀则地区白朗县				
那曲地区索县				

4-11 各地区18岁及以上言语残疾人分残疾等级的与人相处状况

单位：人

地 区	无障碍/无适用				轻度障碍			
	一级	二级	三级	四级	一级	二级	三级	四级
总 计		**1**	**1**			**1**	**1**	**5**
拉萨市城关区								1
昌都地区察雅县						1		1
山南地区琼结县		1					1	1
日喀则地区南木林县								2
日喀则地区白朗县			1					
那曲地区索县								

4-11 续表 1

单位：人

地 区	中度障碍				重度障碍			
	一级	二级	三级	四级	一级	二级	三级	四级
总 计		**4**		**1**	**2**	**1**		
拉萨市城关区					1			
昌都地区察雅县		2						
山南地区琼结县				1	1			
日喀则地区南木林县								
日喀则地区白朗县						1		
那曲地区索县		2						

4-11 续表 2

单位：人

地 区	极重度障碍/不能完成			
	一级	二级	三级	四级
总 计	**1**			
拉萨市城关区				
昌都地区察雅县				
山南地区琼结县				
日喀则地区南木林县				
日喀则地区白朗县	1			
那曲地区索县				

4-12 各地区18岁及以上言语残疾人分残疾等级的生活活动状况

单位：人

地 区	无障碍/无适用				轻度障碍			
	一级	二级	三级	四级	一级	二级	三级	四级
总 计		1		2		3	2	3
拉萨市城关区								1
昌都地区察雅县						1		1
山南地区琼结县		1		1			1	1
日喀则地区南木林县				1				
日喀则地区白朗县							1	
那曲地区索县						2		

4-12　续表 1

单位：人

地　区	中度障碍				重度障碍			
	一级	二级	三级	四级	一级	二级	三级	四级
总　计	1	2		1	2	1		
拉萨市城关区					1			
昌都地区察雅县		2						
山南地区琼结县	1							
日喀则地区南木林县				1				
日喀则地区白朗县					1	1		
那曲地区索县								

4-12　续表 2

单位：人

地　区	极重度障碍/不能完成			
	一级	二级	三级	四级
总　计				
拉萨市城关区				
昌都地区察雅县				
山南地区琼结县				
日喀则地区南木林县				
日喀则地区白朗县				
那曲地区索县				

4-13 各地区18岁及以上言语残疾人分残疾等级的社会参与状况

单位：人

地区	无障碍/无适用				轻度障碍			
	一级	二级	三级	四级	一级	二级	三级	四级
总计				1		1	1	1
拉萨市城关区								
昌都地区察雅县						1		
山南地区琼结县				1				
日喀则地区南木林县								1
日喀则地区白朗县							1	
那曲地区索县								

4-13 续表 1

单位：人

地区	中度障碍				重度障碍			
	一级	二级	三级	四级	一级	二级	三级	四级
总计		4	1	4	3	2		
拉萨市城关区				1	1			
昌都地区察雅县		1		1		1		
山南地区琼结县		1	1	1	1			
日喀则地区南木林县				1				
日喀则地区白朗县					1	1		
那曲地区索县		2						

4-13 续表 2

单位：人

地区	极重度障碍/不能完成			
	一级	二级	三级	四级
总计				
拉萨市城关区				
昌都地区察雅县				
山南地区琼结县				
日喀则地区南木林县				
日喀则地区白朗县				
那曲地区索县				

4-14 各地区18岁及以上肢体残疾人分残疾等级的身体移动状况

单位：人

地区	无障碍/无适用				轻度障碍			
	一级	二级	三级	四级	一级	二级	三级	四级
总计	**2**	**4**	**14**	**66**		**2**	**22**	**104**
拉萨市城关区	1	2	6	29		2	10	24
昌都地区察雅县	1		1	7			2	11
山南地区琼结县		1	1	2				16
日喀则地区南木林县		1	1	9			2	27
日喀则地区白朗县			3	16			2	14
那曲地区索县			2	3			6	12

4-14 续表 1

单位：人

地区	中度障碍				重度障碍			
	一级	二级	三级	四级	一级	二级	三级	四级
总计		**10**	**49**	**56**	**7**	**4**	**23**	**11**
拉萨市城关区		3	4		1	2	1	
昌都地区察雅县		3	15	9	3	2	5	5
山南地区琼结县			5	5	1		6	
日喀则地区南木林县			3	10	1		3	1
日喀则地区白朗县		1	5	13	1		1	3
那曲地区索县		3	17	19			7	2

4-14 续表 2

单位：人

地区	极重度障碍/不能完成			
	一级	二级	三级	四级
总计	**17**	**8**	**2**	
拉萨市城关区	5	3		
昌都地区察雅县	3	2	1	
山南地区琼结县	2			
日喀则地区南木林县	3			
日喀则地区白朗县	2	1		
那曲地区索县	2	2	1	

4-15 各地区18岁及以上肢体残疾人分残疾等级的生活自理状况

单位：人

地区	无障碍/无适用				轻度障碍			
	一级	二级	三级	四级	一级	二级	三级	四级
总计			**7**	**62**		**10**	**46**	**133**
拉萨市城关区			5	26		3	13	27
昌都地区察雅县			1	2		4	15	19
山南地区琼结县				3				17
日喀则地区南木林县				12			3	29
日喀则地区白朗县			1	19			5	17
那曲地区索县						3	10	24

4-15 续表 1

单位：人

地区	中度障碍				重度障碍			
	一级	二级	三级	四级	一级	二级	三级	四级
总计	**3**	**6**	**54**	**33**	**8**	**8**	**2**	
拉萨市城关区	1	3	3		1	5		
昌都地区察雅县	2	2	7	7	2	1	1	
山南地区琼结县			12	3	2			
日喀则地区南木林县			6	5				
日喀则地区白朗县			5	8	2	1		
那曲地区索县		1	21	10	1	1	1	

4-15 续表 2

单位：人

地 区	极重度障碍/不能完成			
	一级	二级	三级	四级
总 计	**15**	**4**	**1**	**1**
拉萨市城关区	5	1		
昌都地区察雅县	3			1
山南地区琼结县	1	1		
日喀则地区南木林县	4	1		
日喀则地区白朗县	1	1		
那曲地区索县	1		1	

4-16 各地区18岁及以上肢体残疾人分残疾等级的生活活动状况

单位：人

地 区	无障碍/无适用				轻度障碍			
	一级	二级	三级	四级	一级	二级	三级	四级
总 计			**2**	**5**			**8**	**86**
拉萨市城关区				2			6	42
昌都地区察雅县				1				8
山南地区琼结县							1	17
日喀则地区南木林县			1					10
日喀则地区白朗县			1	1			1	8
那曲地区索县				1				1

4-16 续表 1

单位：人

地 区	中度障碍				重度障碍			
	一级	二级	三级	四级	一级	二级	三级	四级
总 计		**9**	**55**	**99**	**4**	**6**	**30**	**41**
拉萨市城关区		4	15	9	1	2		
昌都地区察雅县		4	20	17	3	2	2	5
山南地区琼结县			6	6		1	5	
日喀则地区南木林县			4	33			3	4
日喀则地区白朗县			4	16			3	18
那曲地区索县		1	6	18		1	17	14

4-16 续表 2

单位：人

地 区	极重度障碍/不能完成			
	一级	二级	三级	四级
总 计	**22**	**13**	**15**	**6**
拉萨市城关区	6	6		
昌都地区察雅县	4	1	2	1
山南地区琼结县	3			
日喀则地区南木林县	4	1	1	
日喀则地区白朗县	3	2	2	3
那曲地区索县	2	3	10	2

4-17　各地区18岁及以上肢体残疾人分残疾等级的社会参与状况

单位：人

地　区	无障碍/无适用				轻度障碍			
	一级	二级	三级	四级	一级	二级	三级	四级
总　计			**2**	**4**			**24**	**128**
拉萨市城关区			1				7	33
昌都地区察雅县							1	2
山南地区琼结县				2			3	20
日喀则地区南木林县			1	1				15
日喀则地区白朗县							5	31
那曲地区索县				1			8	27

4-17　续表 1

单位：人

地　区	中度障碍				重度障碍			
	一级	二级	三级	四级	一级	二级	三级	四级
总　计	**1**	**19**	**73**	**85**	**10**	**6**	**9**	**19**
拉萨市城关区		6	13	19	2	4		1
昌都地区察雅县		4	19	19	4	2	3	10
山南地区琼结县		1	7	1	2		2	
日喀则地区南木林县		1	5	26			2	5
日喀则地区白朗县	1	2	5	12	1		1	3
那曲地区索县		5	24	8	1		1	

4-17 续表 2

单位：人

地 区	极重度障碍/不能完成			
	一级	二级	三级	四级
总 计	**15**	**3**	**2**	**1**
拉萨市城关区	5	2		
昌都地区察雅县	3	1	1	1
山南地区琼结县	1			
日喀则地区南木林县	4		1	
日喀则地区白朗县	1			
那曲地区索县	1			

4-18 各地区18岁及以上智力残疾人分残疾等级的理解和交流状况

单位：人

地 区	无障碍/无适用				轻度障碍			
	一级	二级	三级	四级	一级	二级	三级	四级
总 计			**1**	**1**				**1**
拉萨市城关区								1
昌都地区察雅县								
山南地区琼结县				1				
日喀则地区南木林县								
日喀则地区白朗县			1					
那曲地区索县								

4-18 续表 1

单位：人

地　区	中度障碍				重度障碍			
	一级	二级	三级	四级	一级	二级	三级	四级
总　计			**1**	**3**		**1**	**2**	**2**
拉萨市城关区								
昌都地区察雅县								
山南地区琼结县				3		1	2	2
日喀则地区南木林县								
日喀则地区白朗县			1					
那曲地区索县								

4-18 续表 2

单位：人

地　区	极重度障碍/不能完成			
	一级	二级	三级	四级
总　计	**1**			
拉萨市城关区	1			
昌都地区察雅县				
山南地区琼结县				
日喀则地区南木林县				
日喀则地区白朗县				
那曲地区索县				

4-19 各地区18岁及以上智力残疾人分残疾等级的身体移动状况

单位：人

地　区	无障碍/无适用				轻度障碍			
	一级	二级	三级	四级	一级	二级	三级	四级
总　计			**3**	**6**		**1**	**1**	**1**
拉萨市城关区								1
昌都地区察雅县								
山南地区琼结县			2	6		1		
日喀则地区南木林县								
日喀则地区白朗县			1				1	
那曲地区索县								

4-19 续表 1

单位：人

地　区	中度障碍				重度障碍			
	一级	二级	三级	四级	一级	二级	三级	四级
总　计								
拉萨市城关区								
昌都地区察雅县								
山南地区琼结县								
日喀则地区南木林县								
日喀则地区白朗县								
那曲地区索县								

4-19　续表 2

单位：人

地　区	极重度障碍/不能完成			
	一级	二级	三级	四级
总　计	**1**			
拉萨市城关区	1			
昌都地区察雅县				
山南地区琼结县				
日喀则地区南木林县				
日喀则地区白朗县				
那曲地区索县				

4-20　各地区18岁及以上智力残疾人分残疾等级的生活自理状况

单位：人

地　区	无障碍/无适用				轻度障碍			
	一级	二级	三级	四级	一级	二级	三级	四级
总　计				**2**			**3**	**4**
拉萨市城关区								1
昌都地区察雅县								
山南地区琼结县				2			2	3
日喀则地区南木林县								
日喀则地区白朗县							1	
那曲地区索县								

4-20 续表 1

单位：人

地 区	中度障碍				重度障碍			
	一级	二级	三级	四级	一级	二级	三级	四级
总 计		**1**	**1**	**1**				
拉萨市城关区								
昌都地区察雅县								
山南地区琼结县		1		1				
日喀则地区南木林县								
日喀则地区白朗县			1					
那曲地区索县								

4-20 续表 2

单位：人

地 区	极重度障碍/不能完成			
	一级	二级	三级	四级
总 计	**1**			
拉萨市城关区	1			
昌都地区察雅县				
山南地区琼结县				
日喀则地区南木林县				
日喀则地区白朗县				
那曲地区索县				

4-21　各地区18岁及以上智力残疾人分残疾等级的与人相处状况

单位：人

地　区	无障碍/无适用				轻度障碍			
	一级	二级	三级	四级	一级	二级	三级	四级
总　计				**2**				
拉萨市城关区				1				
昌都地区察雅县								
山南地区琼结县				1				
日喀则地区南木林县								
日喀则地区白朗县								
那曲地区索县								

4-21　续表 1

单位：人

地　区	中度障碍				重度障碍			
	一级	二级	三级	四级	一级	二级	三级	四级
总　计			**1**	**1**		**1**	**3**	**4**
拉萨市城关区								
昌都地区察雅县								
山南地区琼结县				1		1	2	4
日喀则地区南木林县								
日喀则地区白朗县			1				1	
那曲地区索县								

4-21 续表 2

单位：人

地 区	极重度障碍/不能完成			
	一级	二级	三级	四级
总 计	**1**			
拉萨市城关区	1			
昌都地区察雅县				
山南地区琼结县				
日喀则地区南木林县				
日喀则地区白朗县				
那曲地区索县				

4-22 各地区18岁及以上智力残疾人分残疾等级的生活活动状况

单位：人

地 区	无障碍/无适用				轻度障碍			
	一级	二级	三级	四级	一级	二级	三级	四级
总 计								**3**
拉萨市城关区								1
昌都地区察雅县								
山南地区琼结县								2
日喀则地区南木林县								
日喀则地区白朗县								
那曲地区索县								

4-22 续表 1

单位：人

地 区	中度障碍				重度障碍			
	一级	二级	三级	四级	一级	二级	三级	四级
总 计				**1**		**1**	**1**	**3**
拉萨市城关区								
昌都地区察雅县								
山南地区琼结县				1		1	1	3
日喀则地区南木林县								
日喀则地区白朗县								
那曲地区索县								

4-22 续表 2

单位：人

地 区	极重度障碍/不能完成			
	一级	二级	三级	四级
总 计	**1**		**3**	
拉萨市城关区	1			
昌都地区察雅县				
山南地区琼结县			1	
日喀则地区南木林县				
日喀则地区白朗县			2	
那曲地区索县				

4-23 各地区18岁及以上智力残疾人分残疾等级的社会参与状况

单位：人

地 区	无障碍/无适用				轻度障碍			
	一级	二级	三级	四级	一级	二级	三级	四级
总 计								**1**
拉萨市城关区								
昌都地区察雅县								
山南地区琼结县								1
日喀则地区南木林县								
日喀则地区白朗县								
那曲地区索县								

4-23 续表 1

单位：人

地 区	中度障碍				重度障碍			
	一级	二级	三级	四级	一级	二级	三级	四级
总 计			**1**	**2**			**2**	**3**
拉萨市城关区				1				
昌都地区察雅县								
山南地区琼结县			1	1				3
日喀则地区南木林县								
日喀则地区白朗县							2	
那曲地区索县								

4-23 续表 2

单位：人

地　区	极重度障碍/不能完成			
	一级	二级	三级	四级
总　计	**1**	**1**	**1**	**1**
拉萨市城关区	1			
昌都地区察雅县				
山南地区琼结县		1	1	1
日喀则地区南木林县				
日喀则地区白朗县				
那曲地区索县				

4-24 各地区18岁及以上精神残疾人分残疾等级的理解和交流状况

单位：人

地　区	无障碍/无适用				轻度障碍			
	一级	二级	三级	四级	一级	二级	三级	四级
总　计				**4**				**9**
拉萨市城关区				1				2
昌都地区察雅县								1
山南地区琼结县								1
日喀则地区南木林县								1
日喀则地区白朗县				3				4
那曲地区索县								

4-24 续表 1

单位：人

地　区	中度障碍				重度障碍			
	一级	二级	三级	四级	一级	二级	三级	四级
总　计	**2**	**5**	**5**	**1**	**10**	**2**		
拉萨市城关区			1					
昌都地区察雅县	1	1			4			
山南地区琼结县			1					
日喀则地区南木林县		1	1	1	1			
日喀则地区白朗县			2					
那曲地区索县	1	3			5	2		

4-24 续表 2

单位：人

地　区	极重度障碍/不能完成			
	一级	二级	三级	四级
总　计	**7**			
拉萨市城关区				
昌都地区察雅县	1			
山南地区琼结县	1			
日喀则地区南木林县	1			
日喀则地区白朗县	1			
那曲地区索县	3			

4-25 各地区18岁及以上精神残疾人分残疾等级的身体移动状况

单位：人

地区	无障碍/无适用				轻度障碍			
	一级	二级	三级	四级	一级	二级	三级	四级
总计	**11**	**3**	**5**	**10**	**5**	**3**		**4**
拉萨市城关区			1	2				1
昌都地区察雅县	2	1		1	2			
山南地区琼结县	1		1	1				
日喀则地区南木林县	2		1	2		1		
日喀则地区白朗县	1		2	4				3
那曲地区索县	5	2			3	2		

4-25 续表 1

单位：人

地区	中度障碍				重度障碍			
	一级	二级	三级	四级	一级	二级	三级	四级
总计	**2**					**1**		
拉萨市城关区								
昌都地区察雅县	1							
山南地区琼结县								
日喀则地区南木林县								
日喀则地区白朗县								
那曲地区索县	1					1		

4-25 续表 2

单位：人

地 区	极重度障碍/不能完成			
	一级	二级	三级	四级
总 计	**1**			
拉萨市城关区				
昌都地区察雅县	1			
山南地区琼结县				
日喀则地区南木林县				
日喀则地区白朗县				
那曲地区索县				

4-26 各地区18岁及以上精神残疾人分残疾等级的生活自理状况

单位：人

地 区	无障碍/无适用				轻度障碍			
	一级	二级	三级	四级	一级	二级	三级	四级
总 计			**1**	**8**	**11**	**5**	**4**	**6**
拉萨市城关区				1			1	2
昌都地区察雅县								1
山南地区琼结县				1			1	
日喀则地区南木林县			1	2	2	1		
日喀则地区白朗县				4			2	3
那曲地区索县					9	4		

4-26 续表 1

单位：人

地 区	中度障碍				重度障碍			
	一级	二级	三级	四级	一级	二级	三级	四级
总 计	**6**	**2**			**1**			
拉萨市城关区								
昌都地区察雅县	4	1			1			
山南地区琼结县	1							
日喀则地区南木林县								
日喀则地区白朗县	1							
那曲地区索县		1						

4-26 续表 2

单位：人

地 区	极重度障碍/不能完成			
	一级	二级	三级	四级
总 计	**1**			
拉萨市城关区				
昌都地区察雅县	1			
山南地区琼结县				
日喀则地区南木林县				
日喀则地区白朗县				
那曲地区索县				

4-27 各地区18岁及以上精神残疾人分残疾等级的与人相处状况

单位：人

地 区	无障碍/无适用				轻度障碍			
	一级	二级	三级	四级	一级	二级	三级	四级
总 计	**1**			**2**		**1**	**1**	**10**
拉萨市城关区				1				2
昌都地区察雅县	1							1
山南地区琼结县								1
日喀则地区南木林县								1
日喀则地区白朗县				1			1	5
那曲地区索县						1		

4-27 续表 1

单位：人

地 区	中度障碍				重度障碍			
	一级	二级	三级	四级	一级	二级	三级	四级
总 计	**3**	**3**	**4**	**2**	**11**	**3**		
拉萨市城关区			1					
昌都地区察雅县	3	1			2			
山南地区琼结县			1		1			
日喀则地区南木林县			1	1	2	1		
日喀则地区白朗县			1	1	1			
那曲地区索县		2			5	2		

4-27　续表 2

单位：人

地　区	极重度障碍/不能完成			
	一级	二级	三级	四级
总　计	**4**			
拉萨市城关区				
昌都地区察雅县				
山南地区琼结县				
日喀则地区南木林县				
日喀则地区白朗县				
那曲地区索县	4			

4-28　各地区18岁及以上精神残疾人分残疾等级的生活活动状况

单位：人

地　区	无障碍/无适用				轻度障碍			
	一级	二级	三级	四级	一级	二级	三级	四级
总　计				**1**				**7**
拉萨市城关区				1				1
昌都地区察雅县								1
山南地区琼结县								1
日喀则地区南木林县								1
日喀则地区白朗县								3
那曲地区索县								

4-28 续表 1

单位：人

地区	中度障碍				重度障碍			
	一级	二级	三级	四级	一级	二级	三级	四级
总计		**1**	**3**	**6**	**9**	**6**	**2**	
拉萨市城关区			1	1				
昌都地区察雅县					2	1		
山南地区琼结县			1					
日喀则地区南木林县			1	1	1	1		
日喀则地区白朗县				4			2	
那曲地区索县		1			6	4		

4-28 续表 2

单位：人

地区	极重度障碍/不能完成			
	一级	二级	三级	四级
总计	**10**			
拉萨市城关区				
昌都地区察雅县	4			
山南地区琼结县	1			
日喀则地区南木林县	1			
日喀则地区白朗县	1			
那曲地区索县	3			

4-29 各地区18岁及以上精神残疾人分残疾等级的社会参与状况

单位：人

地区	无障碍/无适用				轻度障碍			
	一级	二级	三级	四级	一级	二级	三级	四级
总计								**2**
拉萨市城关区								
昌都地区察雅县								
山南地区琼结县								
日喀则地区南木林县								
日喀则地区白朗县								2
那曲地区索县								

4-29 续表 1

单位：人

地区	中度障碍				重度障碍			
	一级	二级	三级	四级	一级	二级	三级	四级
总计	**6**	**3**	**3**	**11**	**10**	**4**	**2**	**1**
拉萨市城关区			1	3				
昌都地区察雅县				1	4	1		
山南地区琼结县			1	1	1			
日喀则地区南木林县				2	1	1	1	
日喀则地区白朗县			1	4	1		1	1
那曲地区索县	6	3			3	2		

4-29 续表 2

单位：人

地　区	极重度障碍/不能完成			
	一级	二级	三级	四级
总　计	**3**			
拉萨市城关区				
昌都地区察雅县	2			
山南地区琼结县				
日喀则地区南木林县	1			
日喀则地区白朗县				
那曲地区索县				

4-30 各地区18岁及以上多重残疾人分残疾等级的理解和交流状况

单位：人

地　区	无障碍/无适用				轻度障碍			
	一级	二级	三级	四级	一级	二级	三级	四级
总　计	**5**	**8**	**11**	**4**	**17**	**3**	**14**	**13**
拉萨市城关区	2	1	4	1	1			5
昌都地区察雅县		1	1		3	1	3	
山南地区琼结县		1	2	1	3		6	6
日喀则地区南木林县	1	1			7		2	
日喀则地区白朗县		1		1	2		2	1
那曲地区索县	2	3	4	1	1	2	1	1

4-30 续表 1

单位：人

地　区	中度障碍				重度障碍			
	一级	二级	三级	四级	一级	二级	三级	四级
总　计	**35**	**10**	**26**	**13**	**40**	**9**	**7**	**1**
拉萨市城关区	3	2	8	3	7	2	2	1
昌都地区察雅县	9	1	2		11		2	
山南地区琼结县	11	3	9	9	12	3	2	
日喀则地区南木林县	2		1		1	1		
日喀则地区白朗县	1	1	1		2	1		
那曲地区索县	9	3	5	1	7	2	1	

4-30 续表 2

单位：人

地　区	极重度障碍/不能完成			
	一级	二级	三级	四级
总　计	**22**	**2**	**1**	
拉萨市城关区	5	1	1	
昌都地区察雅县	3			
山南地区琼结县	6			
日喀则地区南木林县	1			
日喀则地区白朗县	4	1		
那曲地区索县	3			

4-31 各地区18岁及以上多重残疾人分残疾等级的身体移动状况

单位：人

地区	无障碍/无适用				轻度障碍			
	一级	二级	三级	四级	一级	二级	三级	四级
总计	**88**	**14**	**42**	**21**	**8**	**7**	**6**	**8**
拉萨市城关区	10	2	9	10	3	1	3	
昌都地区察雅县	22	1	7		1			
山南地区琼结县	26	4	17	10		2	1	6
日喀则地区南木林县	12	1	3			1		
日喀则地区白朗县	6	2	3			1		2
那曲地区索县	12	4	3	1	4	2	2	

4-31 续表 1

单位：人

地区	中度障碍				重度障碍			
	一级	二级	三级	四级	一级	二级	三级	四级
总计	**8**	**6**	**8**	**1**	**7**	**3**	**3**	**1**
拉萨市城关区	3	1	3			1		
昌都地区察雅县		1			1	1	1	
山南地区琼结县	3	1	1		2			
日喀则地区南木林县								
日喀则地区白朗县	2				1			
那曲地区索县		3	4	1	3	1	2	1

4-31 续表 2

单位：人

地区	极重度障碍/不能完成			
	一级	二级	三级	四级
总计	**8**	**2**		
拉萨市城关区	2	1		
昌都地区察雅县	2			
山南地区琼结县	1			
日喀则地区南木林县				
日喀则地区白朗县		1		
那曲地区索县	3			

4-32 各地区18岁及以上多重残疾人分残疾等级的生活自理状况

单位：人

地区	无障碍/无适用				轻度障碍			
	一级	二级	三级	四级	一级	二级	三级	四级
总计	**39**	**8**	**15**	**16**	**27**	**11**	**27**	**14**
拉萨市城关区	1	1	6	9	5	1	5	1
昌都地区察雅县	15		1		3	1	3	
山南地区琼结县	7	1	5	5	8	2	13	11
日喀则地区南木林县	8	1	1		2	1	2	
日喀则地区白朗县	1			1	3	3	2	1
那曲地区索县	7	5	2	1	6	3	2	1

4-32 续表 1

单位：人

地　区	中度障碍				重度障碍			
	一级	二级	三级	四级	一级	二级	三级	四级
总　计	**23**	**11**	**17**	**1**	**22**	**2**		
拉萨市城关区	4	3	4		3	1		
昌都地区察雅县	3	2	4		4			
山南地区琼结县	9	4	1		7			
日喀则地区南木林县	2							
日喀则地区白朗县	2		1		3	1		
那曲地区索县	3	2	7	1	5			

4-32 续表 2

单位：人

地　区	极重度障碍/不能完成			
	一级	二级	三级	四级
总　计	**8**			
拉萨市城关区	5			
昌都地区察雅县	1			
山南地区琼结县	1			
日喀则地区南木林县				
日喀则地区白朗县				
那曲地区索县	1			

4-33 各地区18岁及以上多重残疾人分残疾等级的与人相处状况

单位：人

地 区	无障碍/无适用				轻度障碍			
	一级	二级	三级	四级	一级	二级	三级	四级
总 计	**3**	**8**	**10**	**7**	**23**	**4**	**21**	**11**
拉萨市城关区	2	1	4	1	2	1	2	4
昌都地区察雅县		1			6	1	4	
山南地区琼结县		1	1	3	5	1	10	6
日喀则地区南木林县		1	1		8		1	
日喀则地区白朗县		1		2	1		1	
那曲地区索县	1	3	4	1	1	1	3	1

4-33 续表 1

单位：人

地 区	中度障碍				重度障碍			
	一级	二级	三级	四级	一级	二级	三级	四级
总 计	**36**	**15**	**25**	**13**	**42**	**4**	**2**	
拉萨市城关区	4	3	6	5	5	1	2	
昌都地区察雅县	11	1	4		8			
山南地区琼结县	12	5	8	7	13			
日喀则地区南木林县	2	1	1		2			
日喀则地区白朗县		1	2		3	1		
那曲地区索县	7	4	4	1	11	2		

4-33 续表 2

单位：人

地 区	极重度障碍/不能完成			
	一级	二级	三级	四级
总 计	**15**	**1**	**1**	
拉萨市城关区	5		1	
昌都地区察雅县	1			
山南地区琼结县	2			
日喀则地区南木林县				
日喀则地区白朗县	5	1		
那曲地区索县	2			

4-34 各地区18岁及以上多重残疾人分残疾等级的生活活动状况

单位：人

地 区	无障碍/无适用				轻度障碍			
	一级	二级	三级	四级	一级	二级	三级	四级
总 计	**10**		**1**	**1**	**12**	**3**	**14**	**14**
拉萨市城关区						1	2	2
昌都地区察雅县					5	1	2	
山南地区琼结县	5		1	1	1		8	11
日喀则地区南木林县	5				2		1	
日喀则地区白朗县					1			
那曲地区索县					3	1	1	1

4-34 续表 1

单位：人

地　区	中度障碍				重度障碍			
	一级	二级	三级	四级	一级	二级	三级	四级
总　计	**25**	**14**	**25**	**9**	**33**	**10**	**14**	**6**
拉萨市城关区	5	2	5	3	4	1	4	5
昌都地区察雅县	6	1	5		10	1	1	
山南地区琼结县	7	3	8	4	8	4	2	
日喀则地区南木林县	2	1			2	1	1	
日喀则地区白朗县		2	2	2	4		1	
那曲地区索县	5	5	5		5	3	5	1

4-34 续表 2

单位：人

地　区	极重度障碍/不能完成			
	一级	二级	三级	四级
总　计	**39**	**5**	**5**	**1**
拉萨市城关区	9	2	4	
昌都地区察雅县	5			
山南地区琼结县	11			
日喀则地区南木林县	1		1	
日喀则地区白朗县	4	2		
那曲地区索县	9	1		1

4-35 各地区18岁及以上多重残疾人分残疾等级的社会参与状况

单位：人

地 区	无障碍/无适用				轻度障碍			
	一级	二级	三级	四级	一级	二级	三级	四级
总 计	**1**				**1**	**1**	**7**	**13**
拉萨市城关区							1	1
昌都地区察雅县								
山南地区琼结县	1						4	9
日喀则地区南木林县								
日喀则地区白朗县					1			1
那曲地区索县						1	2	2

4-35 续表 1

单位：人

地 区	中度障碍				重度障碍			
	一级	二级	三级	四级	一级	二级	三级	四级
总 计	**30**	**14**	**41**	**18**	**57**	**13**	**10**	
拉萨市城关区	3	1	8	9	7	3	5	
昌都地区察雅县	5	2	6		16		2	
山南地区琼结县	12	4	15	7	9	3		
日喀则地区南木林县	5	1	2		7	1	1	
日喀则地区白朗县	1	1	2	1	2	2	1	
那曲地区索县	4	5	8	1	16	4	1	

4-35 续表 2

单位：人

地区	极重度障碍/不能完成			
	一级	二级	三级	四级
总 计	**30**	**4**	**1**	
拉萨市城关区	8	2	1	
昌都地区察雅县	5	1		
山南地区琼结县	10			
日喀则地区南木林县				
日喀则地区白朗县	5	1		
那曲地区索县	2			

4-36 各地区视力残疾人分残疾等级的康复形式

单位：人

	机构康复				延伸服务			
	一级	二级	三级	四级	一级	二级	三级	四级
总 计	**23**	**35**	**86**	**120**	**1**	**1**	**1**	**1**
拉萨市城关区	4	10	17	49				
昌都地区察雅县	6	2		29	1			
山南地区琼结县	4	5	10	25				1
日喀则地区南木林县	7	12	27	10				
日喀则地区白朗县	2	6	32	7		1	1	
那曲地区索县								

4-36 续表

单位：人

	社区和家庭服务			
	一级	二级	三级	四级
总 计	**13**	**21**	**12**	**12**
拉萨市城关区				2
昌都地区察雅县				3
山南地区琼结县	4			6
日喀则地区南木林县				
日喀则地区白朗县	4	3	2	
那曲地区索县	5	18	10	1

4-37 各地区视力残疾人分残疾等级的康复内容

单位：人

地 区	医疗服务				辅助器具			
	一级	二级	三级	四级	一级	二级	三级	四级
总 计	**30**	**51**	**96**	**119**	**19**	**34**	**22**	**67**
拉萨市城关区	4	10	17	41	1	7	5	36
昌都地区察雅县	7	2		30	5	2		27
山南地区琼结县	8	5	10	31	1		2	2
日喀则地区南木林县	5	9	27	9	3	3	3	1
日喀则地区白朗县	2	7	33	7	4	4	3	
那曲地区索县	4	18	9	1	5	18	9	1

4-37 续表

单位：人

地 区	康复训练与服务			
	一级	二级	三级	四级
总 计	**4**	**3**	**4**	**12**
拉萨市城关区			1	11
昌都地区察雅县				1
山南地区琼结县				
日喀则地区南木林县				
日喀则地区白朗县	4	3	3	
那曲地区索县				

4-38 各地区听力残疾人分残疾等级的康复形式

单位：人

地 区	机构康复				延伸服务			
	一级	二级	三级	四级	一级	二级	三级	四级
总 计	**10**	**3**	**26**	**29**			**6**	**5**
拉萨市城关区			3	1				
昌都地区察雅县			1					
山南地区琼结县		1	1	5			1	1
日喀则地区南木林县	8	1	11	17				
日喀则地区白朗县	2	1	10	5			5	4
那曲地区索县				1				

4-38 续表

单位：人

地 区	社区和家庭服务			
	一级	二级	三级	四级
总 计	**16**	**21**	**105**	**151**
拉萨市城关区	6	6	40	35
昌都地区察雅县	2	4	16	12
山南地区琼结县	3	7	37	59
日喀则地区南木林县		1	3	9
日喀则地区白朗县		1	2	13
那曲地区索县	5	2	7	23

4-39 各地区听力残疾人分残疾等级的康复内容

单位：人

地 区	医疗服务				辅助器具			
	一级	二级	三级	四级	一级	二级	三级	四级
总 计	**20**	**14**	**77**	**137**	**13**	**22**	**112**	**148**
拉萨市城关区	2		5	5	4	6	40	36
昌都地区察雅县	2	3	12	9	2	4	16	12
山南地区琼结县	2	6	25	55	3	8	38	63
日喀则地区南木林县	7	2	14	25	3	2	10	19
日喀则地区白朗县	2	1	14	19	1	2	7	18
那曲地区索县	5	2	7	24			1	

4-39 续表

单位：人

地 区	康复训练与服务			
	一级	二级	三级	四级
总 计	**5**	**3**	**16**	**31**
拉萨市城关区			1	
昌都地区察雅县		1	5	3
山南地区琼结县			2	3
日喀则地区南木林县			2	1
日喀则地区白朗县				
那曲地区索县	5	2	6	24

4-40 各地区言语残疾人分残疾等级的康复形式

单位：人

地 区	机构康复				延伸服务			
	一级	二级	三级	四级	一级	二级	三级	四级
总 计	**2**	**7**	**7**	**6**				**1**
拉萨市城关区	1							
昌都地区察雅县		2	1					
山南地区琼结县	1	1		3				1
日喀则地区南木林县			1	2				
日喀则地区白朗县		4	5	1				
那曲地区索县								

4-40 续表

单位：人

地区	社区和家庭服务			
	一级	二级	三级	四级
总计	**3**	**7**	**5**	**4**
拉萨市城关区				1
昌都地区察雅县		1		1
山南地区琼结县	1		1	
日喀则地区南木林县				1
日喀则地区白朗县	1			
那曲地区索县	1	6	4	1

4-41 各地区言语残疾人分残疾等级的康复内容

单位：人

地区	医疗服务				辅助器具			
	一级	二级	三级	四级	一级	二级	三级	四级
总计	**4**	**14**	**11**	**7**				
拉萨市城关区	1							
昌都地区察雅县		3	1	1				
山南地区琼结县	1	1		3				
日喀则地区南木林县			1	1				
日喀则地区白朗县	1	4	5	1				
那曲地区索县	1	6	4	1				

4-41　续表

单位：人

地　区	康复训练与服务			
	一级	二级	三级	四级
总　计	**4**	**12**	**9**	**10**
拉萨市城关区				1
昌都地区察雅县		2	1	1
山南地区琼结县	2		1	3
日喀则地区南木林县				3
日喀则地区白朗县	1	4	3	1
那曲地区索县	1	6	4	1

4-42　各地区肢体残疾人分残疾等级的康复形式

单位：人

地　区	机构康复				延伸服务			
	一级	二级	三级	四级	一级	二级	三级	四级
总　计	**8**	**8**	**53**	**114**	**2**		**6**	**12**
拉萨市城关区	4	3	8	20			1	2
昌都地区察雅县		1	2	9			2	2
山南地区琼结县	2	1	9	18				1
日喀则地区南木林县	2		5	20				
日喀则地区白朗县		1	2	12	2		3	7
那曲地区索县		2	27	35				

4-42 续表

单位：人

地区	社区和家庭服务			
	一级	二级	三级	四级
总计	**18**	**22**	**65**	**149**
拉萨市城关区	4	9	15	33
昌都地区察雅县	7	7	24	30
山南地区琼结县	1		5	8
日喀则地区南木林县	3	1	4	33
日喀则地区白朗县	1	1	6	34
那曲地区索县	2	4	11	11

4-43 各地区肢体残疾人分残疾等级的康复内容

单位：人

地区	医疗服务				辅助器具			
	一级	二级	三级	四级	一级	二级	三级	四级
总计	**13**	**13**	**83**	**171**	**16**	**14**	**73**	**118**
拉萨市城关区	4	4	10	24	2		5	3
昌都地区察雅县	1	4	12	31	6	5	15	13
山南地区琼结县	3		14	25	2	1	12	15
日喀则地区南木林县	4		7	25	1		4	30
日喀则地区白朗县		1	3	21	3	2	6	23
那曲地区索县	1	4	37	45	2	6	31	34

4-43 续表

单位：人

地区	康复训练与服务			
	一级	二级	三级	四级
总计	**17**	**19**	**62**	**135**
拉萨市城关区	6	10	16	35
昌都地区察雅县	7	8	28	37
山南地区琼结县	1		2	13
日喀则地区南木林县	2	1	3	11
日喀则地区白朗县	1		8	30
那曲地区索县			5	9

4-44 各地区智力残疾人分残疾等级的康复形式

单位：人

地区	机构康复				延伸服务			
	一级	二级	三级	四级	一级	二级	三级	四级
总计		1	6	8			1	
拉萨市城关区				2				
昌都地区察雅县			1	1				
山南地区琼结县		1	1	3				
日喀则地区南木林县				1				
日喀则地区白朗县			3				1	
那曲地区索县			1	1				

4-44 续表

单位：人

地区	社区和家庭服务			
	一级	二级	三级	四级
总计	1	2	3	13
拉萨市城关区	1			1
昌都地区察雅县				
山南地区琼结县		1	2	3
日喀则地区南木林县				
日喀则地区白朗县			1	7
那曲地区索县		1		2

4-45 各地区智力残疾人分残疾等级的康复内容

单位：人

地区	医疗服务				辅助器具			
	一级	二级	三级	四级	一级	二级	三级	四级
总计		**3**	**7**	**9**	**1**			
拉萨市城关区				1	1			
昌都地区察雅县			1					
山南地区琼结县		2	3	4				
日喀则地区南木林县				1				
日喀则地区白朗县			2					
那曲地区索县		1	1	3				

4-45 续表

单位：人

地 区	康复训练与服务			
	一级	二级	三级	四级
总 计		**1**	**9**	**18**
拉萨市城关区				2
昌都地区察雅县			1	1
山南地区琼结县			2	6
日喀则地区南木林县				
日喀则地区白朗县			5	7
那曲地区索县		1	1	2

4-46 各地区精神残疾人分残疾等级的康复形式

单位：人

地 区	机构康复				延伸服务			
	一级	二级	三级	四级	一级	二级	三级	四级
总 计	**18**	**8**	**7**	**22**	**1**			
拉萨市城关区			1	3				
昌都地区察雅县	6			4				
山南地区琼结县	1		2	1				
日喀则地区南木林县	3	1	2	4				
日喀则地区白朗县			2	10	1			
那曲地区索县	8	7						

4-46 续表

单位：人

地　区	社区和家庭服务			
	一级	二级	三级	四级
总　计	**1**	**1**		
拉萨市城关区				
昌都地区察雅县		1		
山南地区琼结县				
日喀则地区南木林县				
日喀则地区白朗县				
那曲地区索县	1			

4-47 各地区精神残疾人分残疾等级的康复内容

单位：人

地　区	医疗服务				辅助器具			
	一级	二级	三级	四级	一级	二级	三级	四级
总　计	**19**	**9**	**7**	**22**				
拉萨市城关区			1	3				
昌都地区察雅县	6	1		4				
山南地区琼结县	1		2	1				
日喀则地区南木林县	3	1	2	4				
日喀则地区白朗县	1		2	10				
那曲地区索县	8	7						

4-47 续表

单位：人

地 区	康复训练与服务			
	一级	二级	三级	四级
总 计		**1**	**9**	**18**
拉萨市城关区				2
昌都地区察雅县			1	1
山南地区琼结县			2	6
日喀则地区南木林县				
日喀则地区白朗县			5	7
那曲地区索县		1	1	2

4-48 各地区多重残疾人分残疾等级的康复形式

单位：人

地 区	机构康复				延伸服务			
	一级	二级	三级	四级	一级	二级	三级	四级
总 计	**52**	**19**	**32**	**9**	**3**		**1**	
拉萨市城关区	5	5	6	1				
昌都地区察雅县	4	2	5					
山南地区琼结县	17	5	9	5	2		1	
日喀则地区南木林县	11	3	5					
日喀则地区白朗县	9	1	3	2	1			
那曲地区索县	6	3	4	1				

4-48 续表

单位：人

地 区	社区和家庭服务			
	一级	二级	三级	四级
总 计	**94**	**23**	**34**	**24**
拉萨市城关区	17	3	9	9
昌都地区察雅县	26	2	3	1
山南地区琼结县	16	2	10	11
日喀则地区南木林县	3	1	3	
日喀则地区白朗县	3	3		1
那曲地区索县	29	12	9	2

4-49 各地区多重残疾人分残疾等级的康复内容

单位：人

地 区	医疗服务				辅助器具			
	一级	二级	三级	四级	一级	二级	三级	四级
总 计	**99**	**33**	**50**	**22**	**65**	**13**	**37**	**25**
拉萨市城关区	9	4	7		7	4	8	9
昌都地区察雅县	10	3	6	1	25	2	7	1
山南地区琼结县	28	7	14	16	20	1	12	13
日喀则地区南木林县	11	3	7		1	1	1	
日喀则地区白朗县	8	1	3	2	3	2		
那曲地区索县	33	15	13	3	9	3	9	2

4-49 续表

单位：人

地 区	康复训练与服务			
	一级	二级	三级	四级
总 计	**99**	**23**	**24**	**4**
拉萨市城关区	12	1	4	1
昌都地区察雅县	25	3	3	
山南地区琼结县	16	4	9	
日喀则地区南木林县	9	1	3	
日喀则地区白朗县	11	2	1	2
那曲地区索县	26	12	4	1

4-50 各地区残疾人分城乡、残疾等级的持证情况

单位：人

地 区	持证残疾总人数			持有残疾证人数		
				一级		
	合计	城市	农村	小计	城市	农村
总 计	**89**	**46**	**43**	**25**	**13**	**12**
拉萨市城关区	60	46	14	16	13	3
昌都地区察雅县	19		19	8		8
山南地区琼结县	3		3			
日喀则地区南木林县	2		2			
日喀则地区白朗县	2		2			
那曲地区索县	3		3	1		1

4-50 续表

单位：人

地　区	持有残疾证人数								
	二级			三级			四级		
	小计	城市	农村	小计	城市	农村	小计	城市	农村
总　计	**10**	**8**	**2**	**20**	**11**	**9**	**34**	**14**	**20**
拉萨市城关区	9	8	1	15	11	4	20	14	6
昌都地区察雅县				3		3	8		8
山南地区琼结县							3		3
日喀则地区南木林县							2		2
日喀则地区白朗县				1		1	1		1
那曲地区索县	1		1	1		1			

4-51 6-14岁视力残疾人分年龄、性别、残疾等级的在校生接受义务教育情况

单位：人

年　龄	残疾人数		残疾一级							
			普通教育学校普通班		普通教育学校特教班		特殊教育学校		其他	
	男	女	男	女	男	女	男	女	男	女
总　计	**9**	**8**								
6岁	1	2								
7岁										
8岁	2									
9岁	3									
10岁	1									
11岁	1	1								
12岁		2								
13岁		1								
14岁	1	2								

4-51 续表 1

单位：人

年龄	残疾二级							
	普通教育学校普通班		普通教育学校特教班		特殊教育学校		其他	
	男	女	男	女	男	女	男	女
总计								
6岁								
7岁								
8岁								
9岁								
10岁								
11岁								
12岁								
13岁								
14岁								

4-51 续表 2

单位：人

年龄	残疾三级							
	普通教育学校普通班		普通教育学校特教班		特殊教育学校		其他	
	男	女	男	女	男	女	男	女
总计	**1**	**1**						
6岁								
7岁								
8岁								
9岁	1							
10岁								
11岁								
12岁								
13岁		1						
14岁								

4-51 续表 3

单位：人

年 龄	残疾四级							
	普通教育学校普通班		普通教育学校特教班		特殊教育学校		其他	
	男	女	男	女	男	女	男	女
总 计	**3**	**1**						
6岁	1							
7岁								
8岁	1							
9岁								
10岁								
11岁								
12岁								
13岁								
14岁	1	1						

4-52 6-14岁听力残疾人分年龄、性别、残疾等级的在校生接受义务教育情况

单位：人

年 龄	残疾人数		残疾一级							
			普通教育学校普通班		普通教育学校特教班		特殊教育学校		其他	
	男	女	男	女	男	女	男	女	男	女
总 计	**15**	**10**	**1**							
6岁										
7岁	1	1								
8岁	3	1								
9岁	1									
10岁	3		1							
11岁	2									
12岁	3	6								
13岁	2									
14岁		2								

4-52 续表 1

单位：人

年龄	残疾二级							
	普通教育学校普通班		普通教育学校特教班		特殊教育学校		其他	
	男	女	男	女	男	女	男	女
总 计								
6岁								
7岁								
8岁								
9岁								
10岁								
11岁								
12岁								
13岁								
14岁								

4-52 续表 2

单位：人

年龄	残疾三级							
	普通教育学校普通班		普通教育学校特教班		特殊教育学校		其他	
	男	女	男	女	男	女	男	女
总 计	**2**	**1**						
6岁								
7岁		1						
8岁								
9岁								
10岁	1							
11岁								
12岁								
13岁	1							
14岁								

4-52 续表 3

单位：人

年龄	残疾四级							
	普通教育学校普通班		普通教育学校特教班		特殊教育学校		其他	
	男	女	男	女	男	女	男	女
总计	**5**		**1**					
6岁								
7岁								
8岁	1							
9岁								
10岁								
11岁	2							
12岁	2		1					
13岁								
14岁								

4-53 6-14岁言语残疾人分年龄、性别、残疾等级的在校生接受义务教育情况

单位：人

年龄	残疾人数		残疾一级							
			普通教育学校普通班		普通教育学校特教班		特殊教育学校		其他	
	男	女	男	女	男	女	男	女	男	女
总计	**10**	**6**								
6岁										
7岁		3								
8岁	1									
9岁	2									
10岁	2	3								
11岁										
12岁	1									
13岁	1									
14岁	3									

4-53 续表 1

单位：人

年龄	残疾二级							
	普通教育学校普通班		普通教育学校特教班		特殊教育学校		其他	
	男	女	男	女	男	女	男	女
总计								
6岁								
7岁								
8岁								
9岁								
10岁								
11岁								
12岁								
13岁								
14岁								

4-53 续表 2

单位：人

年龄	残疾三级							
	普通教育学校普通班		普通教育学校特教班		特殊教育学校		其他	
	男	女	男	女	男	女	男	女
总计	**1**							
6岁								
7岁								
8岁								
9岁								
10岁	1							
11岁								
12岁								
13岁								
14岁								

4-53 续表 3

单位：人

年 龄	残疾四级							
	普通教育学校普通班		普通教育学校特教班		特殊教育学校		其他	
	男	女	男	女	男	女	男	女
总 计	**2**							
6岁								
7岁								
8岁	1							
9岁	1							
10岁								
11岁								
12岁								
13岁								
14岁								

4-54 6-14岁肢体残疾人分年龄、性别、残疾等级的在校生接受义务教育情况

单位：人

年 龄	残疾人数		残疾一级							
			普通教育学校普通班		普通教育学校特教班		特殊教育学校		其他	
	男	女	男	女	男	女	男	女	男	女
总 计	**20**	**15**								
6岁	2	1								
7岁	1	1								
8岁	1	1								
9岁	1	1								
10岁		1								
11岁	4	1								
12岁	3	2								
13岁	5	2								
14岁	3	5								

4-54 续表 1

单位：人

年 龄	残疾二级							
	普通教育学校普通班		普通教育学校特教班		特殊教育学校		其他	
	男	女	男	女	男	女	男	女
总 计		**1**						
6岁								
7岁								
8岁								
9岁								
10岁								
11岁								
12岁								
13岁								
14岁		1						

4-54 续表 2

单位：人

年 龄	残疾三级							
	普通教育学校普通班		普通教育学校特教班		特殊教育学校		其他	
	男	女	男	女	男	女	男	女
总 计	**1**	**2**					**1**	
6岁								
7岁								
8岁								
9岁								
10岁								
11岁							1	
12岁		1						
13岁	1							
14岁		1						

4-54 续表 3

单位：人

年 龄	残疾四级							
	普通教育学校普通班		普通教育学校特教班		特殊教育学校		其他	
	男	女	男	女	男	女	男	女
总 计	**5**	**5**					**3**	**1**
6岁								
7岁		1						
8岁								
9岁		1						
10岁								
11岁	2	1					1	
12岁	2							
13岁		2					2	
14岁	1							1

4-55 6-14岁智力残疾人分年龄、性别、残疾等级的在校生接受义务教育情况

单位：人

年 龄	残疾人数		残疾一级							
			普通教育学校普通班		普通教育学校特教班		特殊教育学校		其他	
	男	女	男	女	男	女	男	女	男	女
总 计	**4**	**6**								
6岁	1	2								
7岁										
8岁		2								
9岁	1									
10岁	1									
11岁										
12岁	1	1								
13岁										
14岁		1								

4-55 续表 1

单位：人

年 龄	残疾二级							
	普通教育学校普通班		普通教育学校特教班		特殊教育学校		其他	
	男	女	男	女	男	女	男	女
总 计								
6岁								
7岁								
8岁								
9岁								
10岁								
11岁								
12岁								
13岁								
14岁								

4-55 续表 2

单位：人

年 龄	残疾三级							
	普通教育学校普通班		普通教育学校特教班		特殊教育学校		其他	
	男	女	男	女	男	女	男	女
总 计								
6岁								
7岁								
8岁								
9岁								
10岁								
11岁								
12岁								
13岁								
14岁								

4-55 续表 3

单位：人

年龄	残疾四级							
	普通教育学校普通班		普通教育学校特教班		特殊教育学校		其他	
	男	女	男	女	男	女	男	女
总　计		**1**						
6岁								
7岁								
8岁		1						
9岁								
10岁								
11岁								
12岁								
13岁								
14岁								

4-56　6-14岁精神残疾人分年龄、性别、残疾等级的在校生接受义务教育情况

单位：人

年龄	残疾人数		残疾一级							
			普通教育学校普通班		普通教育学校特教班		特殊教育学校		其他	
	男	女	男	女	男	女	男	女	男	女
总　计	**3**	**6**								
6岁										
7岁										
8岁		2								
9岁	1									
10岁										
11岁	1	1								
12岁										
13岁		2								
14岁	1	1								

4-56 续表 1

单位：人

年龄	残疾二级							
	普通教育学校普通班		普通教育学校特教班		特殊教育学校		其他	
	男	女	男	女	男	女	男	女
总　计								
6岁								
7岁								
8岁								
9岁								
10岁								
11岁								
12岁								
13岁								
14岁								

4-56 续表 2

单位：人

年龄	残疾三级							
	普通教育学校普通班		普通教育学校特教班		特殊教育学校		其他	
	男	女	男	女	男	女	男	女
总　计								
6岁								
7岁								
8岁								
9岁								
10岁								
11岁								
12岁								
13岁								
14岁								

4-56 续表 3

单位：人

年龄	残疾四级							
	普通教育学校普通班		普通教育学校特教班		特殊教育学校		其他	
	男	女	男	女	男	女	男	女
总 计	**1**	**3**						
6岁								
7岁								
8岁		1						
9岁								
10岁								
11岁	1							
12岁								
13岁		1						
14岁		1						

4-57 6-14岁多重残疾人分年龄、性别、残疾等级的在校生接受义务教育情况

单位：人

年龄	残疾人数		残疾一级							
			普通教育学校普通班		普通教育学校特教班		特殊教育学校		其他	
	男	女	男	女	男	女	男	女	男	女
总 计	**10**	**16**								
6岁		2								
7岁	1									
8岁	3	2								
9岁	1	3								
10岁	1	2								
11岁		3								
12岁	1	1								
13岁	2	1								
14岁	1	2								

4-57　续表 1

单位：人

年　龄	残疾二级							
	普通教育学校普通班		普通教育学校特教班		特殊教育学校		其他	
	男	女	男	女	男	女	男	女
总　计		**1**						
6岁								
7岁								
8岁								
9岁								
10岁								
11岁								
12岁								
13岁								
14岁		1						

4-57　续表 2

单位：人

年　龄	残疾三级							
	普通教育学校普通班		普通教育学校特教班		特殊教育学校		其他	
	男	女	男	女	男	女	男	女
总　计								
6岁								
7岁								
8岁								
9岁								
10岁								
11岁								
12岁								
13岁								
14岁								

4-57 续表 3

单位：人

年 龄	残疾四级							
	普通教育学校普通班		普通教育学校特教班		特殊教育学校		其他	
	男	女	男	女	男	女	男	女
总 计								
6岁								
7岁								
8岁								
9岁								
10岁								
11岁								
12岁								
13岁								
14岁								

4-58 各地区6-14岁残疾人分城乡、残疾等级的在校生接受义务教育情况

单位：人

地 区	残疾人数		残疾一级							
			普通教育学校普通班		普通教育学校特教班		特殊教育学校		其他	
	城市	农村	城市	农村	城市	农村	城市	农村	城市	农村
总 计	**15**	**123**		**1**						
拉萨市城关区	10	1								
昌都地区察雅县		24								
山南地区琼结县	5	6								
日喀则地区南木林县		24								
日喀则地区白朗县		26								
那曲地区索县		42		1						

4-58 续表 1

单位：人

地 区	残疾二级							
	普通教育学校普通班		普通教育学校特教班		特殊教育学校		其他	
	城市	农村	城市	农村	城市	农村	城市	农村
总 计		**2**						
拉萨市城关区								
昌都地区察雅县		1						
山南地区琼结县								
日喀则地区南木林县								
日喀则地区白朗县								
那曲地区索县		1						

4-58 续表 2

单位：人

地 区	残疾三级							
	普通教育学校普通班		普通教育学校特教班		特殊教育学校		其他	
	城市	农村	城市	农村	城市	农村	城市	农村
总 计	**1**	**8**						**1**
拉萨市城关区								
昌都地区察雅县		1						1
山南地区琼结县	1	1						
日喀则地区南木林县		2						
日喀则地区白朗县		3						
那曲地区索县		1						

4-58 续表 3

单位：人

地区	残疾四级							
	普通教育学校普通班		普通教育学校特教班		特殊教育学校		其他	
	城市	农村	城市	农村	城市	农村	城市	农村
总计	**4**	**22**		**1**				**4**
拉萨市城关区	3							
昌都地区察雅县		4		1				4
山南地区琼结县	1	2						
日喀则地区南木林县		4						
日喀则地区白朗县		8						
那曲地区索县		4						

4-59 各地区16岁及以上视力残疾人分城乡的参加社会保险情况

单位：人

地区	残疾人			参加社会保险人数					
				养老保险			医疗保险		
	合计	城镇	农村	小计	城镇	农村	小计	城镇	农村
总计	**305**	**74**	**231**	**1**	**1**		**17**	**17**	
拉萨市城关区	74	59	15	1	1		17	17	
昌都地区察雅县	38		38						
山南地区琼结县	53	15	38						
日喀则地区南木林县	54		54						
日喀则地区白朗县	56		56						
那曲地区索县	30		30						

4-59 续表

单位：人

地　区	参加社会保险人数						未参加		
	工伤保险			失业保险					
	小计	城镇	农村	小计	城镇	农村	小计	城镇	农村
总　计				**1**	**1**		**288**	**57**	**231**
拉萨市城关区				1	1		57	42	15
昌都地区察雅县							38		38
山南地区琼结县							53	15	38
日喀则地区南木林县							54		54
日喀则地区白朗县							56		56
那曲地区索县							30		30

4-60　各地区16岁及以上听力残疾人分城乡的参加社会保险情况

单位：人

地　区	残疾人			参加社会保险人数					
				养老保险			医疗保险		
	合计	城镇	农村	小计	城镇	农村	小计	城镇	农村
总　计	**338**	**109**	**229**				**31**	**30**	**1**
拉萨市城关区	89	65	24				29	29	
昌都地区察雅县	31		31						
山南地区琼结县	114	44	70				2	1	1
日喀则地区南木林县	37		37						
日喀则地区白朗县	38		38						
那曲地区索县	29		29						

4－60　续表

单位：人

地　区	参加社会保险人数						未参加		
	工伤保险			失业保险					
	小计	城镇	农村	小计	城镇	农村	小计	城镇	农村
总　计							**307**	**79**	**228**
拉萨市城关区							60	36	24
昌都地区察雅县							31		31
山南地区琼结县							112	43	69
日喀则地区南木林县							37		37
日喀则地区白朗县							38		38
那曲地区索县							29		29

4－61　各地区16岁及以上言语残疾人分城乡的参加社会保险情况

单位：人

地　区	残疾人			参加社会保险人数					
				养老保险			医疗保险		
	合计	城镇	农村	小计	城镇	农村	小计	城镇	农村
总　计	**18**	**2**	**16**						
拉萨市城关区	2		2						
昌都地区察雅县	4		4						
山南地区琼结县	5	2	3						
日喀则地区南木林县	2		2						
日喀则地区白朗县	3		3						
那曲地区索县	2		2						

4－61 续表

单位：人

地　区	参加社会保险人数						未参加		
	工伤保险			失业保险					
	小计	城镇	农村	小计	城镇	农村	小计	城镇	农村
总　计							**18**	**2**	**16**
							2		2
拉萨市城关区							4		4
昌都地区察雅县							5	2	3
山南地区琼结县							2		2
日喀则地区南木林县							3		3
日喀则地区白朗县							2		2
那曲地区索县									

4－62 各地区16岁及以上肢体残疾人分城乡的参加社会保险情况

单位：人

地　区	残疾人			参加社会保险人数					
				养老保险			医疗保险		
	合计	城镇	农村	小计	城镇	农村	小计	城镇	农村
总　计	**410**	**71**	**339**	**3**	**2**	**1**	**17**	**17**	
拉萨市城关区	97	61	36	3	2	1	16	16	
昌都地区察雅县	71		71						
山南地区琼结县	40	10	30				1	1	
日喀则地区南木林县	62		62						
日喀则地区白朗县	63		63						
那曲地区索县	77		77						

4－62 续表

单位：人

地区	参加社会保险人数						未参加		
	工伤保险			失业保险					
	小计	城镇	农村	小计	城镇	农村	小计	城镇	农村
总 计							**390**	**52**	**338**
拉萨市城关区							78	43	35
昌都地区察雅县							71		71
山南地区琼结县							39	9	30
日喀则地区南木林县							62		62
日喀则地区白朗县							63		63
那曲地区索县							77		77

4－63 各地区16岁及以上智力残疾人分城乡的参加社会保险情况

单位：人

地区	残疾人			参加社会保险人数					
				养老保险			医疗保险		
	合计	城镇	农村	小计	城镇	农村	小计	城镇	农村
总 计	**14**	**4**	**10**						
拉萨市城关区	2		2						
昌都地区察雅县									
山南地区琼结县	9	4	5						
日喀则地区南木林县									
日喀则地区白朗县	3		3						
那曲地区索县									

4－63 续表

单位：人

地区	参加社会保险人数						未参加		
	工伤保险			失业保险					
	小计	城镇	农村	小计	城镇	农村	小计	城镇	农村
总计							**14**	**4**	**10**
拉萨市城关区							2		2
昌都地区察雅县									
山南地区琼结县							9	4	5
日喀则地区南木林县									
日喀则地区白朗县							3		3
那曲地区索县									

4－64 各地区16岁及以上精神残疾人分城乡的参加社会保险情况

单位：人

地区	残疾人			参加社会保险人数					
				养老保险			医疗保险		
	合计	城镇	农村	小计	城镇	农村	小计	城镇	农村
总计	**46**	**2**	**44**	**1**		**1**			
拉萨市城关区	4	2	2	1		1			
昌都地区察雅县	8		8						
山南地区琼结县	3		3						
日喀则地区南木林县	7		7						
日喀则地区白朗县	10		10						
那曲地区索县	14		14						

4－64　续表

单位：人

地　区	参加社会保险人数						未参加		
	工伤保险			失业保险					
	小计	城镇	农村	小计	城镇	农村	小计	城镇	农村
总　计							**45**	**2**	**43**
拉萨市城关区							3	2	1
昌都地区察雅县							8		8
山南地区琼结县							3		3
日喀则地区南木林县							7		7
日喀则地区白朗县							10		10
那曲地区索县							14		14

4－65　各地区16岁及以上多重残疾人分城乡的参加社会保险情况

单位：人

地　区	残疾人			参加社会保险人数					
				养老保险			医疗保险		
	合计	城镇	农村	小计	城镇	农村	小计	城镇	农村
总　计	**252**	**70**	**182**	**1**		**1**	**8**	**8**	
拉萨市城关区	51	45	6	1		1	8	8	
昌都地区察雅县	38		38						
山南地区琼结县	76	25	51						
日喀则地区南木林县	20		20						
日喀则地区白朗县	20		20						
那曲地区索县	47		47						

4－65　续表

单位：人

地　区	参加社会保险人数						未参加		
	工伤保险			失业保险					
	小计	城镇	农村	小计	城镇	农村	小计	城镇	农村
总　计							**243**	**62**	**181**
拉萨市城关区							42	37	5
昌都地区察雅县							38		38
山南地区琼结县							76	25	51
日喀则地区南木林县							20		20
日喀则地区白朗县							20		20
那曲地区索县							47		47

4－66　各地区视力残疾人分城乡、残疾等级的领取低保金和救济情况

单位：人

地　区	残疾人数		残疾一级				残疾二级			
			领取低保人数		领取过救济人数		领取低保人数		领取过救济人数	
	城	乡	城	乡	城	乡	城	乡	城	乡
总　计	**82**	**244**				**2**	**1**		**1**	**4**
拉萨市城关区	66	16					1		1	
昌都地区察雅县		41								
山南地区琼结县	16	39								
日喀则地区南木林县		56				2				4
日喀则地区白朗县		58								
那曲地区索县		34								

4-66 续表

单位：人

地区	残疾三级				残疾四级			
	领取低保人数		领取过救济人数		领取低保人数		领取过救济人数	
	城	乡	城	乡	城	乡	城	乡
总计		**2**		**4**	**1**		**1**	**1**
拉萨市城关区					1		1	
昌都地区察雅县								
山南地区琼结县								
日喀则地区南木林县				4				1
日喀则地区白朗县		2						
那曲地区索县								

4-67 各地区听力残疾人分城乡、残疾等级的领取低保金和救济情况

单位：人

地区	残疾人数		残疾一级				残疾二级			
			领取低保人数		领取过救济人数		领取低保人数		领取过救济人数	
	城	乡	城	乡	城	乡	城	乡	城	乡
总计	**111**	**261**			**1**	**1**				**1**
拉萨市城关区	67	24								
昌都地区察雅县		35								
山南地区琼结县	44	71			1					
日喀则地区南木林县		50				1				1
日喀则地区白朗县		43								
那曲地区索县		38								

4-67 续表

单位：人

地区	残疾三级				残疾四级			
	领取低保人数		领取过救济人数		领取低保人数		领取过救济人数	
	城	乡	城	乡	城	乡	城	乡
总　计	**1**		**3**	**5**	**1**		**3**	**5**
拉萨市城关区	1		1					
昌都地区察雅县								
山南地区琼结县			2	3	1		3	2
日喀则地区南木林县								2
日喀则地区白朗县				2				1
那曲地区索县								

4-68 各地区言语残疾人分城乡、残疾等级的领取低保金和救济情况

单位：人

地区	残疾人数		残疾一级				残疾二级			
			领取低保人数		领取过救济人数		领取低保人数		领取过救济人数	
	城	乡	城	乡	城	乡	城	乡	城	乡
总　计	**2**	**40**								
拉萨市城关区		2								
昌都地区察雅县		5								
山南地区琼结县	2	6								
日喀则地区南木林县		4								
日喀则地区白朗县		11								
那曲地区索县		12								

4-68 续表

单位：人

地区	残疾三级				残疾四级			
	领取低保人数		领取过救济人数		领取低保人数		领取过救济人数	
	城	乡	城	乡	城	乡	城	乡
总　计								
拉萨市城关区								
昌都地区察雅县								
山南地区琼结县								
日喀则地区南木林县								
日喀则地区白朗县								
那曲地区索县								

4-69 各地区肢体残疾人分城乡、残疾等级的领取低保金和救济情况

单位：人

地区	残疾人数		残疾一级				残疾二级			
			领取低保人数		领取过救济人数		领取低保人数		领取过救济人数	
	城	乡	城	乡	城	乡	城	乡	城	乡
总　计	**76**	**381**	**1**	**1**	**3**	**1**				**3**
拉萨市城关区	62	37	1		3					1
昌都地区察雅县		84				1				
山南地区琼结县	14	31								1
日喀则地区南木林县		68								1
日喀则地区白朗县		69		1						
那曲地区索县		92								

4-69 续表

单位：人

地　区	残疾三级				残疾四级			
	领取低保人数		领取过救济人数		领取低保人数		领取过救济人数	
	城	乡	城	乡	城	乡	城	乡
总　计		**1**	**2**	**11**		**2**	**2**	**14**
拉萨市城关区			2	1		1	2	3
昌都地区察雅县								
山南地区琼结县				6				2
日喀则地区南木林县				2				3
日喀则地区白朗县				2		1		6
那曲地区索县		1						

4-70 各地区智力残疾人分城乡、残疾等级的领取低保金和救济情况

单位：人

地　区	残疾人数		残疾一级				残疾二级			
			领取低保人数		领取过救济人数		领取低保人数		领取过救济人数	
	城	乡	城	乡	城	乡	城	乡	城	乡
总　计	**5**	**30**						**1**		**1**
拉萨市城关区	1	3								
昌都地区察雅县		2								
山南地区琼结县	4	7						1		1
日喀则地区南木林县		1								
日喀则地区白朗县		12								
那曲地区索县		5								

4-70 续表

单位：人

地　区	残疾三级				残疾四级			
	领取低保人数		领取过救济人数		领取低保人数		领取过救济人数	
	城	乡	城	乡	城	乡	城	乡
总　计		**1**		**1**	**1**		**1**	**1**
拉萨市城关区								
昌都地区察雅县								
山南地区琼结县		1		1	1		1	1
日喀则地区南木林县								
日喀则地区白朗县								
那曲地区索县								

4-71 各地区精神残疾人分城乡、残疾等级的领取低保金和救济情况

单位：人

地　区	残疾人数		残疾一级				残疾二级			
			领取低保人数		领取过救济人数		领取低保人数		领取过救济人数	
	城	乡	城	乡	城	乡	城	乡	城	乡
总　计	**2**	**56**				**2**				
拉萨市城关区	2	2								
昌都地区察雅县		11								
山南地区琼结县		4								
日喀则地区南木林县		10								
日喀则地区白朗县		13								
那曲地区索县		16				2				

4-71 续表

单位：人

地区	残疾三级				残疾四级			
	领取低保人数		领取过救济人数		领取低保人数		领取过救济人数	
	城	乡	城	乡	城	乡	城	乡
总计								**1**
拉萨市城关区								
昌都地区察雅县								
山南地区琼结县								
日喀则地区南木林县								
日喀则地区白朗县								1
那曲地区索县								

4-72 各地区多重残疾人分城乡、残疾等级的领取低保金和救济情况

单位：人

地区	残疾人数		残疾一级				残疾二级			
			领取低保人数		领取过救济人数		领取低保人数		领取过救济人数	
	城	乡	城	乡	城	乡	城	乡	城	乡
总计	**75**	**216**		**1**	**4**	**5**	**1**	**1**	**1**	**3**
拉萨市城关区	49	6			1		1		1	
昌都地区察雅县		43								
山南地区琼结县	26	52			3	2				
日喀则地区南木林县		26				1				1
日喀则地区白朗县		23				1				1
那曲地区索县		66		1		1		1		1

4-72 续表

单位：人

地区	残疾三级				残疾四级			
	领取低保人数		领取过救济人数		领取低保人数		领取过救济人数	
	城	乡	城	乡	城	乡	城	乡
总　计	**1**		**1**	**3**				
拉萨市城关区								
昌都地区察雅县								
山南地区琼结县	1		1	1				
日喀则地区南木林县				2				
日喀则地区白朗县								
那曲地区索县								

4-73 各地区残疾人分城乡的曾接受服务或扶助

单位：人次

地区	合计		医疗服务与救助		辅助器具	
	城市	农村	城市	农村	城市	农村
总　计	**399**	**1290**	**70**	**200**	**12**	**38**
拉萨市城关区	281	99	34	12	8	6
昌都地区察雅县		235		37		17
山南地区琼结县	118	222	36	80	4	7
日喀则地区南木林县		223		28		4
日喀则地区白朗县		246		43		4
那曲地区索县		265				

4-73 续表 1

单位：人次

地 区	康复训练与服务		教育费用补助或减免		职业教育与培训	
	城市	农村	城市	农村	城市	农村
总 计	**5**	**7**	**2**	**2**		
拉萨市城关区	1		1			
昌都地区察雅县		2				
山南地区琼结县	4	1	1			
日喀则地区南木林县		1		1		
日喀则地区白朗县		3				
那曲地区索县				1		

4-73 续表 2

单位：人次

地 区	就业安置或扶持		贫困残疾人救助与扶持		法律援助与服务	
	城市	农村	城市	农村	城市	农村
总 计	**1**		**21**	**49**	**1**	**1**
拉萨市城关区	1		20	5	1	1
昌都地区察雅县						
山南地区琼结县			1	1		
日喀则地区南木林县				26		
日喀则地区白朗县				16		
那曲地区索县				1		

4-73 续表 3

单位：人次

地 区	无障碍设施		信息无障碍		生活服务	
	城市	农村	城市	农村	城市	农村
总 计	**1**	**1**		**1**	**23**	**30**
拉萨市城关区	1	1			7	2
昌都地区察雅县						2
山南地区琼结县				1	16	11
日喀则地区南木林县						6
日喀则地区白朗县						7
那曲地区索县						2

4-73 续表 4

单位：人次

地 区	文化服务		其他		未曾接受任何服务或扶助	
	城市	农村	城市	农村	城市	农村
总 计	**2**	**3**	**1**	**5**	**260**	**953**
拉萨市城关区	1		1		205	72
昌都地区察雅县		1				176
山南地区琼结县	1	1		2	55	118
日喀则地区南木林县		1		1		155
日喀则地区白朗县				2		171
那曲地区索县						261

4-74 各地区视力残疾人分城乡的曾接受服务或扶助

单位：人

地区	合计		医疗服务与救助		辅助器具	
	城市	农村	城市	农村	城市	农村
总计	**106**	**262**	**36**	**89**	**2**	**10**
拉萨市城关区	90	23	20	10	2	4
昌都地区察雅县		45		14		3
山南地区琼结县	16	41	16	37		2
日喀则地区南木林县		59		12		1
日喀则地区白朗县		60		16		
那曲地区索县		34				

4-74 续表 1

单位：人

地区	康复训练与服务		教育费用补助或减免		职业教育与培训	
	城市	农村	城市	农村	城市	农村
总计		**1**				
拉萨市城关区						
昌都地区察雅县		1				
山南地区琼结县						
日喀则地区南木林县						
日喀则地区白朗县						
那曲地区索县						

4-74 续表 2

单位：人

地区	就业安置或扶持		贫困残疾人救助与扶持		法律援助与服务	
	城市	农村	城市	农村	城市	农村
总计			**15**	**19**		
拉萨市城关区			15	4		
昌都地区察雅县						
山南地区琼结县				1		
日喀则地区南木林县				14		
日喀则地区白朗县						
那曲地区索县						

4-74 续表 3

单位：人

地区	无障碍设施		信息无障碍		生活服务	
	城市	农村	城市	农村	城市	农村
总计				**1**	**7**	**6**
拉萨市城关区					7	1
昌都地区察雅县						
山南地区琼结县				1		
日喀则地区南木林县						2
日喀则地区白朗县						2
那曲地区索县						1

4-74 续表 4

单位：人

地　区	文化服务		其他		未曾接受任何服务或扶助	
	城市	农村	城市	农村	城市	农村
总　计					**46**	**136**
拉萨市城关区					46	4
昌都地区察雅县						27
山南地区琼结县						
日喀则地区南木林县						30
日喀则地区白朗县						42
那曲地区索县						33

4-75 各地区听力残疾人分城乡的曾接受服务或扶助

单位：人

地　区	合计		医疗服务与救助		辅助器具	
	城市	农村	城市	农村	城市	农村
总　计	**112**	**267**		**4**		
拉萨市城关区	68	24				
昌都地区察雅县		35				
山南地区琼结县	44	71		1		
日喀则地区南木林县		52				
日喀则地区白朗县		47		3		
那曲地区索县		38				

4-75 续表 1

单位：人

地 区	康复训练与服务		教育费用补助或减免		职业教育与培训	
	城市	农村	城市	农村	城市	农村
总 计			**1**	**1**		
拉萨市城关区						
昌都地区察雅县						
山南地区琼结县			1			
日喀则地区南木林县				1		
日喀则地区白朗县						
那曲地区索县						

4-75 续表 2

单位：人

地 区	就业安置或扶持		贫困残疾人救助与扶持		法律援助与服务	
	城市	农村	城市	农村	城市	农村
总 计	**1**		**1**	**6**		
拉萨市城关区	1		1			
昌都地区察雅县						
山南地区琼结县						
日喀则地区南木林县				4		
日喀则地区白朗县				2		
那曲地区索县						

4-75 续表 3

单位：人

地　区	无障碍设施		信息无障碍		生活服务	
	城市	农村	城市	农村	城市	农村
总　计					**8**	**10**
拉萨市城关区						
昌都地区察雅县						
山南地区琼结县					8	4
日喀则地区南木林县						4
日喀则地区白朗县						2
那曲地区索县						

4-75 续表 4

单位：人

地　区	文化服务		其他		未曾接受任何服务或扶助	
	城市	农村	城市	农村	城市	农村
总　计	**1**	**1**			**100**	**245**
拉萨市城关区					66	24
昌都地区察雅县						35
山南地区琼结县	1	1			34	65
日喀则地区南木林县						43
日喀则地区白朗县						40
那曲地区索县						38

4-76 各地区言语残疾人分城乡的曾接受服务或扶助

单位：人

地 区	合计		医疗服务与救助		辅助器具	
	城市	农村	城市	农村	城市	农村
总 计	**2**	**40**		**1**		
拉萨市城关区		2				
昌都地区察雅县		5		1		
山南地区琼结县	2	6				
日喀则地区南木林县		4				
日喀则地区白朗县		11				
那曲地区索县		12				

4-76 续表 1

单位：人

地 区	康复训练与服务		教育费用补助或减免		职业教育与培训	
	城市	农村	城市	农村	城市	农村
总 计						
拉萨市城关区						
昌都地区察雅县						
山南地区琼结县						
日喀则地区南木林县						
日喀则地区白朗县						
那曲地区索县						

4-76 续表 2

单位：人

地　区	就业安置或扶持		贫困残疾人救助与扶持		法律援助与服务	
	城市	农村	城市	农村	城市	农村
总　计						
拉萨市城关区						
昌都地区察雅县						
山南地区琼结县						
日喀则地区南木林县						
日喀则地区白朗县						
那曲地区索县						

4-76 续表 3

单位：人

地　区	无障碍设施		信息无障碍		生活服务	
	城市	农村	城市	农村	城市	农村
总　计						
拉萨市城关区						
昌都地区察雅县						
山南地区琼结县						
日喀则地区南木林县						
日喀则地区白朗县						
那曲地区索县						

4-76 续表 4

单位：人

地 区	文化服务		其他		未曾接受任何服务或扶助	
	城市	农村	城市	农村	城市	农村
总 计					**2**	**39**
拉萨市城关区						2
昌都地区察雅县						4
山南地区琼结县					2	6
日喀则地区南木林县						4
日喀则地区白朗县						11
那曲地区索县						12

4-77 各地区肢体残疾人分城乡的曾接受服务或扶助

单位：人

地 区	合计		医疗服务与救助		辅助器具	
	城市	农村	城市	农村	城市	农村
总 计	**89**	**408**	**19**	**59**	**9**	**24**
拉萨市城关区	70	39	9	2	6	2
昌都地区察雅县		94		20		13
山南地区琼结县	19	40	10	22	3	3
日喀则地区南木林县		69		10		2
日喀则地区白朗县		74		5		4
那曲地区索县		92				

4-77 续表 1

单位：人

地 区	康复训练与服务		教育费用补助或减免		职业教育与培训	
	城市	农村	城市	农村	城市	农村
总 计	**3**	**6**	**1**			
拉萨市城关区	1		1			
昌都地区察雅县		1				
山南地区琼结县	2	1				
日喀则地区南木林县		1				
日喀则地区白朗县		3				
那曲地区索县						

4-77 续表 2

单位：人

地 区	就业安置或扶持		贫困残疾人救助与扶持		法律援助与服务	
	城市	农村	城市	农村	城市	农村
总 计			**3**	**15**	**1**	**1**
拉萨市城关区			3	1	1	1
昌都地区察雅县						
山南地区琼结县						
日喀则地区南木林县				4		
日喀则地区白朗县				10		
那曲地区索县						

4-77 续表 3

单位：人

地区	无障碍设施		信息无障碍		生活服务	
	城市	农村	城市	农村	城市	农村
总　计	**1**					**7**
拉萨市城关区	1					1
昌都地区察雅县						2
山南地区琼结县						3
日喀则地区南木林县						
日喀则地区白朗县						1
那曲地区索县						

4-77 续表 4

单位：人

地区	文化服务		其他		未曾接受任何服务或扶助	
	城市	农村	城市	农村	城市	农村
总　计		**2**	**1**	**5**	**51**	**289**
拉萨市城关区			1		47	32
昌都地区察雅县		1				57
山南地区琼结县				2	4	9
日喀则地区南木林县		1		1		50
日喀则地区白朗县				2		49
那曲地区索县						92

4-78 各地区智力残疾人分城乡的曾接受服务或扶助

单位：人

地 区	合计		医疗服务与救助		辅助器具	
	城市	农村	城市	农村	城市	农村
总 计	**5**	**30**		**8**		
拉萨市城关区	1	3				
昌都地区察雅县		2				
山南地区琼结县	4	7		3		
日喀则地区南木林县		1				
日喀则地区白朗县		12		5		
那曲地区索县		5				

4-78 续表 1

单位：人

地 区	康复训练与服务		教育费用补助或减免		职业教育与培训	
	城市	农村	城市	农村	城市	农村
总 计						
拉萨市城关区						
昌都地区察雅县						
山南地区琼结县						
日喀则地区南木林县						
日喀则地区白朗县						
那曲地区索县						

4-78　续表 2

单位：人

地区	就业安置或扶持		贫困残疾人救助与扶持		法律援助与服务	
	城市	农村	城市	农村	城市	农村
总　计						
拉萨市城关区						
昌都地区察雅县						
山南地区琼结县						
日喀则地区南木林县						
日喀则地区白朗县						
那曲地区索县						

4-78　续表 3

单位：人

地区	无障碍设施		信息无障碍		生活服务	
	城市	农村	城市	农村	城市	农村
总　计		**1**			**1**	**2**
拉萨市城关区		1				
昌都地区察雅县						
山南地区琼结县					1	2
日喀则地区南木林县						
日喀则地区白朗县						
那曲地区索县						

4-78　续表 4

单位：人

地　区	文化服务		其他		未曾接受任何服务或扶助	
	城市	农村	城市	农村	城市	农村
总　计					**4**	**19**
拉萨市城关区					1	2
昌都地区察雅县						2
山南地区琼结县					3	2
日喀则地区南木林县						1
日喀则地区白朗县						7
那曲地区索县						5

4-79　各地区精神残疾人分城乡的曾接受服务或扶助

单位：人

地　区	合计		医疗服务与救助		辅助器具	
	城市	农村	城市	农村	城市	农村
总　计	**2**	**58**		**11**		
拉萨市城关区	2	2				
昌都地区察雅县		11				
山南地区琼结县		4		1		
日喀则地区南木林县		10				
日喀则地区白朗县		15		10		
那曲地区索县		16				

4-79 续表 1

单位：人

地区	康复训练与服务		教育费用补助或减免		职业教育与培训	
	城市	农村	城市	农村	城市	农村
总计						
拉萨市城关区						
昌都地区察雅县						
山南地区琼结县						
日喀则地区南木林县						
日喀则地区白朗县						
那曲地区索县						

4-79 续表 2

单位：人

地区	就业安置或扶持		贫困残疾人救助与扶持		法律援助与服务	
	城市	农村	城市	农村	城市	农村
总计				**2**		
拉萨市城关区						
昌都地区察雅县						
山南地区琼结县						
日喀则地区南木林县						
日喀则地区白朗县				2		
那曲地区索县						

4-79 续表 3

单位：人

地区	无障碍设施		信息无障碍		生活服务	
	城市	农村	城市	农村	城市	农村
总计						
拉萨市城关区						
昌都地区察雅县						
山南地区琼结县						
日喀则地区南木林县						
日喀则地区白朗县						
那曲地区索县						

4-79 续表 4

单位：人

地区	文化服务		其他		未曾接受任何服务或扶助	
	城市	农村	城市	农村	城市	农村
总计					**2**	**45**
拉萨市城关区					2	2
昌都地区察雅县						11
山南地区琼结县						3
日喀则地区南木林县						10
日喀则地区白朗县						3
那曲地区索县						16

4-80 各地区多重残疾人分城乡的曾接受服务或扶助

单位：人次

地区	合计		医疗服务与救助		辅助器具	
	城市	农村	城市	农村	城市	农村
总计	**83**	**225**	**15**	**28**	**1**	**4**
拉萨市城关区	50	6	5			
昌都地区察雅县		43		2		1
山南地区琼结县	33	53	10	16	1	2
日喀则地区南木林县		28		6		1
日喀则地区白朗县		27		4		
那曲地区索县		68				

4-80 续表 1

单位：人次

地区	康复训练与服务		教育费用补助或减免		职业教育与培训	
	城市	农村	城市	农村	城市	农村
总计	**2**			**1**		
拉萨市城关区						
昌都地区察雅县						
山南地区琼结县	2					
日喀则地区南木林县						
日喀则地区白朗县						
那曲地区索县				1		

4-80 续表 2

单位：人次

地区	就业安置或扶持		贫困残疾人救助与扶持		法律援助与服务	
	城市	农村	城市	农村	城市	农村
总计			**2**	**7**		
拉萨市城关区			1			
昌都地区察雅县						
山南地区琼结县			1			
日喀则地区南木林县				4		
日喀则地区白朗县				2		
那曲地区索县				1		

4-80 续表 3

单位：人次

地区	无障碍设施		信息无障碍		生活服务	
	城市	农村	城市	农村	城市	农村
总计					**7**	**5**
拉萨市城关区						
昌都地区察雅县						
山南地区琼结县					7	2
日喀则地区南木林县						
日喀则地区白朗县						2
那曲地区索县						1

4-80 续表 4

单位：人次

地 区	文化服务		其他		未曾接受任何服务或扶助	
	城市	农村	城市	农村	城市	农村
总 计	**1**				**55**	**180**
拉萨市城关区	1				43	6
昌都地区察雅县						40
山南地区琼结县					12	33
日喀则地区南木林县						17
日喀则地区白朗县						19
那曲地区索县						65

4-81 各地区视力残疾人分残疾等级的曾接受服务或扶助

单位：人次

地 区	医疗服务与救助				辅助器具			
	一级	二级	三级	四级	一级	二级	三级	四级
总 计	14	10	44	57	1		4	7
拉萨市城关区	3	3	11	13			1	5
昌都地区察雅县	3	1		10	1			2
山南地区琼结县	8	5	9	31			2	
日喀则地区南木林县		1	9	2			1	
日喀则地区白朗县			15	1				
那曲地区索县								

4-81 续表 1

单位：人次

地区	康复训练与服务				教育费用补助或减免			
	一级	二级	三级	四级	一级	二级	三级	四级
总计				1				
拉萨市城关区								
昌都地区察雅县				1				
山南地区琼结县								
日喀则地区南木林县								
日喀则地区白朗县								
那曲地区索县								

4-81 续表 2

单位：人次

地区	职业教育与培训				就业安置或扶持			
	一级	二级	三级	四级	一级	二级	三级	四级
总计								
拉萨市城关区								
昌都地区察雅县								
山南地区琼结县								
日喀则地区南木林县								
日喀则地区白朗县								
那曲地区索县								

4-81 续表 3

单位：人次

地 区	贫困残疾人救助与扶持				法律援助与服务			
	一级	二级	三级	四级	一级	二级	三级	四级
总 计	4	8	12	10				
拉萨市城关区	2	3	7	7				
昌都地区察雅县								
山南地区琼结县				1				
日喀则地区南木林县	2	5	5	2				
日喀则地区白朗县								
那曲地区索县								

4-81 续表 4

单位：人次

地 区	无障碍设施				信息无障碍			
	一级	二级	三级	四级	一级	二级	三级	四级
总 计							1	
拉萨市城关区								
昌都地区察雅县								
山南地区琼结县							1	
日喀则地区南木林县								
日喀则地区白朗县								
那曲地区索县								

4-81　续表 5

单位：人次

地　区	生活服务				文化服务			
	一级	二级	三级	四级	一级	二级	三级	四级
总　计	1	2	8	2				
拉萨市城关区	1	2	3	2				
昌都地区察雅县								
山南地区琼结县								
日喀则地区南木林县			2					
日喀则地区白朗县			2					
那曲地区索县			1					

4-81　续表 6

单位：人次

地　区	其他				未曾接受任何服务或扶助			
	一级	二级	三级	四级	一级	二级	三级	四级
总　计					21	42	48	71
拉萨市城关区					1	7	6	36
昌都地区察雅县					4	1		22
山南地区琼结县								
日喀则地区南木林县					5	6	13	6
日喀则地区白朗县					6	10	20	6
那曲地区索县					5	18	9	1

4-82 各地区听力残疾人分残疾等级的曾接受服务或扶助

单位：人次

地 区	医疗服务与救助				辅助器具			
	一级	二级	三级	四级	一级	二级	三级	四级
总 计			**2**	**2**				
拉萨市城关区								
昌都地区察雅县								
山南地区琼结县				1				
日喀则地区南木林县								
日喀则地区白朗县			2	1				
那曲地区索县								

4-82 续表 1

单位：人次

地 区	康复训练与服务				教育费用补助或减免			
	一级	二级	三级	四级	一级	二级	三级	四级
总 计								**2**
拉萨市城关区								
昌都地区察雅县								
山南地区琼结县								1
日喀则地区南木林县								1
日喀则地区白朗县								
那曲地区索县								

4-82 续表 2

单位：人次

地 区	职业教育与培训				就业安置或扶持			
	一级	二级	三级	四级	一级	二级	三级	四级
总 计							**1**	
拉萨市城关区							1	
昌都地区察雅县								
山南地区琼结县								
日喀则地区南木林县								
日喀则地区白朗县								
那曲地区索县								

4-82 续表 3

单位：人次

地 区	贫困残疾人救助与扶持				法律援助与服务			
	一级	二级	三级	四级	一级	二级	三级	四级
总 计	**1**	**1**	**3**	**2**				
拉萨市城关区			1					
昌都地区察雅县								
山南地区琼结县								
日喀则地区南木林县	1	1		2				
日喀则地区白朗县			2					
那曲地区索县								

4-82 续表 4

单位：人次

地区	无障碍设施				信息无障碍			
	一级	二级	三级	四级	一级	二级	三级	四级
总计								
拉萨市城关区								
昌都地区察雅县								
山南地区琼结县								
日喀则地区南木林县								
日喀则地区白朗县								
那曲地区索县								

4-82 续表 5

单位：人次

地区	生活服务				文化服务			
	一级	二级	三级	四级	一级	二级	三级	四级
总计	**1**	**1**	**8**	**8**			**1**	**1**
拉萨市城关区								
昌都地区察雅县								
山南地区琼结县	1		5	6			1	1
日喀则地区南木林县		1	1	2				
日喀则地区白朗县			2					
那曲地区索县								

4-82 续表 6

单位：人次

地 区	其他				未曾接受任何服务或扶助			
	一级	二级	三级	四级	一级	二级	三级	四级
总 计					**24**	**23**	**127**	**171**
拉萨市城关区					6	6	42	36
昌都地区察雅县					2	4	17	12
山南地区琼结县					2	8	33	56
日喀则地区南木林县					7	1	13	22
日喀则地区白朗县					2	2	15	21
那曲地区索县					5	2	7	24

4-83 各地区言语残疾人分残疾等级的曾接受服务或扶助

单位：人次

地 区	医疗服务与救助				辅助器具			
	一级	二级	三级	四级	一级	二级	三级	四级
总 计				1				
拉萨市城关区								
昌都地区察雅县				1				
山南地区琼结县								
日喀则地区南木林县								
日喀则地区白朗县								
那曲地区索县								

4-83 续表 1

单位：人次

地区	康复训练与服务				教育费用补助或减免			
	一级	二级	三级	四级	一级	二级	三级	四级
总计								
拉萨市城关区								
昌都地区察雅县								
山南地区琼结县								
日喀则地区南木林县								
日喀则地区白朗县								
那曲地区索县								

4-83 续表 2

单位：人次

地区	职业教育与培训				就业安置或扶持			
	一级	二级	三级	四级	一级	二级	三级	四级
总计								
拉萨市城关区								
昌都地区察雅县								
山南地区琼结县								
日喀则地区南木林县								
日喀则地区白朗县								
那曲地区索县								

4-83　续表 3

单位：人次

地　区	贫困残疾人救助与扶持				法律援助与服务			
	一级	二级	三级	四级	一级	二级	三级	四级
总　计								
拉萨市城关区								
昌都地区察雅县								
山南地区琼结县								
日喀则地区南木林县								
日喀则地区白朗县								
那曲地区索县								

4-83　续表 4

单位：人次

地　区	无障碍设施				信息无障碍			
	一级	二级	三级	四级	一级	二级	三级	四级
总　计								
拉萨市城关区								
昌都地区察雅县								
山南地区琼结县								
日喀则地区南木林县								
日喀则地区白朗县								
那曲地区索县								

4-83 续表 5

单位：人次

地 区	生活服务				文化服务			
	一级	二级	三级	四级	一级	二级	三级	四级
总 计								
拉萨市城关区								
昌都地区察雅县								
山南地区琼结县								
日喀则地区南木林县								
日喀则地区白朗县								
那曲地区索县								

4-83 续表 6

单位：人次

地 区	其他				未曾接受任何服务或扶助			
	一级	二级	三级	四级	一级	二级	三级	四级
总 计					5	14	11	11
拉萨市城关区					1			1
昌都地区察雅县						3		1
山南地区琼结县					2	1	1	4
日喀则地区南木林县							1	3
日喀则地区白朗县					1	4	5	1
那曲地区索县					1	6	4	1

4-84 各地区肢体残疾人分残疾等级的曾接受服务或扶助

单位：人次

地 区	医疗服务与救助				辅助器具			
	一级	二级	三级	四级	一级	二级	三级	四级
总 计	**6**	**2**	**17**	**53**	**5**	**1**	**7**	**20**
拉萨市城关区	1	1	4	5	1		3	4
昌都地区察雅县	3		4	13	1	1	1	10
山南地区琼结县	2	1	8	21	1		2	3
日喀则地区南木林县			1	9	1			1
日喀则地区白朗县				5	1		1	2
那曲地区索县								

4-84 续表 1

单位：人次

地 区	康复训练与服务				教育费用补助或减免			
	一级	二级	三级	四级	一级	二级	三级	四级
总 计	**2**		**1**	**6**				**1**
拉萨市城关区	1							1
昌都地区察雅县				1				
山南地区琼结县				3				
日喀则地区南木林县	1							
日喀则地区白朗县			1	2				
那曲地区索县								

4-84 续表 2

单位：人次

地 区	职业教育与培训				就业安置或扶持			
	一级	二级	三级	四级	一级	二级	三级	四级
总 计								
拉萨市城关区								
昌都地区察雅县								
山南地区琼结县								
日喀则地区南木林县								
日喀则地区白朗县								
那曲地区索县								

4-84 续表 3

单位：人次

地 区	贫困残疾人救助与扶持				法律援助与服务			
	一级	二级	三级	四级	一级	二级	三级	四级
总 计	**2**		**4**	**12**			**1**	**1**
拉萨市城关区	1			3			1	1
昌都地区察雅县								
山南地区琼结县								
日喀则地区南木林县			2	2				
日喀则地区白朗县	1		2	7				
那曲地区索县								

4-84 续表 4

单位：人次

地　区	无障碍设施				信息无障碍			
	一级	二级	三级	四级	一级	二级	三级	四级
总　计	**1**							
拉萨市城关区	1							
昌都地区察雅县								
山南地区琼结县								
日喀则地区南木林县								
日喀则地区白朗县								
那曲地区索县								

4-84 续表 5

单位：人次

地　区	生活服务				文化服务			
	一级	二级	三级	四级	一级	二级	三级	四级
总　计	**2**		**1**	**4**		**1**		**1**
拉萨市城关区				1				
昌都地区察雅县	1			1		1		
山南地区琼结县	1		1	1				
日喀则地区南木林县								1
日喀则地区白朗县				1				
那曲地区索县								

4-84　续表 6

单位：人次

地　区	其他				未曾接受任何服务或扶助			
	一级	二级	三级	四级	一级	二级	三级	四级
总　计				**6**	**17**	**26**	**101**	**196**
拉萨市城关区				1	5	11	19	44
昌都地区察雅县					4	6	24	23
山南地区琼结县				2	1		6	6
日喀则地区南木林县				1	4	1	6	39
日喀则地区白朗县				2	1	2	8	38
那曲地区索县					2	6	38	46

4-85　各地区智力残疾人分残疾等级的曾接受服务或扶助

单位：人次

地　区	医疗服务与救助				辅助器具			
	一级	二级	三级	四级	一级	二级	三级	四级
总　计			**7**	**1**				
拉萨市城关区								
昌都地区察雅县								
山南地区琼结县			2	1				
日喀则地区南木林县								
日喀则地区白朗县			5					
那曲地区索县								

4-85 续表 1

单位：人次

地区	康复训练与服务				教育费用补助或减免			
	一级	二级	三级	四级	一级	二级	三级	四级
总 计								
拉萨市城关区								
昌都地区察雅县								
山南地区琼结县								
日喀则地区南木林县								
日喀则地区白朗县								
那曲地区索县								

4-85 续表 2

单位：人次

地区	职业教育与培训				就业安置或扶持			
	一级	二级	三级	四级	一级	二级	三级	四级
总 计								
拉萨市城关区								
昌都地区察雅县								
山南地区琼结县								
日喀则地区南木林县								
日喀则地区白朗县								
那曲地区索县								

4-85 续表 3

单位：人次

地 区	贫困残疾人救助与扶持				法律援助与服务			
	一级	二级	三级	四级	一级	二级	三级	四级
总 计								
拉萨市城关区								
昌都地区察雅县								
山南地区琼结县								
日喀则地区南木林县								
日喀则地区白朗县								
那曲地区索县								

4-85 续表 4

单位：人次

地 区	无障碍设施				信息无障碍			
	一级	二级	三级	四级	一级	二级	三级	四级
总 计	**1**							
拉萨市城关区	1							
昌都地区察雅县								
山南地区琼结县								
日喀则地区南木林县								
日喀则地区白朗县								
那曲地区索县								

4-85 续表 5

单位：人次

地 区	生活服务				文化服务			
	一级	二级	三级	四级	一级	二级	三级	四级
总 计		**1**		**2**				
拉萨市城关区								
昌都地区察雅县								
山南地区琼结县		1		2				
日喀则地区南木林县								
日喀则地区白朗县								
那曲地区索县								

4-85 续表 6

单位：人次

地 区	其他				未曾接受任何服务或扶助			
	一级	二级	三级	四级	一级	二级	三级	四级
总 计						**2**	**3**	**18**
拉萨市城关区								3
昌都地区察雅县							1	1
山南地区琼结县						1	1	3
日喀则地区南木林县								1
日喀则地区白朗县								7
那曲地区索县						1	1	3

4-86 各地区精神残疾人分残疾等级的曾接受服务或扶助

单位：人次

地 区	医疗服务与救助				辅助器具			
	一级	二级	三级	四级	一级	二级	三级	四级
总 计	**1**		**3**	**7**				
拉萨市城关区								
昌都地区察雅县								
山南地区琼结县			1					
日喀则地区南木林县								
日喀则地区白朗县	1		2	7				
那曲地区索县								

4-86 续表 1

单位：人次

地 区	康复训练与服务				教育费用补助或减免			
	一级	二级	三级	四级	一级	二级	三级	四级
总 计								
拉萨市城关区								
昌都地区察雅县								
山南地区琼结县								
日喀则地区南木林县								
日喀则地区白朗县								
那曲地区索县								

4-86 续表 2

单位：人次

地区	职业教育与培训				就业安置或扶持			
	一级	二级	三级	四级	一级	二级	三级	四级
总计								
拉萨市城关区								
昌都地区察雅县								
山南地区琼结县								
日喀则地区南木林县								
日喀则地区白朗县								
那曲地区索县								

4-86 续表 3

单位：人次

地区	贫困残疾人救助与扶持				法律援助与服务			
	一级	二级	三级	四级	一级	二级	三级	四级
总计				**2**				
拉萨市城关区								
昌都地区察雅县								
山南地区琼结县								
日喀则地区南木林县								
日喀则地区白朗县				2				
那曲地区索县								

4-86 续表 4

单位：人次

地 区	无障碍设施				信息无障碍			
	一级	二级	三级	四级	一级	二级	三级	四级
总 计								
拉萨市城关区								
昌都地区察雅县								
山南地区琼结县								
日喀则地区南木林县								
日喀则地区白朗县								
那曲地区索县								

4-86 续表 5

单位：人次

地 区	生活服务				文化服务			
	一级	二级	三级	四级	一级	二级	三级	四级
总 计								
拉萨市城关区								
昌都地区察雅县								
山南地区琼结县								
日喀则地区南木林县								
日喀则地区白朗县								
那曲地区索县								

4-86 续表 6

单位：人次

地区	其他				未曾接受任何服务或扶助			
	一级	二级	三级	四级	一级	二级	三级	四级
总计					**19**	**9**	**4**	**15**
拉萨市城关区							1	3
昌都地区察雅县					6	1		4
山南地区琼结县					1		1	1
日喀则地区南木林县					3	1	2	4
日喀则地区白朗县								3
那曲地区索县					9	7		

4-87 各地区多重残疾人分残疾等级的曾接受服务或扶助

单位：人次

地区	医疗服务与救助				辅助器具			
	一级	二级	三级	四级	一级	二级	三级	四级
总计	**15**	**6**	**13**	**9**	**1**	**1**	**2**	**1**
拉萨市城关区	3		2					
昌都地区察雅县		1	1		1			
山南地区琼结县	7	2	9	8			2	1
日喀则地区南木林县	3	2	1			1		
日喀则地区白朗县	2	1		1				
那曲地区索县								

4-87 续表 1

单位：人次

地区	康复训练与服务				教育费用补助或减免			
	一级	二级	三级	四级	一级	二级	三级	四级
总 计			**1**	**1**		**1**		
拉萨市城关区								
昌都地区察雅县								
山南地区琼结县			1	1				
日喀则地区南木林县								
日喀则地区白朗县								
那曲地区索县						1		

4-87 续表 2

单位：人次

地区	职业教育与培训				就业安置或扶持			
	一级	二级	三级	四级	一级	二级	三级	四级
总 计								
拉萨市城关区								
昌都地区察雅县								
山南地区琼结县								
日喀则地区南木林县								
日喀则地区白朗县								
那曲地区索县								

4-87 续表 3

单位：人次

地 区	贫困残疾人救助与扶持				法律援助与服务			
	一级	二级	三级	四级	一级	二级	三级	四级
总 计	**3**	**3**	**3**					
拉萨市城关区	1							
昌都地区察雅县								
山南地区琼结县			1					
日喀则地区南木林县	1	1	2					
日喀则地区白朗县	1	1						
那曲地区索县		1						

4-87 续表 4

单位：人次

地 区	无障碍设施				信息无障碍			
	一级	二级	三级	四级	一级	二级	三级	四级
总 计								
拉萨市城关区								
昌都地区察雅县								
山南地区琼结县								
日喀则地区南木林县								
日喀则地区白朗县								
那曲地区索县								

4-87 续表 5

单位：人次

地区	生活服务				文化服务			
	一级	二级	三级	四级	一级	二级	三级	四级
总计	**4**	**3**	**2**	**3**	**1**			
拉萨市城关区					1			
昌都地区察雅县								
山南地区琼结县	3	1	2	3				
日喀则地区南木林县								
日喀则地区白朗县	1	1						
那曲地区索县		1						

4-87 续表 6

单位：人次

地区	其他				未曾接受任何服务或扶助			
	一级	二级	三级	四级	一级	二级	三级	四级
总计					**129**	**34**	**49**	**23**
拉萨市城关区					18	8	13	10
昌都地区察雅县					29	3	7	1
山南地区琼结县					26	4	8	7
日喀则地区南木林县					10	2	5	
日喀则地区白朗县					11	3	3	2
那曲地区索县					35	14	13	3

4-88 各地区残疾人分城乡的主要需求

单位：人次

地 区	合计		医疗服务与救助		辅助器具	
	城市	农村	城市	农村	城市	农村
总 计	**1051**	**3677**	**300**	**1036**	**233**	**450**
拉萨市城关区	734	269	197	70	154	48
昌都地区察雅县		663		171		53
山南地区琼结县	317	629	103	188	79	118
日喀则地区南木林县		644		184		99
日喀则地区白朗县		687		194		56
那曲地区索县		785		229		76

4-88 续表 1

单位：人次

地 区	康复训练与服务		教育费用补助或减免		职业教育与培训	
	城市	农村	城市	农村	城市	农村
总 计	**72**	**207**	**3**	**9**	**3**	**10**
拉萨市城关区	49	19	3		3	1
昌都地区察雅县		25				2
山南地区琼结县	23	42		2		2
日喀则地区南木林县		63		3		1
日喀则地区白朗县		38				
那曲地区索县		20		4		4

4-88 续表 2

单位：人次

地 区	就业安置或扶持		贫困残疾人救助与扶持		法律援助与服务	
	城市	农村	城市	农村	城市	农村
总 计	**12**	**16**	**220**	**1054**	**13**	**9**
拉萨市城关区	11	9	146	74	12	6
昌都地区察雅县		2		197		
山南地区琼结县	1	2	74	151	1	
日喀则地区南木林县		1		189		1
日喀则地区白朗县		2		224		
那曲地区索县				219		2

4-88 续表 3

单位：人次

地 区	无障碍设施		信息无障碍		生活服务	
	城市	农村	城市	农村	城市	农村
总 计	**4**	**17**		**11**	**120**	**796**
拉萨市城关区	3				90	36
昌都地区察雅县				4		190
山南地区琼结县	1	16		3	30	96
日喀则地区南木林县		1		1		93
日喀则地区白朗县				2		157
那曲地区索县				1		224

4-88 续表 4

单位：人次

地　区	文化服务		其他		不选择	
	城市	农村	城市	农村	城市	农村
总　计	**7**	**55**	**64**	**7**		
拉萨市城关区	5	5	61	1		
昌都地区察雅县		16		3		
山南地区琼结县	2	7	3	2		
日喀则地区南木林县		7		1		
日喀则地区白朗县		14				
那曲地区索县		6				

4-89 各地区视力残疾人分城乡的主要需求

单位：人次

地　区	合计		医疗服务与救助		辅助器具	
	城市	农村	城市	农村	城市	农村
总　计	**246**	**730**	**75**	**221**	**52**	**69**
拉萨市城关区	198	47	59	12	42	10
昌都地区察雅县		123		36		9
山南地区琼结县	48	117	16	37	10	2
日喀则地区南木林县		168		49		13
日喀则地区白朗县		174		56		5
那曲地区索县		101		31		30

4-89 续表 1

单位：人次

地　区	康复训练与服务		教育费用补助或减免		职业教育与培训	
	城市	农村	城市	农村	城市	农村
总　计	**10**	**10**	**3**	**1**		
拉萨市城关区	10	6	3			
昌都地区察雅县						
山南地区琼结县				1		
日喀则地区南木林县		2				
日喀则地区白朗县		2				
那曲地区索县						

4-89 续表 2

单位：人次

地　区	就业安置或扶持		贫困残疾人救助与扶持		法律援助与服务	
	城市	农村	城市	农村	城市	农村
总　计	**1**	**6**	**58**	**205**	**1**	
拉萨市城关区	1	3	42	7	1	
昌都地区察雅县				39		
山南地区琼结县		1	16	37		
日喀则地区南木林县				53		
日喀则地区白朗县		2		56		
那曲地区索县				13		

4-89 续表 3

单位：人次

地　区	无障碍设施		信息无障碍		生活服务	
	城市	农村	城市	农村	城市	农村
总　计	**1**			**4**	**35**	**208**
拉萨市城关区					30	9
昌都地区察雅县				2		34
山南地区琼结县	1			1	5	37
日喀则地区南木林县						51
日喀则地区白朗县				1		50
那曲地区索县						27

4-89 续表 4

单位：人次

地　区	文化服务		其他		不选择	
	城市	农村	城市	农村	城市	农村
总　计	**1**	**6**	**9**			
拉萨市城关区	1		9			
昌都地区察雅县		3				
山南地区琼结县		1				
日喀则地区南木林县						
日喀则地区白朗县		2				
那曲地区索县						

4-90 各地区听力残疾人分城乡的主要需求

单位：人次

地区	合计		医疗服务与救助		辅助器具	
	城市	农村	城市	农村	城市	农村
总计	**329**	**780**	**111**	**247**	**105**	**157**
拉萨市城关区	198	72	67	24	63	24
昌都地区察雅县		105		31		3
山南地区琼结县	131	212	44	61	42	69
日喀则地区南木林县		149		50		45
日喀则地区白朗县		129		43		16
那曲地区索县		113		38		

4-90 续表 1

单位：人次

地区	康复训练与服务		教育费用补助或减免		职业教育与培训	
	城市	农村	城市	农村	城市	农村
总计	**4**	**24**				**1**
拉萨市城关区	2					
昌都地区察雅县						
山南地区琼结县	2	13				
日喀则地区南木林县		5				1
日喀则地区白朗县						
那曲地区索县		6				

4-90 续表 2

单位：人次

地 区	就业安置或扶持		贫困残疾人救助与扶持		法律援助与服务	
	城市	农村	城市	农村	城市	农村
总 计	**2**	**1**	**42**	**206**		**1**
拉萨市城关区	1		20	22		
昌都地区察雅县				35		
山南地区琼结县	1	1	22	39		
日喀则地区南木林县				35		1
日喀则地区白朗县				43		
那曲地区索县				32		

4-90 续表 3

单位：人次

地 区	无障碍设施		信息无障碍		生活服务	
	城市	农村	城市	农村	城市	农村
总 计		**3**		**2**	**25**	**133**
拉萨市城关区					8	2
昌都地区察雅县				1		35
山南地区琼结县		3		1	17	24
日喀则地区南木林县						11
日喀则地区白朗县						24
那曲地区索县						37

4-90 续表 4

单位：人次

地区	文化服务		其他		不选择	
	城市	农村	城市	农村	城市	农村
总 计	**2**	**4**	**38**	**1**		
拉萨市城关区			37			
昌都地区察雅县						
山南地区琼结县	2		1	1		
日喀则地区南木林县		1				
日喀则地区白朗县		3				
那曲地区索县						

4-91 各地区言语残疾人分城乡的主要需求

单位：人次

地区	合计		医疗服务与救助		辅助器具	
	城市	农村	城市	农村	城市	农村
总 计	**6**	**120**	**2**	**36**		**1**
拉萨市城关区		6		1		
昌都地区察雅县		15		4		
山南地区琼结县	6	18	2	5		1
日喀则地区南木林县		12		4		
日喀则地区白朗县		33		11		
那曲地区索县		36		11		

4-91 续表 1

单位：人次

地 区	康复训练与服务		教育费用补助或减免		职业教育与培训	
	城市	农村	城市	农村	城市	农村
总 计		**10**		**2**		
拉萨市城关区		2				
昌都地区察雅县		1				
山南地区琼结县		4		1		
日喀则地区南木林县		2		1		
日喀则地区白朗县						
那曲地区索县		1				

4-91 续表 2

单位：人次

地 区	就业安置或扶持		贫困残疾人救助与扶持		法律援助与服务	
	城市	农村	城市	农村	城市	农村
总 计			**2**	**33**		
拉萨市城关区				2		
昌都地区察雅县				5		
山南地区琼结县			2	1		
日喀则地区南木林县				2		
日喀则地区白朗县				11		
那曲地区索县				12		

4-91 续表 3

单位：人次

地 区	无障碍设施		信息无障碍		生活服务	
	城市	农村	城市	农村	城市	农村
总 计				**1**	**2**	**31**
拉萨市城关区						1
昌都地区察雅县						5
山南地区琼结县					2	2
日喀则地区南木林县						1
日喀则地区白朗县				1		10
那曲地区索县						12

4-91 续表 4

单位：人次

地 区	文化服务		其他		不选择	
	城市	农村	城市	农村	城市	农村
总 计		**6**				
拉萨市城关区						
昌都地区察雅县						
山南地区琼结县		4				
日喀则地区南木林县		2				
日喀则地区白朗县						
那曲地区索县						

4-92 各地区肢体残疾人分城乡的主要需求

单位：人次

地区	合计		医疗服务与救助		辅助器具	
	城市	农村	城市	农村	城市	农村
总计	**227**	**1142**	**43**	**276**	**33**	**155**
拉萨市城关区	185	111	29	22	23	9
昌都地区察雅县		252		60		24
山南地区琼结县	42	93	14	30	10	19
日喀则地区南木林县		204		49		37
日喀则地区白朗县		207		44		35
那曲地区索县		275		71		31

4-92 续表 1

单位：人次

地区	康复训练与服务		教育费用补助或减免		职业教育与培训	
	城市	农村	城市	农村	城市	农村
总计	**28**	**72**		**6**	**3**	**5**
拉萨市城关区	23	10			3	1
昌都地区察雅县		7				
山南地区琼结县	5	5				
日喀则地区南木林县		25		2		
日喀则地区白朗县		21				
那曲地区索县		4		4		4

4-92 续表 2

单位：人次

地 区	就业安置或扶持		贫困残疾人救助与扶持		法律援助与服务	
	城市	农村	城市	农村	城市	农村
总 计	**8**	**9**	**66**	**345**	**2**	**3**
拉萨市城关区	8	6	54	33	1	2
昌都地区察雅县		2		70		
山南地区琼结县			12	26	1	
日喀则地区南木林县		1		65		
日喀则地区白朗县				69		
那曲地区索县				82		1

4-92 续表 3

单位：人次

地 区	无障碍设施		信息无障碍		生活服务	
	城市	农村	城市	农村	城市	农村
总 计	**2**	**7**		**2**	**39**	**239**
拉萨市城关区	2				39	23
昌都地区察雅县						76
山南地区琼结县		6				7
日喀则地区南木林县		1		1		21
日喀则地区白朗县						38
那曲地区索县				1		74

4-92 续表 4

单位：人次

地区	文化服务		其他		不选择	
	城市	农村	城市	农村	城市	农村
总计	**2**	**21**	**1**	**2**		
拉萨市城关区	2	5	1			
昌都地区察雅县		11		2		
山南地区琼结县						
日喀则地区南木林县		2				
日喀则地区白朗县						
那曲地区索县		3				

4-93 各地区智力残疾人分城乡的主要需求

单位：人次

地区	合计		医疗服务与救助		辅助器具	
	城市	农村	城市	农村	城市	农村
总计	15	90	5	20		1
拉萨市城关区	3	9	1	3		1
昌都地区察雅县		6		1		
山南地区琼结县	12	21	4	6		
日喀则地区南木林县		3		1		
日喀则地区白朗县		36		4		
那曲地区索县		15		5		

4-93 续表 1

单位：人次

地 区	康复训练与服务		教育费用补助或减免		职业教育与培训	
	城市	农村	城市	农村	城市	农村
总 计	5	14				
拉萨市城关区	1	1				
昌都地区察雅县		2				
山南地区琼结县	4	5				
日喀则地区南木林县		1				
日喀则地区白朗县		4				
那曲地区索县		1				

4-93 续表 2

单位：人次

地 区	就业安置或扶持		贫困残疾人救助与扶持		法律援助与服务	
	城市	农村	城市	农村	城市	农村
总 计			4	20		1
拉萨市城关区				2		1
昌都地区察雅县						
山南地区琼结县			4	5		
日喀则地区南木林县						
日喀则地区白朗县				9		
那曲地区索县				4		

4-93 续表 3

单位：人次

地　区	无障碍设施		信息无障碍		生活服务	
	城市	农村	城市	农村	城市	农村
总　计						24
拉萨市城关区						
昌都地区察雅县						2
山南地区琼结县						5
日喀则地区南木林县						
日喀则地区白朗县						12
那曲地区索县						5

4-93 续表 4

单位：人次

地　区	文化服务		其他		不选择	
	城市	农村	城市	农村	城市	农村
总　计		9	1	1		
拉萨市城关区			1	1		
昌都地区察雅县		1				
山南地区琼结县						
日喀则地区南木林县		1				
日喀则地区白朗县		7				
那曲地区索县						

4–94 各地区精神残疾人分城乡的主要需求

单位：人次

地区	合计		医疗服务与救助		辅助器具	
	城市	农村	城市	农村	城市	农村
总计	**6**	**168**	**2**	**55**		**2**
拉萨市城关区	6	6	2	2		
昌都地区察雅县		33		11		1
山南地区琼结县		12		3		
日喀则地区南木林县		30		10		1
日喀则地区白朗县		39		13		
那曲地区索县		48		16		

4–94 续表 1

单位：人次

地区	康复训练与服务		教育费用补助或减免		职业教育与培训	
	城市	农村	城市	农村	城市	农村
总计		**26**				**3**
拉萨市城关区						
昌都地区察雅县		9				2
山南地区琼结县		3				1
日喀则地区南木林县		8				
日喀则地区白朗县		6				
那曲地区索县						

4-94 续表 2

单位：人次

地区	就业安置或扶持		贫困残疾人救助与扶持		法律援助与服务	
	城市	农村	城市	农村	城市	农村
总计			**2**	**49**	**2**	**3**
拉萨市城关区			2	2	2	2
昌都地区察雅县				8		
山南地区琼结县				1		
日喀则地区南木林县				10		
日喀则地区白朗县				13		
那曲地区索县				15		1

4-94 续表 3

单位：人次

地区	无障碍设施		信息无障碍		生活服务	
	城市	农村	城市	农村	城市	农村
总计				**1**		**23**
拉萨市城关区						
昌都地区察雅县						1
山南地区琼结县				1		2
日喀则地区南木林县						1
日喀则地区白朗县						5
那曲地区索县						14

4-94 续表 4

单位：人次

地　区	文化服务		其他		不选择	
	城市	农村	城市	农村	城市	农村
总　计		**5**		**1**		
拉萨市城关区						
昌都地区察雅县				1		
山南地区琼结县		1				
日喀则地区南木林县						
日喀则地区白朗县		2				
那曲地区索县		2				

4-95 各地区多重残疾人分城乡的主要需求

单位：人次

地　区	合计		医疗服务与救助		辅助器具	
	城市	农村	城市	农村	城市	农村
总　计	**222**	**647**	**62**	**181**	**43**	**65**
拉萨市城关区	144	18	39	6	26	4
昌都地区察雅县		129		28		16
山南地区琼结县	78	156	23	46	17	27
日喀则地区南木林县		78		21		3
日喀则地区白朗县		69		23		
那曲地区索县		197		57		15

4-95 续表 1

单位：人次

地 区	康复训练与服务		教育费用补助或减免		职业教育与培训	
	城市	农村	城市	农村	城市	农村
总 计	**25**	**51**				**1**
拉萨市城关区	13					
昌都地区察雅县		6				
山南地区琼结县	12	12				1
日喀则地区南木林县		20				
日喀则地区白朗县		5				
那曲地区索县		8				

4-95 续表 2

单位：人次

地 区	就业安置或扶持		贫困残疾人救助与扶持		法律援助与服务	
	城市	农村	城市	农村	城市	农村
总 计	**1**		**46**	**196**	**8**	**1**
拉萨市城关区	1		28	6	8	1
昌都地区察雅县				40		
山南地区琼结县			18	42		
日喀则地区南木林县				24		
日喀则地区白朗县				23		
那曲地区索县				61		

4-95 续表 3

单位：人次

地　区	无障碍设施		信息无障碍		生活服务	
	城市	农村	城市	农村	城市	农村
总　计	**1**	**7**		**1**	**19**	**138**
拉萨市城关区	1				13	1
昌都地区察雅县				1		37
山南地区琼结县		7			6	19
日喀则地区南木林县						8
日喀则地区白朗县						18
那曲地区索县						55

4-95 续表 4

单位：人次

地　区	文化服务		其他		不选择	
	城市	农村	城市	农村	城市	农村
总　计	**2**	**4**	**15**	**2**		
拉萨市城关区	2		13			
昌都地区察雅县		1				
山南地区琼结县		1	2	1		
日喀则地区南木林县		1		1		
日喀则地区白朗县						
那曲地区索县		1				

4-96 各地区视力残疾人分残疾等级的主要需求

单位：人次

地区	医疗服务与救助				辅助器具			
	一级	二级	三级	四级	一级	二级	三级	四级
总计	**31**	**53**	**97**	**115**	**16**	**33**	**21**	**51**
拉萨市城关区	4	10	17	40	2	7	6	37
昌都地区察雅县	6	2		28	3			6
山南地区琼结县	8	5	10	30	1	1	4	6
日喀则地区南木林县	5	9	26	9	4	5	3	1
日喀则地区白朗县	5	9	35	7	2	3		
那曲地区索县	3	18	9	1	4	17	8	1

4-96 续表 1

单位：人次

地区	康复训练与服务				教育费用补助或减免			
	一级	二级	三级	四级	一级	二级	三级	四级
总计		**2**	**5**	**13**				**4**
拉萨市城关区		1	3	12				3
昌都地区察雅县								
山南地区琼结县								1
日喀则地区南木林县		1		1				
日喀则地区白朗县			2					
那曲地区索县								

4-96 续表 2

单位：人次

地 区	职业教育与培训				就业安置或扶持			
	一级	二级	三级	四级	一级	二级	三级	四级
总 计							**2**	**5**
拉萨市城关区							1	3
昌都地区察雅县								
山南地区琼结县								1
日喀则地区南木林县								
日喀则地区白朗县							1	1
那曲地区索县								

4-96 续表 3

单位：人次

地 区	贫困残疾人救助与扶持				法律援助与服务			
	一级	二级	三级	四级	一级	二级	三级	四级
总 计	**33**	**39**	**87**	**104**				**1**
拉萨市城关区	3	6	12	28				1
昌都地区察雅县	7	2		30				
山南地区琼结县	8	5	10	30				
日喀则地区南木林县	6	10	27	10				
日喀则地区白朗县	6	10	34	6				
那曲地区索县	3	6	4					

4-96 续表 4

单位：人次

地　区	无障碍设施				信息无障碍			
	一级	二级	三级	四级	一级	二级	三级	四级
总　计	**1**							**4**
拉萨市城关区								
昌都地区察雅县								2
山南地区琼结县	1							1
日喀则地区南木林县								
日喀则地区白朗县								1
那曲地区索县								

4-96 续表 5

单位：人次

地　区	生活服务				文化服务			
	一级	二级	三级	四级	一级	二级	三级	四级
总　计	**29**	**41**	**83**	**90**		**2**	**1**	**4**
拉萨市城关区	3	5	11	20				1
昌都地区察雅县	5	2		27				3
山南地区琼结县	6	3	6	27		1		
日喀则地区南木林县	6	11	25	9				
日喀则地区白朗县	5	7	32	6		1	1	
那曲地区索县	4	13	9	1				

4-96 续表 6

单位：人次

地 区	其他				不选择			
	一级	二级	三级	四级	一级	二级	三级	四级
总 计		**1**	**1**	**7**				
拉萨市城关区		1	1	7				
昌都地区察雅县								
山南地区琼结县								
日喀则地区南木林县								
日喀则地区白朗县								
那曲地区索县								

4-97 各地区听力残疾人分残疾等级的主要需求

单位：人次

地 区	医疗服务与救助				辅助器具			
	一级	二级	三级	四级	一级	二级	三级	四级
总 计	**25**	**22**	**133**	**178**	**14**	**17**	**95**	**136**
拉萨市城关区	6	6	43	36	4	6	41	36
昌都地区察雅县	2	3	15	11			2	1
山南地区琼结县	2	7	37	59	3	8	37	63
日喀则地区南木林县	8	2	14	26	6	2	13	24
日喀则地区白朗县	2	2	17	22	1	1	2	12
那曲地区索县	5	2	7	24				

4-97 续表 1

单位：人次

地区	康复训练与服务				教育费用补助或减免			
	一级	二级	三级	四级	一级	二级	三级	四级
总计	**3**	**3**	**9**	**13**				
拉萨市城关区			1	1				
昌都地区察雅县								
山南地区琼结县		2	4	9				
日喀则地区南木林县	1		1	3				
日喀则地区白朗县								
那曲地区索县	2	1	3					

4-97 续表 2

单位：人次

地区	职业教育与培训				就业安置或扶持			
	一级	二级	三级	四级	一级	二级	三级	四级
总计				**1**			**2**	**1**
拉萨市城关区							1	
昌都地区察雅县								
山南地区琼结县							1	1
日喀则地区南木林县				1				
日喀则地区白朗县								
那曲地区索县								

4-97 续表 3

单位：人次

地 区	贫困残疾人救助与扶持				法律援助与服务			
	一级	二级	三级	四级	一级	二级	三级	四级
总 计	**19**	**22**	**87**	**120**				**1**
拉萨市城关区	4	6	20	12				
昌都地区察雅县	2	4	17	12				
山南地区琼结县	3	6	17	35				
日喀则地区南木林县	5	2	12	16				1
日喀则地区白朗县	2	2	17	22				
那曲地区索县	3	2	4	23				

4-97 续表 4

单位：人次

地 区	无障碍设施				信息无障碍			
	一级	二级	三级	四级	一级	二级	三级	四级
总 计			**1**	**2**		**1**	**1**	
拉萨市城关区								
昌都地区察雅县						1		
山南地区琼结县			1	2			1	
日喀则地区南木林县								
日喀则地区白朗县								
那曲地区索县								

4-97 续表 5

单位：人次

地区	生活服务				文化服务			
	一级	二级	三级	四级	一级	二级	三级	四级
总计	**14**	**7**	**61**	**76**	**1**		**3**	**2**
拉萨市城关区	2		6	2				
昌都地区察雅县	2	4	17	12				
山南地区琼结县	1	1	16	23			1	1
日喀则地区南木林县	3		2	6	1			
日喀则地区白朗县	1	1	13	9			2	1
那曲地区索县	5	1	7	24				

4-97 续表 6

单位：人次

地区	其他				不选择			
	一级	二级	三级	四级	一级	二级	三级	四级
总计	**2**		**17**	**20**				
拉萨市城关区	2		17	18				
昌都地区察雅县								
山南地区琼结县				2				
日喀则地区南木林县								
日喀则地区白朗县								
那曲地区索县								

4–98 各地区言语残疾人分残疾等级的主要需求

单位：人次

地区	医疗服务与救助				辅助器具			
	一级	二级	三级	四级	一级	二级	三级	四级
总计	**5**	**14**	**11**	**8**				**1**
拉萨市城关区	1							
昌都地区察雅县		3	1					
山南地区琼结县	2	1	1	3				1
日喀则地区南木林县			1	3				
日喀则地区白朗县	1	4	5	1				
那曲地区索县	1	6	3	1				

4–98 续表 1

单位：人次

地区	康复训练与服务				教育费用补助或减免			
	一级	二级	三级	四级	一级	二级	三级	四级
总计	**2**		**3**	**5**				**2**
拉萨市城关区	1			1				
昌都地区察雅县				1				
山南地区琼结县	1		1	2				1
日喀则地区南木林县			1	1				1
日喀则地区白朗县								
那曲地区索县			1					

4-98 续表 2

单位：人次

地区	职业教育与培训				就业安置或扶持			
	一级	二级	三级	四级	一级	二级	三级	四级
总计								
拉萨市城关区								
昌都地区察雅县								
山南地区琼结县								
日喀则地区南木林县								
日喀则地区白朗县								
那曲地区索县								

4-98 续表 3

单位：人次

地区	贫困残疾人救助与扶持				法律援助与服务			
	一级	二级	三级	四级	一级	二级	三级	四级
总计	**4**	**14**	**10**	**7**				
拉萨市城关区	1			1				
昌都地区察雅县		3	1	1				
山南地区琼结县	1	1		1				
日喀则地区南木林县				2				
日喀则地区白朗县	1	4	5	1				
那曲地区索县	1	6	4	1				

4-98 续表 4

单位：人次

地 区	无障碍设施				信息无障碍			
	一级	二级	三级	四级	一级	二级	三级	四级
总 计						**1**		
拉萨市城关区								
昌都地区察雅县								
山南地区琼结县								
日喀则地区南木林县								
日喀则地区白朗县						1		
那曲地区索县								

4-98 续表 5

单位：人次

地 区	生活服务				文化服务			
	一级	二级	三级	四级	一级	二级	三级	四级
总 计	**3**	**13**	**11**	**6**	**1**		**1**	**4**
拉萨市城关区				1				
昌都地区察雅县		3	1	1				
山南地区琼结县	1	1	1	1	1			3
日喀则地区南木林县				1			1	1
日喀则地区白朗县	1	3	5	1				
那曲地区索县	1	6	4	1				

4-98 续表 6

单位：人次

地区	其他				不选择			
	一级	二级	三级	四级	一级	二级	三级	四级
总计								
拉萨市城关区								
昌都地区察雅县								
山南地区琼结县								
日喀则地区南木林县								
日喀则地区白朗县								
那曲地区索县								

4-99 各地区肢体残疾人分残疾等级的主要需求

单位：人次

地区	医疗服务与救助				辅助器具			
	一级	二级	三级	四级	一级	二级	三级	四级
总计	**15**	**18**	**84**	**202**	**17**	**12**	**57**	**102**
拉萨市城关区	3	8	12	28	5	1	9	17
昌都地区察雅县	4	4	17	35	2	4	10	8
山南地区琼结县	3		14	27	2	1	9	17
日喀则地区南木林县	3		6	40	3	1	4	29
日喀则地区白朗县	1	1	6	36	3	1	7	24
那曲地区索县	1	5	29	36	2	4	18	7

4-99 续表 1

单位：人次

地区	康复训练与服务				教育费用补助或减免			
	一级	二级	三级	四级	一级	二级	三级	四级
总计	**9**	**5**	**21**	**65**			**1**	**5**
拉萨市城关区	4	4	5	20				
昌都地区察雅县			2	5				
山南地区琼结县			3	7				
日喀则地区南木林县	4	1	5	15				2
日喀则地区白朗县	1		5	15				
那曲地区索县			1	3			1	3

4-99 续表 2

单位：人次

地区	职业教育与培训				就业安置或扶持			
	一级	二级	三级	四级	一级	二级	三级	四级
总计	**1**		**3**	**4**	**1**	**1**	**5**	**10**
拉萨市城关区	1		1	2	1	1	5	7
昌都地区察雅县								2
山南地区琼结县								
日喀则地区南木林县								1
日喀则地区白朗县								
那曲地区索县			2	2				

4-99 续表 3

单位：人次

地区	贫困残疾人救助与扶持				法律援助与服务			
	一级	二级	三级	四级	一级	二级	三级	四级
总计	**27**	**28**	**108**	**248**				**5**
拉萨市城关区	7	12	19	49				3
昌都地区察雅县	7	7	26	30				
山南地区琼结县	3	1	11	23				1
日喀则地区南木林县	5	1	8	51				
日喀则地区白朗县	3	2	11	53				
那曲地区索县	2	5	33	42				1

4-99 续表 4

单位：人次

地区	无障碍设施				信息无障碍			
	一级	二级	三级	四级	一级	二级	三级	四级
总计	**2**		**4**	**3**			**1**	**1**
拉萨市城关区	1		1					
昌都地区察雅县								
山南地区琼结县	1		3	2				
日喀则地区南木林县				1			1	
日喀则地区白朗县								
那曲地区索县								1

4-99 续表 5

单位：人次

地区	生活服务				文化服务			
	一级	二级	三级	四级	一级	二级	三级	四级
总计	**11**	**25**	**79**	**163**		**1**	**7**	**15**
拉萨市城关区	2	10	15	35			4	3
昌都地区察雅县	7	8	27	34		1	2	8
山南地区琼结县		1	2	4				
日喀则地区南木林县			3	18				2
日喀则地区白朗县	1	2	4	31				
那曲地区索县	1	4	28	41			1	2

4-99 续表 6

单位：人次

地区	其他				不选择			
	一级	二级	三级	四级	一级	二级	三级	四级
总计	**1**			**2**				
拉萨市城关区				1				
昌都地区察雅县	1			1				
山南地区琼结县								
日喀则地区南木林县								
日喀则地区白朗县								
那曲地区索县								

4-100 各地区智力残疾人分残疾等级的主要需求

单位：人次

地 区	医疗服务与救助				辅助器具			
	一级	二级	三级	四级	一级	二级	三级	四级
总 计	**1**	**3**	**8**	**13**	**1**			
拉萨市城关区	1			3	1			
昌都地区察雅县			1					
山南地区琼结县		2	3	5				
日喀则地区南木林县				1				
日喀则地区白朗县			3	1				
那曲地区索县		1	1	3				

4-100 续表 1

单位：人次

地 区	康复训练与服务				教育费用补助或减免			
	一级	二级	三级	四级	一级	二级	三级	四级
总 计		**2**	**6**	**11**				
拉萨市城关区				2				
昌都地区察雅县			1	1				
山南地区琼结县		1	3	5				
日喀则地区南木林县				1				
日喀则地区白朗县			2	2				
那曲地区索县		1						

4-100 续表 2

单位：人次

地 区	职业教育与培训				就业安置或扶持			
	一级	二级	三级	四级	一级	二级	三级	四级
总 计								
拉萨市城关区								
昌都地区察雅县								
山南地区琼结县								
日喀则地区南木林县								
日喀则地区白朗县								
那曲地区索县								

4-100 续表 3

单位：人次

地 区	贫困残疾人救助与扶持				法律援助与服务			
	一级	二级	三级	四级	一级	二级	三级	四级
总 计	**1**	**2**	**7**	**14**				**1**
拉萨市城关区	1			1				1
昌都地区察雅县								
山南地区琼结县		2	1	6				
日喀则地区南木林县								
日喀则地区白朗县			5	4				
那曲地区索县			1	3				

4-100　续表 4

单位：人次

地　区	无障碍设施				信息无障碍			
	一级	二级	三级	四级	一级	二级	三级	四级
总　计								
拉萨市城关区								
昌都地区察雅县								
山南地区琼结县								
日喀则地区南木林县								
日喀则地区白朗县								
那曲地区索县								

4-100　续表 5

单位：人次

地　区	生活服务				文化服务			
	一级	二级	三级	四级	一级	二级	三级	四级
总　计		**2**	**9**	**13**				**9**
拉萨市城关区								
昌都地区察雅县			1	1				1
山南地区琼结县		1	2	2				
日喀则地区南木林县								1
日喀则地区白朗县			5	7				7
那曲地区索县		1	1	3				

4-100 续表 6

单位：人次

地区	其他				不选择			
	一级	二级	三级	四级	一级	二级	三级	四级
总计				**2**				
拉萨市城关区				2				
昌都地区察雅县								
山南地区琼结县								
日喀则地区南木林县								
日喀则地区白朗县								
那曲地区索县								

4-101 各地区精神残疾人分残疾等级的主要需求

单位：人次

地区	医疗服务与救助				辅助器具			
	一级	二级	三级	四级	一级	二级	三级	四级
总计	**20**	**9**	**6**	**22**	**1**		**1**	
拉萨市城关区			1	3				
昌都地区察雅县	6	1		4	1			
山南地区琼结县	1		1	1				
日喀则地区南木林县	3	1	2	4			1	
日喀则地区白朗县	1		2	10				
那曲地区索县	9	7						

4-101 续表 1

单位：人次

地 区	康复训练与服务				教育费用补助或减免			
	一级	二级	三级	四级	一级	二级	三级	四级
总 计	**9**	**2**	**5**	**10**				
拉萨市城关区								
昌都地区察雅县	4	1		4				
山南地区琼结县	1		2					
日喀则地区南木林县	3	1	1	3				
日喀则地区白朗县	1		2	3				
那曲地区索县								

4-101 续表 2

单位：人次

地 区	职业教育与培训				就业安置或扶持			
	一级	二级	三级	四级	一级	二级	三级	四级
总 计			**1**	**2**				
拉萨市城关区								
昌都地区察雅县				2				
山南地区琼结县			1					
日喀则地区南木林县								
日喀则地区白朗县								
那曲地区索县								

4-101 续表 3

单位：人次

地区	贫困残疾人救助与扶持				法律援助与服务			
	一级	二级	三级	四级	一级	二级	三级	四级
总计	**20**	**8**	**5**	**18**		**1**	**1**	**3**
拉萨市城关区			1	3			1	3
昌都地区察雅县	6	1		1				
山南地区琼结县	1							
日喀则地区南木林县	3	1	2	4				
日喀则地区白朗县	1		2	10				
那曲地区索县	9	6				1		

4-101 续表 4

单位：人次

地区	无障碍设施				信息无障碍			
	一级	二级	三级	四级	一级	二级	三级	四级
总计							**1**	
拉萨市城关区								
昌都地区察雅县								
山南地区琼结县							1	
日喀则地区南木林县								
日喀则地区白朗县								
那曲地区索县								

4-101 续表 5

单位：人次

地 区	生活服务				文化服务			
	一级	二级	三级	四级	一级	二级	三级	四级
总 计	**9**	**6**	**1**	**7**	**1**	**1**		**3**
拉萨市城关区								
昌都地区察雅县	1							
山南地区琼结县			1	1				1
日喀则地区南木林县				1				
日喀则地区白朗县				5				2
那曲地区索县	8	6			1	1		

4-101 续表 6

单位：人次

地 区	其他				不选择			
	一级	二级	三级	四级	一级	二级	三级	四级
总 计				**1**				
拉萨市城关区								
昌都地区察雅县				1				
山南地区琼结县								
日喀则地区南木林县								
日喀则地区白朗县								
那曲地区索县								

4-102 各地区多重残疾人分残疾等级的主要需求

单位：人次

地　区	医疗服务与救助				辅助器具			
	一级	二级	三级	四级	一级	二级	三级	四级
总　计	**115**	**39**	**57**	**32**	**49**	**10**	**27**	**22**
拉萨市城关区	14	7	14	10	8	4	9	9
昌都地区察雅县	17	3	7	1	13	1	2	
山南地区琼结县	31	7	15	16	20	1	11	12
日喀则地区南木林县	11	3	7		1	1	1	
日喀则地区白朗县	13	4	3	3				
那曲地区索县	29	15	11	2	7	3	4	1

4-102 续表 1

单位：人次

地　区	康复训练与服务				教育费用补助或减免			
	一级	二级	三级	四级	一级	二级	三级	四级
总　计	**50**	**9**	**15**	**2**				
拉萨市城关区	9	1	2	1				
昌都地区察雅县	4	1	1					
山南地区琼结县	15	2	6	1				
日喀则地区南木林县	12	3	5					
日喀则地区白朗县	4	1						
那曲地区索县	6	1	1					

4-102 续表 2

单位：人次

地 区	职业教育与培训				就业安置或扶持			
	一级	二级	三级	四级	一级	二级	三级	四级
总 计	**1**				**1**			
拉萨市城关区					1			
昌都地区察雅县								
山南地区琼结县	1							
日喀则地区南木林县								
日喀则地区白朗县								
那曲地区索县								

4-102 续表 3

单位：人次

地 区	贫困残疾人救助与扶持				法律援助与服务			
	一级	二级	三级	四级	一级	二级	三级	四级
总 计	**130**	**39**	**52**	**21**	**6**	**1**	**2**	
拉萨市城关区	18	7	6	3	6	1	2	
昌都地区察雅县	29	3	7	1				
山南地区琼结县	26	7	16	11				
日喀则地区南木林县	12	4	8					
日喀则地区白朗县	13	4	3	3				
那曲地区索县	32	14	12	3				

4-102 续表 4

单位：人次

地 区	无障碍设施				信息无障碍			
	一级	二级	三级	四级	一级	二级	三级	四级
总 计	**3**	**1**	**1**	**3**	**1**			
拉萨市城关区		1						
昌都地区察雅县					1			
山南地区琼结县	3		1	3				
日喀则地区南木林县								
日喀则地区白朗县								
那曲地区索县								

4-102 续表 5

单位：人次

地 区	生活服务				文化服务			
	一级	二级	三级	四级	一级	二级	三级	四级
总 计	**82**	**26**	**37**	**12**	**4**	**1**		**1**
拉萨市城关区	5	3	5	1	2			
昌都地区察雅县	26	3	7	1		1		
山南地区琼结县	7	4	9	5	1			
日喀则地区南木林县	5	1	2		1			
日喀则地区白朗县	9	3	3	3				
那曲地区索县	30	12	11	2				1

4-102 续表 6

单位：人次

地 区	其他				不选择			
	一级	二级	三级	四级	一级	二级	三级	四级
总 计	**3**		**8**	**6**				
拉萨市城关区	2		5	6				
昌都地区察雅县								
山南地区琼结县	1		2					
日喀则地区南木林县			1					
日喀则地区白朗县								
那曲地区索县								

第五部分　社区和住户基本情况

5-1 调查社区基本情况

地 区	调查社区(个)			社区人口情况		社区残疾人情况(人)			
	合计	居委会	村委会	户数(户)	人口(人)	残疾人	持证残疾人	享受定期救助人数	享受临时救助人数
总 计	**48**	**8**	**40**	**6591**	**29763**	**872**	**113**	**87**	**26**
拉萨市城关区	8	6	2	2227	7910	89	67	38	
昌都地区察雅县	8		8	738	3642	154	16	3	10
山南地区琼结县	8	2	6	1404	6107	220	20		
日喀则地区南木林县	8		8	823	3854	104	1		
日喀则地区白朗县	8		8	669	4925	114	9	42	
那曲地区索县	8		8	730	3325	191		4	16

5-1 续表

单位：个

地 区	社区残疾人基层组织建设情况				
	有残疾人协会(小组)的社区个数	有残疾人专职委员会的社区个数	有康复站的社区个数	有社区康复协调员的社区个数	有无障碍设施的社区(居委会)
总 计	**1**	**2**	**2**	**2**	
拉萨市城关区	1	2	2	2	
昌都地区察雅县					
山南地区琼结县					
日喀则地区南木林县					
日喀则地区白朗县					
那曲地区索县					

5-2 各地区调查社区公共服务机构的覆盖情况

单位：个

地 区	距离法律服务所(司法所)				距离特教学校(班)			
	0公里	1－2公里	3－5公里	5公里以上	0公里	1－2公里	3－5公里	5公里以上
总 计	**15**	**7**	**1**	**25**	**12**	**3**	**3**	**30**
拉萨市城关区	4	4			1	3	3	1
昌都地区察雅县	8				8			
山南地区琼结县		1		7	3			5
日喀则地区南木林县	3	2	1	2				8
日喀则地区白朗县				8				8
那曲地区索县				8				8

5-2 续表

单位：个

地 区	距离文化活动站(室)				距离卫生室(所、站)			
	0公里	1－2公里	3－5公里	5公里以上	0公里	1－2公里	3－5公里	5公里以上
总 计	**9**	**6**	**2**	**31**	**11**	**15**	**2**	**20**
拉萨市城关区	4	1	1	2	3	5		
昌都地区察雅县	3	1		4		2		6
山南地区琼结县	2	4	1	1	2	6		
日喀则地区南木林县				8	3	2	1	2
日喀则地区白朗县				8	3			5
那曲地区索县				8			1	7

5-2a 各地区调查城镇社区公共服务机构的覆盖情况

单位：个

地 区	距离法律服务所(司法所)				距离特教学校(班)			
	0公里	1－2公里	3－5公里	5公里以上	0公里	1－2公里	3－5公里	5公里以上
总 计	**3**	**4**		**1**	**3**	**2**	**2**	**1**
拉萨市城关区	3	3			1	2	2	1
昌都地区察雅县								
山南地区琼结县		1		1	2			
日喀则地区南木林县								
日喀则地区白朗县								
那曲地区索县								

5-2a 续表

单位：个

地 区	距离文化活动站（室）				距离卫生室（所、站）			
	0公里	1－2公里	3－5公里	5公里以上	0公里	1－2公里	3－5公里	5公里以上
总 计	**4**	**2**		**2**	**3**	**5**		
拉萨市城关区	3	1		2	3	3		
昌都地区察雅县								
山南地区琼结县	1	1				2		
日喀则地区南木林县								
日喀则地区白朗县								
那曲地区索县								

5-2b 各地区调查农村社区公共服务机构的覆盖情况

单位：个

地 区	距离法律服务所(司法所)				距离特教学校(班)			
	0公里	1－2公里	3－5公里	5公里以上	0公里	1－2公里	3－5公里	5公里以上
总 计	**12**	**3**	**1**	**24**	**9**	**1**	**1**	**29**
拉萨市城关区	1	1				1	1	
昌都地区察雅县	8				8			
山南地区琼结县				6	1			5
日喀则地区南木林县	3	2	1	2				8
日喀则地区白朗县				8				8
那曲地区索县				8				8

5-2b 续表

单位：个

地 区	距离文化活动站（室）				距离卫生室（所、站）			
	0公里	1－2公里	3－5公里	5公里以上	0公里	1－2公里	3－5公里	5公里以上
总 计	**5**	**4**	**2**	**29**	**8**	**10**	**2**	**20**
拉萨市城关区	1		1			2		
昌都地区察雅县	3	1		4		2		6
山南地区琼结县	1	3	1	1	2	4		
日喀则地区南木林县				8	3	2	1	2
日喀则地区白朗县				8	3			5
那曲地区索县				8			1	7

5-3 调查农村社区的收入水平与公共服务机构覆盖情况

单位：个、人

2005年本村人均收入	社区个数	社区享受定期救助人数	社区享受临时救助人数	距离法律服务所(司法所)			
				0公里	1－2公里	3－5公里	5公里以上
总　计	**40**	**50**	**25**	**12**	**3**	**1**	**24**
1000元以下	1	2	2				1
1000–1500元	9	1	1	1	2		6
1500–2000元	17	41	13	3		1	13
2000–2500元	8	5	3	6			2
2500–3000元	2			2			
3000–3500元	2						2
3500–4000元	1	1	6		1		
4000–4500元							
4500–5000元							
5000元以上							

5-3 续表 1

单位：个

2005年本村人均收入	距离特教学校(班)				距离文化活动站			
	0公里	1－2公里	3－5公里	5公里以上	0公里	1－2公里	3－5公里	5公里以上
总　计	**9**	**1**	**1**	**29**	**5**	**4**	**2**	**29**
1000元以下				1				1
1000–1500元	1			8			1	8
1500–2000元	2			15	1	4		12
2000–2500元	5	1		2	3			5
2500–3000元	1			1	1			1
3000–3500元				2				2
3500–4000元			1				1	
4000–4500元								
4500–5000元								
5000元以上								

5-3 续表 2

单位：个

2005年本村人均收入	距离卫生室(所、站)			
	0公里	1－2公里	3－5公里	5公里以上
总　计	**8**	**10**	**2**	**20**
1000元以下	1			
1000–1500元	2	3		4
1500–2000元	3	3	2	9
2000–2500元		2		6
2500–3000元	1	1		
3000–3500元	1			1
3500–4000元		1		
4000–4500元				
4500–5000元				
5000元以上				

5-4 各地区调查户2005年人均收入

地区	总人口（人）	总户数（户）	2005年度调查户人均收入（元）	按人均收入分组的户数（户）			
				0－683元	684－944元	945－2000元	2001－3000元
总　计	**22571**	**4928**	**2207**	**1515**	**568**	**1434**	**435**
拉萨市城关区	3720	1040	7174	27	20	155	115
昌都地区察雅县	3573	709	1694	236	45	205	121
山南地区琼结县	4507	1118	975	466	200	365	45
日喀则地区南木林县	3739	763	1175	373	98	203	43
日喀则地区白朗县	3993	685	1084	299	106	182	57
那曲地区索县	3039	613	1300	114	99	324	54

5-4 续表

地区	按人均收入分组的户数（户）						
	3001－4000元	4001－5000元	5001－6000元	6001－7000元	7001－10000元	10001－20000元	20000元以上
总　计	**230**	**120**	**91**	**54**	**155**	**234**	**92**
拉萨市城关区	103	75	69	42	128	220	86
昌都地区察雅县	58	15	7	3	8	7	4
山南地区琼结县	22	7	3	1	6	3	
日喀则地区南木林县	20	10	4	2	7	2	1
日喀则地区白朗县	19	8	4	4	4	1	1
那曲地区索县	8	5	4	2	2	1	

5-4a 各地区城镇调查户2005年人均收入

地 区	总人口(人)	总户数(户)	2005年度调查户人均收入(元)	按人均收入分组的户数(户)			
				0-683元	684-944元	945-2000元	2001-3000元
总 计	**4686**	**1314**	**5213**	**210**	**102**	**277**	**98**
拉萨市城关区	2752	801	8124	19	12	101	68
昌都地区察雅县							
山南地区琼结县	1934	513	1072	191	90	176	30
日喀则地区南木林县							
日喀则地区白朗县							
那曲地区索县							

5-4a 续表

地 区	按人均收入分组的户数（户）						
	3001-4000元	4001-5000元	5001-6000元	6001-7000元	7001-10000元	10001-20000元	20000元以上
总 计	**84**	**57**	**59**	**25**	**118**	**205**	**79**
拉萨市城关区	71	51	58	25	113	204	79
昌都地区察雅县							
山南地区琼结县	13	6	1		5	1	
日喀则地区南木林县							
日喀则地区白朗县							
那曲地区索县							

5-4b 各地区农村调查户2005年人均收入

地 区	总人口（人）	总户数（户）	2005年度调查户人均收入（元）	按人均收入分组的户数（户）			
				0-683元	684-944元	945-2000元	2001-3000元
总 计	**17885**	**3614**	**1419**	**1305**	**466**	**1157**	**337**
拉萨市城关区	968	239	4472	8	8	54	47
昌都地区察雅县	3573	709	1694	236	45	205	121
山南地区琼结县	2573	605	903	275	110	189	15
日喀则地区南木林县	3739	763	1175	373	98	203	43
日喀则地区白朗县	3993	685	1084	299	106	182	57
那曲地区索县	3039	613	1300	114	99	324	54

5-4b 续表

地 区	按人均收入分组的户数（户）						
	3001-4000元	4001-5000元	5001-6000元	6001-7000元	7001-10000元	10001-20000元	20000元以上
总 计	**146**	**63**	**32**	**29**	**37**	**29**	**13**
拉萨市城关区	32	24	11	17	15	16	7
昌都地区察雅县	58	15	7	3	8	7	4
山南地区琼结县	9	1	2	1	1	2	
日喀则地区南木林县	20	10	4	2	7	2	1
日喀则地区白朗县	19	8	4	4	4	1	1
那曲地区索县	8	5	4	2	2	1	

5-5 各地区有残疾人调查户2005年人均收入

地　区	有残疾人的调查户（户）	有残疾人调查户总人口（人）	残疾人数（人）	2005年度有残疾人的调查户人均收入（元）	按人均收入分组的户数（户）			
					0－683元	684－944元	945－2000元	2001－3000元
总　计	**1357**	**7011**	**1581**	**1979**	**439**	**167**	**381**	**117**
拉萨市城关区	294	1122	337	6220	13	6	50	32
昌都地区察雅县	194	1096	221	1588	72	10	57	33
山南地区琼结县	275	1241	316	892	131	45	79	10
日喀则地区南木林县	187	1040	215	1144	87	31	46	11
日喀则地区白朗县	202	1318	229	1022	98	31	46	16
那曲地区索县	205	1194	263	1262	38	44	103	15

5-5 续表

地　区	按人均收入分组的户数(户)						
	3001－4000元	4001－5000元	5001－6000元	6001－7000元	7001－10000元	10001－20000元	20000元以上
总　计	**59**	**28**	**31**	**20**	**41**	**59**	**15**
拉萨市城关区	29	22	25	14	32	57	14
昌都地区察雅县	12	3	2	2	1	1	1
山南地区琼结县	5	1	1	1	2		
日喀则地区南木林县	7		1	1	2	1	
日喀则地区白朗县	5	1	2	1	2		
那曲地区索县	1	1		1	2		

5-5a 各地区城镇有残疾人调查户2005年人均收入

地 区	有残疾人的调查户（户）	有残疾人调查户总人口（人）	残疾人数（人）	2005年度有残疾人的调查户人均收入（元）	按人均收入分组的户数（户）			
					0－683元	684－944元	945－2000元	2001－3000元
总 计	**314**	**1212**	**353**	**4929**	**54**	**16**	**59**	**26**
拉萨市城关区	213	779	247	7110	7	2	31	20
昌都地区察雅县								
山南地区琼结县	101	433	106	1004	47	14	28	6
日喀则地区南木林县								
日喀则地区白朗县								
那曲地区索县								

5-5a 续表

地 区	按人均收入分组的户数（户）						
	3001－4000元	4001－5000元	5001－6000元	6001－7000元	7001－10000元	10001－20000元	20000元以上
总 计	**20**	**18**	**19**	**10**	**27**	**52**	**13**
拉萨市城关区	17	17	19	10	25	52	13
昌都地区察雅县							
山南地区琼结县	3	1			2		
日喀则地区南木林县							
日喀则地区白朗县							
那曲地区索县							

5-5b 各地区农村有残疾人调查户2005年人均收入

地区	有残疾人的调查户（户）	有残疾人调查户总人口数（人）	残疾人数（人）	2005年度有残疾人的调查户人均收入（元）	按人均收入分组的户数（户）			
					0－683元	684－944元	945－2000元	2001－3000元
总　计	**1043**	**5799**	**1228**	**1362**	**385**	**151**	**322**	**91**
拉萨市城关区	81	343	90	4198	6	4	19	12
昌都地区察雅县	194	1096	221	1588	72	10	57	33
山南地区琼结县	174	808	210	832	84	31	51	4
日喀则地区南木林县	187	1040	215	1144	87	31	46	11
日喀则地区白朗县	202	1318	229	1022	98	31	46	16
那曲地区索县	205	1194	263	1262	38	44	103	15

5-5b 续表

地区	按人均收入分组的户数（户）						
	3001－4000元	4001－5000元	5001－6000元	6001－7000元	7001－10000元	10001－20000元	20000元以上
总　计	**39**	**10**	**12**	**10**	**14**	**7**	**2**
拉萨市城关区	12	5	6	4	7	5	1
昌都地区察雅县	12	3	2	2	1	1	1
山南地区琼结县	2		1	1			
日喀则地区南木林县	7		1	1	2	1	
日喀则地区白朗县	5	1	2	1	2		
那曲地区索县	1	1		1	2		

5-6　各地区调查户的住房状况

单位：户、平方米

地　区	总户数	人均住房面积	住房结构				
			钢筋混凝土	混合结构	砖木结构	木、竹、草结构	其他
总　计	**4928**	**32.43**	**429**	**1779**	**2556**	**34**	**130**
拉萨市城关区	1040	52.95	420	280	338	1	1
昌都地区察雅县	709	33.34	3	4	573	30	99
山南地区琼结县	1118	33.89	1	709	408		
日喀则地区南木林县	763	15.77	2	82	679		
日喀则地区白朗县	685	33.82	1	123	558	3	
那曲地区索县	613	22.75	2	581			30

5-6　续表

单位：户

地　区	住房来源			
	自有	租赁	借用	其他来源
总　计	**4759**	**32**	**67**	**70**
拉萨市城关区	1031	7	1	1
昌都地区察雅县	655	3	12	39
山南地区琼结县	1085	17	2	14
日喀则地区南木林县	743	2	12	6
日喀则地区白朗县	682	2	1	
那曲地区索县	563	1	39	10

5-6a　各地区城镇调查户的住房状况

单位：户、平方米

地　区	总户数	人均住房面积	住房结构				
			钢筋混凝土	混合结构	砖木结构	木、竹、草结构	其他
总　计	**1314**	**47.19**	**420**	**549**	**345**		
拉萨市城关区	801	54.38	419	230	152		
昌都地区察雅县							
山南地区琼结县	513	36.95	1	319	193		
日喀则地区南木林县							
日喀则地区白朗县							
那曲地区索县							

5-6a　续表

单位：户

地　区	住房来源			
	自有	租赁	借用	其他来源
总　计	**1297**	**13**	**1**	**3**
拉萨市城关区	792	7	1	1
昌都地区察雅县				
山南地区琼结县	505	6		2
日喀则地区南木林县				
日喀则地区白朗县				
那曲地区索县				

5-6b 各地区农村调查户的住房状况

单位：户、平方米

地 区	总户数	人均住房面积	住房结构				
			钢筋混凝土	混合结构	砖木结构	木、竹、草结构	其他
总 计	**3614**	**28.56**	**9**	**1230**	**2211**	**34**	**130**
拉萨市城关区	239	48.9	1	50	186	1	1
昌都地区察雅县	709	33.34	3	4	573	30	99
山南地区琼结县	605	31.59		390	215		
日喀则地区南木林县	763	15.77	2	82	679		
日喀则地区白朗县	685	33.82	1	123	558	3	
那曲地区索县	613	22.75	2	581			30

5-6b 续表

单位：户

地 区	住房来源			
	自有	租赁	借用	其他来源
总 计	**3462**	**19**	**66**	**67**
拉萨市城关区	239			
昌都地区察雅县	655	3	12	39
山南地区琼结县	580	11	2	12
日喀则地区南木林县	743	2	12	6
日喀则地区白朗县	682	2	1	
那曲地区索县	563	1	39	10

5-7 各地区有残疾人调查户的住房状况

单位：户、平方米

地 区	总户数	人均住房面积	住房结构				
			钢筋混凝土	混合结构	砖木结构	木、竹、草结构	其他
总 计	**1357**	**30.07**	**118**	**494**	**691**	**8**	**46**
拉萨市城关区	294	48.84	117	71	106		
昌都地区察雅县	194	30.19		1	145	8	40
山南地区琼结县	275	32.05		168	107		
日喀则地区南木林县	187	14.77		15	172		
日喀则地区白朗县	202	31.89		41	161		
那曲地区索县	205	21.58	1	198			6

5-7 续表

单位：户

地 区	住房来源			
	自有	租赁	借用	其他来源
总 计	**1320**	**7**	**13**	**17**
拉萨市城关区	294			
昌都地区察雅县	177		8	9
山南地区琼结县	267	6		2
日喀则地区南木林县	180	1	3	3
日喀则地区白朗县	202			
那曲地区索县	200		2	3

5-7a 各地区城镇有残疾人调查户的住房状况

单位：户、平方米

地　区	总户数	人均住房面积	住房结构				
			钢筋混凝土	混合结构	砖木结构	木、竹、草结构	其他
总　计	**314**	**44.38**	**116**	**111**	**87**		
拉萨市城关区	213	49.25	116	56	41		
昌都地区察雅县							
山南地区琼结县	101	35.63		55	46		
日喀则地区南木林县							
日喀则地区白朗县							
那曲地区索县							

5-7a 续表

单位：户

地　区	住房来源			
	自有	租赁	借用	其他来源
总　计	**313**	**1**		
拉萨市城关区	213			
昌都地区察雅县				
山南地区琼结县	100	1		
日喀则地区南木林县				
日喀则地区白朗县				
那曲地区索县				

5-7b 各地区农村有残疾人调查户的住房状况

单位：户、平方米

地 区	总户数	人均住房面积	住房结构				
			钢筋混凝土	混合结构	砖木结构	木、竹、草结构	其他
总 计	**1043**	**27.08**	**2**	**383**	**604**	**8**	**46**
拉萨市城关区	81	47.93	1	15	65		
昌都地区察雅县	194	30.19		1	145	8	40
山南地区琼结县	174	30.13		113	61		
日喀则地区南木林县	187	14.77		15	172		
日喀则地区白朗县	202	31.89		41	161		
那曲地区索县	205	21.58	1	198			6

5-7b 续表

单位：户

地 区	住房来源			
	自有	租赁	借用	其他来源
总 计	**1007**	**6**	**13**	**17**
拉萨市城关区	81			
昌都地区察雅县	177		8	9
山南地区琼结县	167	5		2
日喀则地区南木林县	180	1	3	3
日喀则地区白朗县	202			
那曲地区索县	200		2	3

5-8 各地区调查户家用电器拥有和用电状况

单位：户、度

地区	总户数	有家用电器户数						户月均用电量
		彩色电视机	电冰箱	洗衣机	电话	电脑	无上述家电	
总计	**4928**	**2922**	**945**	**646**	**1583**	**117**	**1964**	**29**
拉萨市城关区	1040	1038	805	604	938	105	1	94
昌都地区察雅县	709	227	38	23	87	5	476	13
山南地区琼结县	1118	614	66	10	255	1	486	10
日喀则地区南木林县	763	479	12	3	160	2	271	17
日喀则地区白朗县	685	521	15	4	140	3	162	15
那曲地区索县	613	43	9	2	3	1	568	2

5-8a 各地区城镇调查户家用电器拥有和用电状况

单位：户、度

地区	总户数	有家用电器户数						户月均用电量
		彩色电视机	电冰箱	洗衣机	电话	电脑	无上述家电	
总计	**1314**	**1231**	**737**	**522**	**956**	**102**	**82**	**73**
拉萨市城关区	801	801	680	514	752	101		110
昌都地区察雅县								
山南地区琼结县	513	430	57	8	204	1	82	14
日喀则地区南木林县								
日喀则地区白朗县								
那曲地区索县								

5-8b 各地区农村调查户家用电器拥有和用电状况

单位：户、度

地 区	总户数	有家用电器户数						户月均用电量
		彩色电视机	电冰箱	洗衣机	电话	电脑	无上述家电	
总 计	**3614**	**1691**	**208**	**124**	**627**	**15**	**1882**	**13**
拉萨市城关区	239	237	125	90	186	4	1	39
昌都地区察雅县	709	227	38	23	87	5	476	13
山南地区琼结县	605	184	9	2	51		404	7
日喀则地区南木林县	763	479	12	3	160	2	271	17
日喀则地区白朗县	685	521	15	4	140	3	162	15
那曲地区索县	613	43	9	2	3	1	568	2

5-9 各地区有残疾人户家用电器拥有和用电状况

单位：户、度

地 区	总户数	有家用电器户数						户月均用电量
		彩色电视机	电冰箱	洗衣机	电话	电脑	无上述家电	
总 计	**1357**	**764**	**238**	**168**	**410**	**32**	**582**	**28**
拉萨市城关区	294	294	215	160	260	29		92
昌都地区察雅县	194	52	6	6	22	1	139	11
山南地区琼结县	275	122	11	2	48		151	9
日喀则地区南木林县	187	121	2		40		62	17
日喀则地区白朗县	202	160	2		39	1	42	15
那曲地区索县	205	15	2		1	1	188	3

5-9a 各地区城镇有残疾人户家用电器拥有和用电状况

单位：户、度

地 区	总户数	有家用电器户数						户月均用电量
		彩色电视机	电冰箱	洗衣机	电话	电脑	无上述家电	
总 计	**314**	**291**	**188**	**133**	**239**	**27**	**22**	**81**
拉萨市城关区	213	213	178	132	199	27		111
昌都地区察雅县								
山南地区琼结县	101	78	10	1	40		22	15
日喀则地区南木林县								
日喀则地区白朗县								
那曲地区索县								

5-9b 各地区农村有残疾人户家用电器拥有和用电状况

单位：户、度

地 区	总户数	有家用电器户数						户月均用电量
		彩色电视机	电冰箱	洗衣机	电话	电脑	无上述家电	
总 计	**1043**	**473**	**50**	**35**	**171**	**5**	**560**	**12**
拉萨市城关区	81	81	37	28	61	2		42
昌都地区察雅县	194	52	6	6	22	1	139	11
山南地区琼结县	174	44	1	1	8		129	5
日喀则地区南木林县	187	121	2		40		62	17
日喀则地区白朗县	202	160	2		39	1	42	15
那曲地区索县	205	15	2		1	1	188	3

主要统计指标解释

总抚养比 指人口总体中非劳动年龄人口数与劳动年龄人口数之比。通常用百分比表示。说明每 100 名劳动年龄人口大致要负担多少名非劳动年龄人口。用于从人口角度反映人口与经济发展的基本关系。计算公式为:

$$GDR=\frac{P_{0-14}+P_{65+}}{P_{15-64}}\times 100\%$$

其中: GDR 为总抚养比;

P_{0-14} 为 0 ~ 14 岁少年儿童人口数;

P_{65+} 为 65 岁及以上的老年人口数;

P_{15-64} 为 15 ~ 64 岁劳动年龄人口数。

老年抚养比 指人口中老年人口数与劳动年龄人口数之比。通常用百分比表示。用以表明每 100 名劳动年龄人口要负担多少名老年人。老年人口抚养比是从经济角度反映人口老化社会后果的指标之一。计算公式为:

$$ODR=\frac{P_{65+}}{P_{15-64}}\times 100\%$$

其中: ODR 为老年人口抚养比;

P_{65+} 为 65 岁及以上的老年人口数;

P_{15-64} 为 15 ~ 64 岁劳动年龄人口数。

少儿抚养比 也称少年儿童抚养系数。指某一人口中少年儿童人口数与劳动年龄人口数之比。通常用百分比表示。以反映每 100 名劳动年龄人口要负担多少名少年儿童。计算公式为:

$$CDR=\frac{P_{0-14}}{P_{15-64}}\times 100\%$$

其中: CDR 为少年儿童抚养比;

P_{0-14} 为 0 ~ 14 岁少年儿童人口数;

P_{15-64} 为 15 ~ 64 岁劳动年龄人口数。

文盲人口 指 15 岁及以上不识字或识字很少的人口。根据《住户调查表》指标“R8.是否识字”登记为“2.否”的数据汇总。

经济活动人口 指 15 岁及以上参加或未参加社会经济活动的人口。包括在业人口和不在业人口。

在业人口和不在业人口分别根据《住户调查表》指标“R11.当前是否有工作”的登记数据汇总。

职业状况 指 15 岁及以上在业人口所从事的社会劳动工作种类。本资料中职业分类参照国家分类标准《职业分类与代码》(GB/T 6565-1999),将全国职业分类划分为大类和中类。

未工作状况 指 15 岁及以上不在业人口的未工作状况。根据《住户调查表》指标“R13.当前未工作状况”的登记数据汇总。

致残主要原因 根据被调查残疾人从《残疾人调查表》“C4.致残主要原因”多个选项中选出的主要两项合并汇总。

曾接受服务或扶助 根据被调查残疾人从《残疾人调查表》“T6.曾接受过何种服务或扶助”的 14 个选项中选出的主要三项合并汇总。

主要需求 根据被调查残疾人从《残疾人调查表》“T7. 本人主要需求”的 14 个选项中选出的主要三项合并汇总。

附　录

附录 1

西藏自治区第二次全国残疾人抽样调查主要数据公报

西藏自治区第二全国次残疾人抽样调查领导小组
西藏自治区统计局
2006 年 12 月 27 日

经国务院批准，我国进行了第二次全国残疾人抽样调查。在第二次全国残疾人抽样调查领导小组统一领导下，按照全国统一的调查方案，西藏自治区第二次全国残疾人抽样调查领导小组组织实施了我区的调查。经过两年多的充分准备，我区于 2006 年 4 月 1 日开始全面调查，通过调查工作人员的艰苦努力，调查的各项任务已基本完成。现将初步汇总的主要数据公布如下:

一、调查的基本情况

本次调查采取分层、多阶段、整群概率比例抽样方法，在我区抽取 6 个县(区)，24 个乡(镇、街道)，共 48 个调查小区，平均每个调查小区 470 人左右。

本次调查标准时间为 2006 年 4 月 1 日零时，入户调查时间自 2006 年 4 月 1 日起至 5 月 31 日结束。在自治区政府和各抽中县（区）政府直接领导下，组织了 6 个调查队、96 名调查员、54 名各科医生、6 名统计员以及 336 名陪调员，逐户进行询问登记、筛查和残疾评定，现已全部完成入户调查、复查和调查质量的核查工作。

我区共调查了 4928 户、22571 人，调查的抽样比为 8.10‰。入户见面 19123 人，占调查总人数的 84.72%;按照《第二次全国残疾人抽样调查残疾筛查方法》，7 岁以上疑似残疾人筛出率为 18.09%，疑似残疾人检查率达到 99.39%。

二、残疾人数及其比例

根据调查初步汇总，被调查户中有残疾人的家庭共 1357 户，确定视力、听力、言语、肢体、智力、精神和多重残疾共 1581 人。其中，视力残疾 326 人，听力残疾 372 人，言语残疾 42 人，肢体残疾 457 人，智力残疾 35 人，精神残疾 58 人，多重残疾 291 人。

本次调查结果显示，我区残疾人占总人口的比例为 7.00%，据此推算 2006 年 4 月 1 日零时我区各类残疾人的总数为 19.4 万人。各类残疾人的人数及各占残疾人总人数的比重分别是: 视力残疾 4 万人，占 20.62%;听力残疾 4.6 万人，占 23.71%; 言语残疾 0.5 万人，占 2.58%; 肢体残疾 5.6 万人，占 28.86%; 智力残疾 0.4 万人，占 2.06%; 精神残疾 0.7 万人，占 3.61%; 多重残疾 3.6 万人，占 18.56%。

三、调查质量评价

在入户调查、复查完毕后，我区按照《事后质量核查工作细则》进行核查，核查结果符合调查方案要求。经对调查实施过程和数据质量进行综合评估，本次调查是一次成功的调查，数据真实可信。调查获得的丰富数据，将为我区经济社会和残疾人事业的发展提供可靠依据。

注:

1.本公报为初步汇总数。

2.本次调查登记对象为具有中华人民共和国国籍并居住在中华人民共和国境内大陆的常住人口，残疾人按照《第二次全国残疾人抽样调查残疾标准》评定。

附录 2

第二次全国残疾人抽样调查方案

（国务院 2005 年 11 月 4 日批准）

为贯彻国务院办公厅《关于开展第二次全国残疾人抽样调查的通知》（国办发[2004]73 号），根据《中华人民共和国统计法》、《中华人民共和国残疾人保障法》，制定本方案。

一、组织领导

第二次全国残疾人抽样调查工作在国务院和地方各级人民政府的领导下，按照全国统一部署、部门分工协作、地方分级负责、各方共同参与的原则组织实施。

（一）国务院成立第二次全国残疾人抽样调查领导小组，由有关部门负责人组成，负责这次残疾人抽样调查工作的全面领导与部署。领导小组下设第二次全国残疾人抽样调查办公室，负责这次抽样调查的组织实施工作。

（二）第二次全国残疾人抽样调查办公室成立专家委员会，协助制定和审核调查的重要技术文件，提供决策建议和技术咨询。

（三）各省、自治区、直辖市和被抽中县（市、区）成立残疾人抽样调查领导小组和办公室，负责本地区的残疾人抽样调查工作。

被抽中县（市、区）要做好调查队组建、经费落实和现场组织工作。

被抽中县（市、区）所在地（市）成立相应的领导或工作机构，帮助、督促本地区被抽中县（市、区）做好调查队组建、经费落实和现场调查组织等工作。

各级残疾人抽样调查领导小组组长是本次调查工作的全面负责人,办公室主任是本次调查的具体负责人。

二、调查目的

通过调查，掌握全国和各省、自治区、直辖市各类残疾人的数量、结构、地区分布、致残原因、家庭状况及其康复、教育、劳动就业和参与社会生活等情况，为国家制定经济和社会发展规划，以及有关残疾人的法律法规、政策和规划提供可靠的依据，促进残疾人事业与国民经济和社会协调发展。

三、调查对象

此次调查的对象是具有中华人民共和国国籍，并在被抽中调查小区内常住的人（指自然人，下同）。

调查采用按常住人口登记的原则，以户为单位填报，只调查家庭户，不调查集体户，单身居住独自生活的也作为一个家庭户进行登记。

此次不调查中国人民解放军现役军人和武装警察（包括军队管理的离退休干部）。

应当在本调查小区进行登记的人包括:

1. 居住本调查小区，户口在本乡、镇、街道;
2. 居住本调查小区半年以上，户口在外乡、镇、街道;
3. 居住本调查小区不满半年，离开户口所在地半年以上;
4. 居住本调查小区，户口待定。

常住户口虽然在本乡、镇、街道，但已离开本乡、镇、街道半年以上的人，不属于本调查小区的调查对象。

此次调查的重点是残疾人。残疾人是指在心理、生理、人体结构上，某种组织、功能丧失或者不正常，全部或部分丧失以正常方式从事某种活动能力的人。残疾类别包括：视力残疾、听力残疾、言语残疾、肢体残疾、智力残疾、精神残疾。凡有两种及两种以上残疾的人，列为多重残疾。残疾评定标准和方法按照第二次全国残疾人抽样调查专家委员会重新修订的《残疾标准》及相关方法实施。

四、调查内容

第二次全国残疾人抽样调查使用三种调查表，一是《住户调查表》,二是《残疾人调查表》，三是《社区调查表》。调查项目共有 52 个，调查样本人群的家庭及其个人的状况，重点调查残疾人的致残原因、生活状况及其主要需求。

五、调查的范围、规模和标准时间

第二次全国残疾人抽样调查在 31 个省、自治区、直辖市同时进行，设计总样本量为 260 万人。

调查的标准时间为：2006 年 4 月 1 日 0 时。

六、样本的设计和抽取

此次调查以全国为总体，各省、自治区、直辖市为次总体，采用分层、多阶段、整群、概率比例抽样方法。各省、自治区、直辖市的调查样本量，由第二次全国残疾人抽样调查领导小组确定分配。

各省、自治区、直辖市根据第二次全国残疾人抽样调查办公室规定的分层原则，结合本地的实际情况，对第一级的县（市、区）进行科学、合理的分层，编制抽样框，由第二次全国残疾人抽样调查办公室与各省、自治区、直辖市共同抽取一级样本单位。

各省、自治区、直辖市按照第二次全国残疾人抽样调查办公室规定的抽样原则和要求，制定本省抽样实施方案，经第二次全国残疾人抽样调查办公室审核后，抽取县级以下样本单位，并将具体的抽取步骤和抽中单位名称一起报第二次全国残疾人抽样调查办公室审定。

七、调查队的组建、培训与试点

（一）被抽中县（市、区）都要按照规定组建调查队。调查队在县级残疾人抽样调查领导小组领导下开展调查工作。

调查队由队长、调查副队长、医务副队长、调查员、各科医生和统计员组成。调查队组成人员要具备一定的工作经验，责任心强，身体条件胜任调查工作。调查工作人员必须稳定，在调查工作未结束前，不得变动。

调查队实行责任制，明确职责分工，加强团结协作。

（二）第二次全国残疾人抽样调查办公室负责省级调查业务骨干和医生的系统培训，使之成为省级培训班的教员；各省、自治区、直辖市残疾人抽样调查办公室负责本地区调查队的培训。

（三）第二次全国残疾人抽样调查办公室组织不同层次的试点，检验调查方案的科学性和可操作性，锻炼和提高省级骨干组织调查的实际能力和现场登记的水平。

各省、自治区、直辖市在正式调查前，要结合培训安排被抽中县（市、区）调查队的业务骨干参加试点调查，试点调查不能代替正式调查。

八、现场登记和复查

此次调查的现场登记和复查工作，从 2006 年 4 月 1 日开始到 5 月 31 日以前结束。

现场登记和复查工作要求做到：坚持入户调查，努力提高见面率；积极动员被调查人如实申报，做到不重复，不遗漏；认真询问、筛查和检查评定，提高准确度；搞好自查、互查和议查，最大限度地控制调查误差。

各调查小区要由熟悉当地情况、责任心强的同志担任陪调员，组成陪调组，协同调查员和医生入户，做好宣传、摸底、现场调查登记和复查工作。

（一）摸底工作

调查前的摸底工作，是做好入户调查登记的基础。调查员要提前进入调查小区，在陪调员的协助下摸清本调查小区范围内需要调查的户数、人口数，重点摸清疑似残疾人和 0—6 岁的儿童人数，编制好《调查底册》。

各省、自治区、直辖市残疾人抽样调查办公室将摸底汇总数据于2006年3月25日前报送到第二次全国残疾人抽样调查办公室。

（二）现场登记

1．入户调查。调查员根据《调查底册》入户，按照《住户调查表》的登记项目，逐人逐项询问，填写《住户调查表》；对7岁及以上人群，按照残疾筛查问卷逐人询问、筛查，并对筛查出的疑似残疾人填写《7岁及以上人群筛查交接单》；对0～6岁的儿童，填写《0-6岁儿童健康检查记录表》。

2．残疾检查评定。各科医生根据调查员筛查出的《7岁及以上人群筛查交接单》和《0-6岁儿童健康检查记录表》，采取设站与入户相结合的方式逐人检查、评定，对确诊的残疾人，填写《残疾评定记录表》和《残疾人调查表》。

调查期间，医生应对确诊的残疾人进行医疗、康复指导。

（三）复查

调查队组织调查员和医生按照规定的方法进行全面复查。复查采取自查、互查和议查三种形式进行。

调查员和医生每天应对当日调查填写的调查表进行自查。

每个调查小区登记结束后，调查员应分小组对《住户调查表》进行互查和逻辑检查；各科医生要对自己填写的《残疾评定记录表》、《残疾人调查表》进行综合分析检查。

在现场调查登记中和小区调查登记结束后，调查队都要按照规定的方法进行议查，重点议查疑似残疾人的漏筛。

复查中发现的有疑问的人和户，要进一步核查，发现差错，经核实后，予以改正。

（四）调查的后续工作

各级残疾人抽样调查办公室负责收集、汇总调查中残疾人亟待解决的问题，报当地人民政府或有关部门酌处。

九、事后质量核查

现场登记和复查工作结束后，各省、自治区、直辖市残疾人抽样调查办公室应按照全国统一规定的事后质量核查办法和要求，选调高素质的调查员作为核查人员，组建事后质量核查队，对事后质量核查的调查小区，重新入户进行调查登记，计算全国的调查误差。核查人员不得在原来的调查小区参加质量核查工作。

全国统一组织的事后质量核查结果将作为评估第二次全国残疾人抽样调查数据质量的主要依据之一。

十、调查数据的处理

（一）快速汇总

各地按照第二次全国残疾人抽样调查办公室统一规定，对调查的主要数据进行逐级快速汇总。

1．各县（市、区）残疾人抽样调查办公室将调查数据快速汇总结果于2006年6月5日前报送到省级残疾人抽样调查办公室。

2．各省、自治区、直辖市残疾人抽样调查办公室将各县（市、区）上报的数据，经审核无误后汇总，将结果于2006年6月15日前报送到第二次全国残疾人抽样调查办公室。

3．第二次全国残疾人抽样调查办公室负责汇总全国调查主要数据，并对数据进行分析评估后发布公报。

（二）电子计算机数据处理

第二次全国残疾人抽样调查办公室负责制定本次调查的数据处理方案。

1．省级残疾人抽样调查办公室对调查表进行验收后，组织编码员按照统一规定的标准进行编码。编码前要对编码员进行统一的培训。

编码资料经全面复核、验收合格后，方可交付录入。

2．第二次全国残疾人抽样调查办公室组织对调查资料进行电子计算机数据处理，对调查的全部数据进行录入汇总，建立国家级和省级残疾人数据库。

3. 调查数据的全面汇总和处理工作，于2007年底前全部完成。

4. 本次调查的原始资料由各省、自治区、直辖市残疾人抽样调查办公室保管。

十一、调查数据的分析研究

对本次调查获得的不同数据进行分析研究，撰写综合分析报告；同时，对调查数据反映出的有关残疾人的突出问题，制定专题研究课题，邀请政府有关部门、大专院校和国内外研究机构共同研究开发。研究结果以专题报告、论文集形式发表或出版。

全国和各省、自治区、直辖市残疾人抽样调查领导小组组织专人分析研究调查资料，就制定残疾人的法规、方针、政策和工作规划提出建议，供政府和各有关部门研究处理。

十二、宣传工作

各省、自治区、直辖市和被抽中县（市、区）要依靠各级宣传部门，按照第二次全国残疾人抽样调查办公室制定的宣传提纲和宣传口径，利用各种宣传媒体和多种宣传形式，积极开展残疾人抽样调查的宣传活动，在2006年3月中旬要掀起宣传高潮，以取得广大群众和社会对现场调查的支持与配合。

十三、调查经费

根据国务院要求，第二次全国残疾人抽样调查经费由中央和地方财政共同负担。各级财政应根据需要，统筹安排经费，以保证这次残疾人抽样调查各项工作的顺利开展。

残疾人抽样调查办公室要严格按照专款专用的原则，加强调查经费的管理使用，杜绝挤占挪用。

十四、总结表彰

各级残疾人抽样调查机构要认真做好调查的总结工作，各省、自治区、直辖市于2006年12月底前将调查业务技术总结和现场调查工作总结报送第二次全国残疾人抽样调查办公室；第二次全国残疾人抽样调查领导小组于2007年11月底前向国务院报送第二次全国残疾人抽样调查工作总结。

第二次全国残疾人抽样调查领导小组将于2007年初表彰调查工作先进单位和个人。

十五、实施本方案的文件

为保证全国按照统一标准、统一要求、高质量地搞好本次调查工作，第二次全国残疾人抽样调查领导小组统一制定各种文件、表格和工作细则。

（一）《第二次全国残疾人抽样调查残疾标准》包括：视力残疾标准、听力残疾标准、言语残疾标准、肢体残疾标准、智力残疾标准和精神残疾标准。

（二）调查、统计表格包括：《住户调查表》、《残疾人调查表》（主表）；《社区调查表》、《失查疑似残疾人登记表》；《7岁及以上人群残疾筛查问卷》、《0-6岁儿童健康体检记录表》、《残疾评定记录表》、《调查底册》；过录、快速汇总和计算机汇总等统计用表；调查各个环节的交接用表。

（三）工作细则包括：《调查登记和复查工作细则》、《质量控制和验收工作细则》、《摸底工作细则》、《快速汇总工作细则》、《编码工作细则》、《抽样方案》、《数据处理方案》、《资料装订、包装、运输、管理工作细则》等。

（四）填表说明包括：《住户调查表》、《残疾人调查表》、《社区调查表》、《残疾评定记录表》等填表说明。

（五）工作手册包括：《调查工作手册》、《调查员手册》、《医生手册》。

附录 3

第二次全国残疾人抽样调查残疾标准

（国务院 2005 年 11 月 4 日批准）

视力残疾标准

一、视力残疾的定义

视力残疾，是指由于各种原因导致双眼视力低下并且不能矫正或视野缩小，以致影响其日常生活和社会参与。

视力残疾包括盲及低视力。

二、视力残疾的分级

类　　别	级别	最佳矫正视力
盲	一级	无光感~＜0.02；或视野半径＜5 度
	二级	0.02~＜0.05；或视野半径＜10 度
低视力	三级	0.05~＜0.1
	四级	0.1~＜0.3

〔注〕

1. 盲或低视力均指双眼而言，若双眼视力不同，则以视力较好的一眼为准。如仅有单眼为盲或低视力，而另一眼的视力达到或优于 0.3，则不属于视力残疾范畴。

2. 最佳矫正视力是指以适当镜片矫正所能达到的最好视力或针孔视力。

3. 以注视点为中心，视野半径＜10 度者，不论其视力如何均属于盲。

听力残疾标准

一、听力残疾的定义

听力残疾，是指人由于各种原因导致双耳不同程度的永久性听力障碍，听不到或听不清周围环境声及言语声，以致影响日常生活和社会参与。

二、听力残疾的分级

听力残疾一级:

听觉系统的结构和功能方面极重度损伤，较好耳平均听力损失≥91 dB HL，在无助听设备帮助下，不能依靠听觉进行言语交流，在理解和交流等活动上极度受限，在参与社会生活方面存在极严重障碍。

听力残疾二级:

听觉系统的结构和功能重度损伤，较好耳平均听力损失在 81 ~ 90 dB HL 之间，在无助听设备帮助下，在理解和交流等活动上重度受限，在参与社会生活方面存在严重障碍。

听力残疾三级:

听觉系统的结构和功能中重度损伤，较好耳平均听力损失在 61 ~ 80 dB HL 之间，在无助听设备帮助下，在理解和交流等活动上中度受限，在参与社会生活方面存在中度障碍。

听力残疾四级:

听觉系统的结构和功能中度损伤，较好耳平均听力损失在 41 ~ 60dB HL 之间，在无助听设备帮助下，在理解和交流等活动上轻度受限，在参与社会生活方面存在轻度障碍。

言语残疾标准

一、言语残疾的定义

言语残疾，是指由于各种原因导致的不同程度的言语障碍，经治疗一年以上不愈或病程超过两年者,而不能或难以进行正常的言语交往活动，以致影响日常生活和社会参与（3 岁以下不定残）。

言语残疾包括:

1. 失语：是指由于大脑言语区域以及相关部位损伤所导致的获得性言语功能丧失或受损。

2. 运动性构音障碍：是指由于神经肌肉病变导致构音器官的运动障碍，主要表现为不会说话、说话费力、发声和发音不清等。

3. 器官结构异常所致的构音障碍：是指构音器官形态结构异常所致的构音障碍。其代表为腭裂以及舌或颌面部术后造成的构音障碍。主要表现为不能说话、鼻音过重、发音不清等。

4. 发声障碍（嗓音障碍）：是指由于呼吸及喉存在器质性病变导致的失声、发声困难、声音嘶哑等。

5. 儿童言语发育迟滞：指儿童在生长发育过程中其言语发育落后于实际年龄的状态。主要表现不会说话、说话晚、发音不清等。

6. 听力障碍所致的语言障碍：是指由于听觉障碍所致的言语障碍。主要表现为不会说话或者发音不清。

7. 口吃：是指言语的流畅性障碍。常表现为在说话的过程中拖长音、重复、语塞并伴有面部及其他行为变化等。

二、言语残疾的分级

言语残疾一级:

无任何言语功能或语音清晰度≤10%，言语表达能力等级测试未达到一级测试水平，不能进行任何言语交流。

言语残疾二级:

具有一定的发声及言语能力。语音清晰度在 11% ~ 25%之间，言语表达能力等级测试未达到二级测试水平。

言语残疾三级:

可以进行部分言语交流。语音清晰度在 26% ~ 45%之间，言语表达能力等级测试未达到三级测试水平。

言语残疾四级:

能进行简单会话，但用较长句或长篇表达困难。语音清晰度在 46% ~ 65%之间，言语表达能力等级测试未达到四级测试水平。

肢体残疾标准

一、肢体残疾的定义

肢体残疾，是指人体运动系统的结构、功能损伤造成四肢残缺或四肢、躯干麻痹(瘫痪)、畸形等而致人体运动功能不同程度丧失以及活动受限或参与的局限。

肢体残疾包括:

1. 上肢或下肢因伤、病或发育异常所致的缺失、畸形或功能障碍;

2. 脊柱因伤、病或发育异常所致的畸形或功能障碍;

3. 中枢、周围神经因伤、病或发育异常造成躯干或四肢的功能障碍。

二、肢体残疾的分级

肢体残疾一级：不能独立实现日常生活活动。

1. 四肢瘫：四肢运动功能重度丧失；
2. 截瘫：双下肢运动功能完全丧失；
3. 偏瘫：一侧肢体运动功能完全丧失；
4. 单全上肢和双小腿缺失；
5. 单全下肢和双前臂缺失；
6. 双上臂和单大腿（或单小腿）缺失；
7. 双全上肢或双全下肢缺失；
8. 四肢在不同部位缺失；
9. 双上肢功能极重度障碍或三肢功能重度障碍。

肢体残疾二级：基本上不能独立实现日常生活活动。

1. 偏瘫或截瘫，残肢保留少许功能（不能独立行走）；
2. 双上臂或双前臂缺失；
3. 双大腿缺失；
4. 单全上肢和单大腿缺失；
5. 单全下肢和单上臂缺失；
6. 三肢在不同部位缺失（除外一级中的情况）；
7. 二肢功能重度障碍或三肢功能中度障碍。

肢体残疾三级：能部分独立实现日常生活活动。

1. 双小腿缺失；
2. 单前臂及其以上缺失；
3. 单大腿及其以上缺失；
4. 双手拇指或双手拇指以外其他手指全缺失；
5. 二肢在不同部位缺失（除外二级中的情况）；
6. 一肢功能重度障碍或二肢功能中度障碍。

肢体残疾四级：基本上能独立实现日常生活活动。

1. 单小腿缺失；
2. 双下肢不等长，差距在 5 厘米以上（含 5 厘米）；
3. 脊柱强（僵）直；
4. 脊柱畸形，驼背畸形大于 70 度或侧凸大于 45 度；
5. 单手拇指以外其他四指全缺失；
6. 单侧拇指全缺失；
7. 单足跗跖关节以上缺失；
8. 双足趾完全缺失或失去功能；
9. 侏儒症（身高不超过 130 厘米的成年人）；
10. 一肢功能中度障碍或两肢功能轻度障碍；
11. 类似上述的其他肢体功能障碍。

智力残疾标准

一、智力残疾的定义

智力残疾，是指智力显著低于一般人水平，并伴有适应行为的障碍。此类残疾是由于神经系统结构、功能障碍，使个体活动和参与受到限制，需要环境提供全面、广泛、有限和间歇的支持。

智力残疾包括：在智力发育期间（18 岁之前），由于各种有害因素导致的精神发育不全或智力迟滞；或者智力发育成熟以后，由于各种有害因素导致智力损害或智力明显衰退。

二、智力残疾的分级

级　　别	分级标准			
	发展商（DQ） 0-6 岁	智商（IQ） 7 岁及以上	适应性行为 （AB）	WHO-DAS Ⅱ分值 18 岁以上
一级	≤25	<20	极重度	≥116 分
二级	26~39	20~34	重度	106~115 分
三级	40~54	35~49	中度	96~105 分
四级	55~75	50~69	轻度	52~95 分

精神残疾标准

一、精神残疾的定义

精神残疾，是指各类精神障碍持续一年以上未痊愈，由于存在认知、情感和行为障碍，以致影响其日常生活和社会参与。

二、精神残疾的分级

18 岁以上（含）的精神障碍患者根据《世界卫生组织残疾评定量表Ⅱ》（WHO-DASⅡ）分数和下述的适应行为表现，18 岁以下者依据下述的适应行为的表现，把精神残疾划分为四级：

精神残疾一级：

WHO-DASⅡ值≥116 分，适应行为严重障碍；生活完全不能自理，忽视自己的生理、心理的基本要求。不与人交往，无法从事工作，不能学习新事物。需要环境提供全面、广泛的支持，生活长期、全部需他人监护。

精神残疾二级：

WHO-DASⅡ值在 106~115 分之间，适应行为重度障碍；生活大部分不能自理，基本不与人交往，只与照顾者简单交往，能理解照顾者的简单指令，有一定学习能力。监护下能从事简单劳动。能表达自己的基本需求，偶尔被动参与社交活动；需要环境提供广泛的支持，大部分生活仍需他人照料。

精神残疾三级：

WHO-DASⅡ值在 96~105 分之间，适应行为中度障碍；生活上不能完全自理，可以与人进行简单交流，能表达自己的情感。能独立从事简单劳动，能学习新事物，但学习能力明显比一般人差。被动参与社交活动，偶尔能主动参与社交活动；需要环境提供部分的支持，即所需要的支持服务是经常性的、短时间的需求，部分生活需由他人照料。

精神残疾四级：

WHO-DASⅡ值在 52~95 分之间，适应行为轻度障碍；生活上基本自理，但自理能力比一般人差，有时忽略个人卫生。能与人交往，能表达自己的情感，体会他人情感的能力较差，能从事一般的工作，学习新事物的能力比一般人稍差；偶尔需要环境提供支持，一般情况下生活不需要由他人照料。

多重残疾

存在两种或两种以上残疾为多重残疾。多重残疾应指出其残疾的类别。多重残疾分级按所属残疾中最重类别残疾分级标准进行分级。

附录 4

第二次全国残疾人抽样调查住户调查表

经国务院批准进行第二次全国残疾人抽样调查
调查登记的标准时间：2006 年 4 月 1 日 0 时
调查登记的原始资料不向任何单位和个人提供，仅供汇总使用
公民应履行如实申报调查项目的义务

表　　号：残调 1 表
制表机关：第二次全国残疾人抽样调查办公室
批准机关：国家统计局
批准文号：国统函【2005】227 号
有效期截止时间：2006 年 6 月 30 日

本户地址：________省（自治区、直辖市）________县（市、区）________乡（镇、街道）________村（居）委会调查小区

H1.本户编号	H2.本户登记人数	H3.本户残疾人数	H4.本户住房建筑面积	H5.本户住房建筑结构	H6.本户住房来源	H7.上年度本户全部收入	H8.本户拥有的主要家电	H9.本户月均生活用电量
______号	合计____人 男____人 女____人	合计____人 男____人 女____人	______平方米	1.钢筋混凝土 2.混合结构 3.砖木结构 4.木、竹、草结构 5.其他	1.自有 2.租赁 3.借用 4.其他	______元	1.彩色电视机 2.电冰箱 3.洗衣机 4.电话 5.电脑	______度

备注	
本户见面：____人 0—6 岁： 疑似残疾人： 疑似类别：	其他：

每个人都填报							6 岁及以上人口填报		15 岁及以上人口填报					定性结果
R1.姓名	R2.与户主的关系	R3.性别	R4.出生年月	R5.民族	R6.户口登记状况	R7.户口性质	R8.是否识字	R9.受教育程度	R10.婚姻状况	R11.当前是否有工作	R12.职业	R13.当前未工作状况	R14.未工作者主要生活来源	R15.属于何种残疾
	1.户主 2.配偶 3.子女 4.孙子女 5.父母 6.祖父母 7.兄弟姐妹 8.其他	1.男 2.女	______年 ______月 （______周岁）	族	1.住本调查小区，户口在本乡、镇、街道。 2.住本调查小区半年以上，户口在外乡、镇、街道。 3.住本调查小区不满半年，离开户口所在地半年以上。 4.住本调查小区，户口待定。（跳 R8）	1.农业 2.非农业	1.是 2.否（跳 R10）	1.未上过学 2.小学 3.初中 4.高中 5.中专 6.大学专科 7.大学本科 8.研究生	1.未婚 2.初婚有配偶 3.再婚有配偶 4.离婚 5.丧偶	（3 月 25—31 日内是否从事过 1 小时以上有收入的工作） 1.有工作 2.无工作（跳 R13）	单位全称和做什么具体工作： ______ （跳 R15）	1.在校学生 2.离退休 3.料理家务 4.丧失劳动能力 5.毕业后未工作 6.因单位原因失去原工作 7.因本人原因失去原工作 8.承包土地被征用 9.其他	1.离退休金 2.领取基本生活费 3.家庭其他成员供养 4.财产性收入 5.保险收入 6.其他	1.视力残疾 2.听力残疾 3.言语残疾 4.肢体残疾 5.智力残疾 6.精神残疾 7.多重残疾
	2.配偶 3.子女 4.孙子女 5.父母 6.祖父母 7.兄弟姐妹 8.其他	1.男 2.女	______年 ______月 （______周岁）	族	1.住本调查小区，户口在本乡、镇、街道。 2.住本调查小区半年以上，户口在外乡、镇、街道。 3.住本调查小区不满半年，离开户口所在地半年以上。 4.住本调查小区，户口待定。（跳 R8）	1.农业 2.非农业	1.是 2.否（跳 R10）	1.未上过学 2.小学 3.初中 4.高中 5.中专 6.大学专科 7.大学本科 8.研究生	1.未婚 2.初婚有配偶 3.再婚有配偶 4.离婚 5.丧偶	（3 月 25—31 日内是否从事过 1 小时以上有收入的工作） 1.有工作 2.无工作（跳 R13）	单位全称和做什么具体工作： ______ （跳 R15）	1.在校学生 2.离退休 3.料理家务 4.丧失劳动能力 5.毕业后未工作 6.因单位原因失去原工作 7.因本人原因失去原工作 8.承包土地被征用 9.其他	1.离退休金 2.领取基本生活费 3.家庭其他成员供养 4.财产性收入 5.保险收入 6.其他	1.视力残疾 2.听力残疾 3.言语残疾 4.肢体残疾 5.智力残疾 6.精神残疾 7.多重残疾
	3.子女 4.孙子女 5.父母 6.祖父母 7.兄弟姐妹 8.其他	1.男 2.女	______年 ______月 （______周岁）	族	1.住本调查小区，户口在本乡、镇、街道。 2.住本调查小区半年以上，户口在外乡、镇、街道。 3.住本调查小区不满半年，离开户口所在地半年以上。 4.住本调查小区，户口待定。（跳 R8）	1.农业 2.非农业	1.是 2.否（跳 R10）	1.未上过学 2.小学 3.初中 4.高中 5.中专 6.大学专科 7.大学本科 8.研究生	1.未婚 2.初婚有配偶 3.再婚有配偶 4.离婚 5.丧偶	（3 月 25—31 日内是否从事过 1 小时以上有收入的工作） 1.有工作 2.无工作（跳 R13）	单位全称和做什么具体工作： ______ （跳 R15）	1.在校学生 2.离退休 3.料理家务 4.丧失劳动能力 5.毕业后未工作 6.因单位原因失去原工作 7.因本人原因失去原工作 8.承包土地被征用 9.其他	1.离退休金 2.领取基本生活费 3.家庭其他成员供养 4.财产性收入 5.保险收入 6.其他	1.视力残疾 2.听力残疾 3.言语残疾 4.肢体残疾 5.智力残疾 6.精神残疾 7.多重残疾
	3.子女 4.孙子女 5.父母 6.祖父母 7.兄弟姐妹 8.其他	1.男 2.女	______年 ______月 （______周岁）	族	1.住本调查小区，户口在本乡、镇、街道。 2.住本调查小区半年以上，户口在外乡、镇、街道。 3.住本调查小区不满半年，离开户口所在地半年以上。 4.住本调查小区，户口待定。（跳 R8）	1.农业 2.非农业	1.是 2.否（跳 R10）	1.未上过学 2.小学 3.初中 4.高中 5.中专 6.大学专科 7.大学本科 8.研究生	1.未婚 2.初婚有配偶 3.再婚有配偶 4.离婚 5.丧偶	（3 月 25—31 日内是否从事过 1 小时以上有收入的工作） 1.有工作 2.无工作（跳 R13）	单位全称和做什么具体工作： ______ （跳 R15）	1.在校学生 2.离退休 3.料理家务 4.丧失劳动能力 5.毕业后未工作 6.因单位原因失去原工作 7.因本人原因失去原工作 8.承包土地被征用 9.其他	1.离退休金 2.领取基本生活费 3.家庭其他成员供养 4.财产性收入 5.保险收入 6.其他	1.视力残疾 2.听力残疾 3.言语残疾 4.肢体残疾 5.智力残疾 6.精神残疾 7.多重残疾

（新增表户记录只填写“H1.本户编号”）　本户共____页，本页是第____页　申报人（签字）：________　调查员（签字）：________　填报日期：____年____月____日　装订页码第____页

附录 5

第二次全国残疾人抽样调查《住户调查表》填写说明

一、《住户调查表》填写方法

《住户调查表》由调查员根据申报人的回答，如实填写。

（一）《住户调查表》的填写方法有两种：有标准答案的栏目，根据实际情况圈填；没有标准答案的栏目，用文字或阿拉伯数字据实填写。

（二）《住户调查表》以户为单位填写，每页可填写 4 人，超过 4 人的家庭户酌情增加调查表。增加的调查表只填写“H1.本户编号”和按人填报的栏目“R1－R15”以及表下方有关内容，不再填写其他按户填报的栏目“H2—H9”。增加的调查表要与首页表顺序保存，不要分开，以防散乱，发生差错。超过 9 人的家庭户分为两户进行填报，其中一户按新增户处理。

（三）调查表填写错误的更改方法。如果文字或数字填写错误，必须用直尺将错误的地方用双线划去。横行书写的，用双横线划去，在划线的上方另行填写；竖行填写的，用双竖线划去，在划线的右侧另行填写；圈填错误的，应将错圈序码连同文字答案用双横线划去，再据实圈填。

（四）表内每个栏目下边的小方格是编码格，调查员不得填写。

二、《住户调查表》填写注意事项

（一）调查表的栏目使用钢笔或签字笔填写，字迹要端正清楚。必须用国家统一规范的简化字书写，不得使用同音异体字和繁体字。阿拉伯数字必须按“0123456789”的正体书写。

（二）在调查登记家庭户中每个人的情况时，要力争与本人见面，无特殊情况，不得由他人代替申报。

（三）调查员应对被调查户申报的情况保密，不得对外提供。

（四）《调查底册》和家庭《户口簿》仅供调查时参考，不得照抄。

三、《住户调查表》的填写顺序

《住户调查表》要逐人逐栏进行询问填写，不得漏填或错填。《住户调查表》填写的顺序是：

第一步，填写左上角的“本户地址”和“H1.本户编号”。

第二步，填写按人填报的栏目 R1－R14，按户主、配偶、子女等顺序逐人逐项登记（“R15.属于何种残疾”暂不圈填，待医生检查评定后再圈填），并以本人登记的顺序作为“本人行号”。

第三步，填写按户填报的栏目，包括“H2.本户登记人数”、“H4.本户住房建筑面积”、“H5.本户住房建筑结构”、“H6.本户住房来源”、“H7.上年度本户全部收入”、“H8.本户拥有的主要家电”、“H9.本户月均生活用电量”。（“H3.本户残疾人数”暂不填写，待医生检查评定后再填写）。

第四步，与被调查户核对主要情况无误后，请家庭的主要申报人在表下方签名或盖章，调查员填写表下方的“本户共___页，本页是第___页”，然后签字并填写填报日期；“装订页码第___页”待本调查小区调查表装订成册后再填写。

第五步，根据医生检查的定性结果，填写“R15.属于何种残疾”，并据此填写本户户记录中的“H3.本户残疾人数”。

第六步，“备注”栏分为两部分填写。左栏属于规定的填写内容，包括本户见面人数，0~6 岁儿童姓名，疑似残疾人的姓名和残疾类别；右栏填写调查中发现的特殊情况。

四、《住户调查表》指标解释

第二次全国残疾人抽样调查的标准时间为：2006 年 4 月 1 日 0 时。此次调查的数据是反映标准时间点的人口状况。2006 年 4 月 1 日 0 时之前出生的人需要登记，之后出生的人则不登记；2006 年 4 月 1 日 0 时之前死亡的人不登记，之后死亡的人需要登记。准确地把握标准时间是防止重复登记和漏登记的重要措施。

（一）按人填报的栏目共有 15 个

R1.姓名：竖行填写本人的正式姓名，无正式姓名的，可填写乳名、小名或某某氏；未取名的婴儿可填写“未取名”。

R2.与户主的关系：指户内各成员与户主之间的关系，并不是指户内各成员与申报人之间的关系。

1.户主。表内所填写的第一人必须是户主。如果户主外出半年以上，按照调查对象标准规定，其不属于本调查小区的调查对象，则由本户另确定一位新的户主，并作为第一人填写，其他成员按照与新户主的关系据实圈填。一户中只能有一位户主。

2.配偶。户主的配偶指户主的妻子或丈夫，必须填在第二格。一户中只能有一个人填为户主的配偶。

3.子女。包括户主的儿子、女儿、儿媳、女婿，一般应按照年龄大小顺序填写。

4.孙子女。包括户主的孙子、孙女、孙媳、孙婿、重孙子女、重孙媳、重孙婿及外孙、重外孙子女等。

5.父母。包括户主的父亲、母亲、公公、婆婆、岳父、岳母、继父、继母。

6.祖父母。包括户主的祖父母、外祖父、外祖母、曾祖父、曾祖母、继祖父、继祖母。

7.兄弟姐妹。包括户主和配偶的兄弟姐妹、表兄弟姐妹等。

8.其他。指上述家庭成员之外的其他人员，如朋友、同事、同学、同乡、保姆等均圈填此项。

R3.性别：根据被调查人的性别据实圈填。

R4.出生年月：被调查人的出生年月按公历用阿拉伯数字填写；只知农历的，按农历月份+1 视为公历填写。从出生日期到调查的标准时间为止，满 12 个月的算一周岁（即使少一天也不算一周岁），不满 12 个月的婴儿填写为 0 周岁。

R5.民族：指被调查人的民族成份。要按《各民族名称一览表》据实竖行填写，要填写全称而不要写简称。父母不是同一民族的，其不满 18 周岁的子女，民族未定的，由父母商定，选填父亲或母亲一方的民族；已满 18 周岁的子女，是填报父亲还是母亲的民族，由本人决定。如果确实有新出现的民族，则据实填报，在备注栏说明；外国人加入中国籍的，其本人的民族和我国某一民族相同，就填报这一民族，例如朝鲜人加入中国籍的，即填朝鲜族；没有相同民族的，按外国人加入中国籍填写，填报为“入籍”。

R6.户口登记状况：指被调查人的常住户口登记状况，设有四个标准答案，即为本次调查对象的四款人。

根据国务院批准的《第二次全国残疾人抽样调查方案》规定，“此次调查的对象是具有中华人民共和国国籍，并居住在被抽中调查小区内常住的人。调查采用按常住人口登记的原则，以户为单位填报，只调查家庭户，不调查集体户。单身居住独自生活的也作为一个家庭进行登记。本次不调查中国人民解放军现役军人和武装警察（包括部队管理的离退休干部）。”

确定被调查人是否属于本次调查的对象，关键是准确掌握调查的空间标准和时间标准。

空间标准：指户口是否在“本乡、镇、街道”所辖的地理区域。

时间标准：指常住本调查小区时间连续“半年”。

本次调查规定的连续“半年”是指从 2005 年 10 月 1 日 0 时到 2006 年 4 月 1 日 0 时。对于在本调查小区居住并从事商业、手工业、服务业、建筑业等活动的人，偶尔返回户口登记地或临时外出探亲访友（包括春节返乡探亲）、出差，判断其在本调查小区居住的时间和离开常住户口登记地的时间时，都不应扣除偶尔返回或临时外出的时间。

调查员可按以下四个标准答案根据调查对象的实际情况圈填。

1.住本调查小区，户口在本乡、镇、街道；

2.住本调查小区半年以上，户口在外乡、镇、街道；

3.住本调查小区不满半年，离开户口所在地半年以上；

4.住本调查小区，户口待定。

第一款人：包括两种情况，一是常住户口在本乡、镇、街道，居住在本调查小区的人；二是常住户口在本乡、镇、街道，但是人离开本乡、镇、街道不满半年的人（包括调查时临时出国考察、学习和旅游等情况不满半年的人)。

常住户口在本户、外出(离开本乡、镇、街道)已超过半年的人,不属于本调查小区的调查对象。

第二款人:是指调查时已在本调查小区常住时间半年以上,但常住户口在其他乡、镇、街道的人。

第三款人:是指调查时在本调查小区常住时间虽然不满半年,常住户口在其他乡、镇、街道,但已离开常住户口登记地半年以上的人。

第四款人:是指调查时居住在本调查小区,在任何地方都没有登记常住户口的人(包括手持户口迁移证、退伍证、出生证、劳改释放证等尚未办理常住户口登记手续的人)。填报此款人的直接跳问 R8。

本次调查对以下情况作了特殊规定:

1.高中及高中以下在校住宿的学生,凡是经常回家的(例如周六、日回家),本次调查规定按调查对象第一款人进行登记。

2.婚嫁、搬迁到本调查小区的人或户,即使来本调查小区居住不满半年而户口在外乡、镇、街道,但因其具有长期居住的意义,本次调查规定按调查对象第一款人进行登记。

3.凡是户口在集体户、人在家庭户居住的人,本次调查规定按调查对象第一款人在被调查户进行登记。

R7.户口性质:指被调查人的常住户口性质,按户口簿上常住户口性质据实圈填。取消了农业户口和非农业户口的地区,按照取消前的户口性质圈填。农民进城已办理了小城镇户口的,也圈填“2.非农业”;在“R6.户口登记状况”中填报为“4.住本调查小区,户口待定”的人不填报本栏。

R8、R9 两栏限 6 岁及以上的人填报。

R8.是否识字:指被调查人是否达到国务院规定的脱盲标准(城市居民和乡、镇企业职工识字 2000 个,乡村居民识字 1500 个)。调查登记时可询问是否具有阅读通俗书报刊或写便条、简单书信的能力。凡具有简单读写能力的人,圈填“1.是”,没有达到脱盲标准的人,则圈填“2.否”。圈填“2.否”的人,不再填报“R9.受教育程度”,跳问“R10、婚姻状况”。

R9.受教育程度:指本人接受国内外教育的最高学历。通过自学或成人学历教育经国家统一考试合格的,可分别归入相应的受教育程度。

1.未上过学。指被调查人识字,但从未接受过国家或其他办学机构实施的各级各类学校教育。参加过各种扫盲班或成人识字班的人,也圈填此项。

2.小学。指接受的最高一级教育为小学,无论其是在校、毕业、肄业或辍学均圈填此项。只读过私塾的也填报此项。

3.初中。指接受的最高一级教育为初中,无论其是在校、毕业、肄业或辍学均圈填此项。技工学校相当于初中的也圈填此项。

4.高中。指接受的最高一级教育为普通高中、职业高中,无论其是在校、毕业、肄业或辍学均圈填此项。

5.中专。指接受的最高一级教育为中等专业学校,无论其是在校、毕业、肄业或辍学均圈填此项。

6.大学专科。指接受的最高一级教育为大学专科。在普通高等学校学习大学专科的,无论其在校、毕业、肄业或辍学均圈填此项。

凡在国家授权承认学历的广播电视大学、职工大学、高等院校举办的函授大学、夜大学和其他形式的大学,按教育部颁布的大学专科教学大纲进行授课的,其毕业生圈填此项;其肄业生、在校生按原有受教育程度圈填。

通过自学,经国家统一举办的考试,并取得大学专科毕业证书的,也圈填此项标准答案。

7.大学本科。指接受的最高一级教育为大学本科。在普通高等学校学习大学本科的,无论其是在校、毕业、肄业或辍学均圈填此项。

凡在国家授权承认学历的广播电视大学、职工大学、高等院校举办的函授大学、夜大学和其他形式的大学,按教育部颁布的大学本科教学大纲进行授课的,其毕业生圈填此项;其肄业生、在校生按原有受教育程度圈填。

通过自学和进修大学课程，经国家统一举办的考试，并取得大学本科毕业证书的，也圈填此项标准答案。

8.研究生。指接受的最高一级教育为硕士、博士研究生，无论其是在校、毕业、肄业或辍学均圈填此项。在职接受研究生教育的，其毕业生圈填此项，肄业生和在校生按原有受教育程度圈填。

凡是没有按教育部的教学大纲培训或只学单科的人，不能圈填“大学专科”、“大学本科”或“研究生”，一律按照原有受教育程度圈填。

R10-R14 栏限 15 岁及以上的人填报。

R10.婚姻状况：指被调查人在调查标准时间的实际婚姻状况。

1.未婚。指从未结过婚的人。

2.初婚有配偶。指本人有配偶，且属于第一次婚姻的人。对于没有办理结婚登记而未婚同居的人，按其申报的圈填。

3.再婚有配偶。指本人有配偶，但属于第二次及以上婚姻的人。

4.离婚。指夫妻间已办理了离婚手续，并在调查标准时间仍未再结婚的人。未办理离婚手续，而长期分居，不圈填此项，而应圈填“2.初婚有配偶”或“3.再婚有配偶”。

5.丧偶。指夫妇一方丧亡，在调查标准时间时还没有再结婚的人。

R11.当前是否有工作：指被调查人在调查标准时间前一周（即 2006 年 3 月 25—31 日），是否从事过不少于一小时有收入的社会劳动。工作时间不足一小时的，应视为无工作。填报无工作的则不再询问职业栏目，直接跳填“R13.当前未工作状况”。

有收入是指在该周内曾经得到或能够得到工资或家庭收益等，包括现金和实物收入。农民在承包的土地上劳动应视为有收入的工作；家庭成员在自家经营的商店、门市部、工厂劳动，既使没有任何收入，也应视同为有收入工作。

在职休假、培训学习、临时停工和季节性歇业而未工作，也视为当前有工作，包括如因生病或受伤而短期休息、休假和休养的人；脱产学习的人；由于天气原因、季节或电力故障、原料或燃料短缺等原因临时停工的人；从事季节性工作，正值歇业的人等。

R12.职业：指本人所从事的社会劳动工作种类。要求必须填写工作单位全称和所做的具体工作。

填写职业要注意以下几点：

1.填写职业要具体、详细。既要填写工作单位全称，也要填写具体做什么工作。例如“北京重型机床厂钳工”、“北京市公交总公司司机”等，不能笼统地填写“工人”；机关工作人员不能笼统填写“干部”，应填写其工作单位全称和职业，例如“北京市统计局主任科员”、“中国科学院工程师”等；农民不能笼统地填写“农民”或“种地”，而应具体填写为“粮农”、“菜农”或者“养鸡”等。

2.具有中级以上技术职称的行政领导人员，应按行政领导职务填写其职业；同时担任党和行政职务的领导干部，应按主要职务填写职业。

3.工种尚未确定，暂时又无具体工作的，可填“工种未定”。

4.农村就业人口中，凡在乡镇或村办企业中有比较固定的工作，既使在调查标准时间前一周干的是农活，仍要填报其比较固定的职业。

5.调查标准时间前一周内同时从事一种以上工作的，按所从事时间最长的工作种类填写；不能确定时间长短的，按其经济收入较多的工作填写。

6.没有固定性工作的个体经营者，进城务工经商和农闲时进行其他经济活动的人，企业停工停产自某出路从事一些临时性工作的职工，填写调查标准时间前一周主要从事的具体工作。

脱产进入学校学习者，不填职业栏，而应填写“R13.当前未工作状况”栏。

R13.当前未工作状况：此栏限十五岁及十五岁以上当前没有工作的人填写。

1.在校学生。指正在接受各级各类学校教育并有学籍的人。

2.离退休。指已办理离休、退休手续，依靠领取离退休金生活的人。离休、退休后又参加社会劳动并取得报酬的人，应视为有工作，不应圈填此项。

3.料理家务。主要从事家务劳动，且没有劳动收入的人圈填。离退休人员参加部分家务劳动的则不填此栏。农村中既料理家务又务农或从事家庭副业的人，应按在业人口填写职业，不应圈填此栏。

4.丧失劳动能力。指因心理、生理残疾和疾病等原因，在现有劳动条件下丧失了从事劳动的能力、不能参加社会劳动的人。也包括年老体弱生活不能自理的人员。但不包括领取退休金的人员。

5.毕业后未工作。指从学校毕业后从未工作过的人。

6.因单位原因失去原工作。指用人单位或雇主提出与劳动者本人中断劳动关系而失去原工作的人。包括:被原单位辞退、除名、开除的人；劳动合同到期后单位不同意续签劳动合同的人；因单位破产而失去工作的人；未办理正式退休手续的“内退”人员；仍与原工作单位保留劳动关系的下岗人员。

7.因本人原因失去原工作。指本人因各种原因提出与单位中断劳动关系而离开原工作岗位的人。包括辞职的人和劳动合同到期后本人不同意与单位继续签订劳动合同的人。

8.承包土地被征用。指本人承包或转包、租用集体或他人的土地，被有关部门和单位依据土地征用制度的规定征作公益性用地而失去工作。受雇在别人承包的土地上工作，因该土地被征用而失去工作的人，不圈此项，而应圈填“6、因单位原因失去原工作”。

9.其他。除以上八种人之外的未工作人口，圈填为“其他”。

R14.未工作者主要生活来源：根据被调查人情况据实圈填。如果同时有多项生活费来源，则选择其中最主要一项标准答案圈填。

1.离退休金。指办理了离休、退休手续的人，从原工作单位或社会保险部门领取的离退休生活费。

2.领取基本生活费。为了保证基本生活水平而领取的生活费。包括：企业下岗、内退职工领取的基本生活费，失业救济金；民政部门发放给烈军属的生活抚恤金，发给五保户和残疾人的生活补助费，以及发给城镇低收入户的最低生活保障金等。

3.家庭其他成员供养。指被调查人依靠家庭其他成员的经济收入生活。单独生活、由本家庭户外的其他亲属供养的也圈填此项。

4.财产性收入。指以资金储蓄、借贷入股以及财产经营、租赁等所取得的利息、股息、红利、租金等财产性收入生活。

5.保险收入。指主要靠从保险公司领取保险金生活。

6.其他。除以上几种情况之外的其他生活费来源。

R15.定性结果：此栏待医生对残疾人检查定性以后再由调查员填写。如果是残疾人，属于哪类残疾，就圈填哪类残疾；如果被调查人具有多种残疾现象，就圈填“7、多重残疾”；没有残疾的人不填报此栏。

（二）按户填报的栏目

按户填报的栏目共有 9 个。其中 H1 为本户编号，根据调查底册的序号填写；H2 和 H3 应与本户人记录中的有关栏目合计数相符；H4—H9 栏与人记录栏目无关，是以户为单位填报的项目。

H1.本户编号：按《调查底册》序号填写“H1 本户编号”。

在登记时，如果发现《调查底册》中某户为空户，则将本小区的最后一户前移，使用该户的“本户编号”；如果某户中实际居住着两户，其中一户使用原来的“本户编号”，另一户的“本户编号”续在本调查小区所有户编号的最后，按顺序编写户编号；居住三户或以上的，依次类推（上述户编号的改动须经调查队负责调查的副队长核定后进行，防止错乱）。

H2.本户登记人数：在本户调查登记的人数,应与人记录的合计人数一致。

H3.本户残疾人数：根据人记录的“R15.属于何种残疾”的定性结果，分男、女性别的残疾人数填写。

H4.本户住房　建筑面积：本户住房的建筑面积按住房的外墙计算。

1.知道建筑面积的可直接填报；不知道住房建筑面积，只知道使用面积的，则可使用公式换算:

建筑面积 = 使用面积（包括扩建的使用面积）÷ 0.7

2.住旅馆或租借房屋的常住户，一律按现住房的实际情况填写其住房面积。

3.居住在工作场所的户，住房面积应该填写其居住房间的建筑面积。

4.合住在同一所住房里的住户，其建筑面积为各户所独立使用的房间面积加上公共使用面积（包括厨房、厕所、门厅、阳台等）的一部分；两户合用的面积，各按二分之一计算，三户合用的面积，各按三分之一计算；以此类推。

5.属于本小区调查对象，但居无定所的常住户（如进城的流动人口）睡在桥下、公园和车站等地方的人，其住房面积填“0”平方米。

H5.本户住房建筑结构：指本户住房建筑的结构（指承重结构，如承重墙、梁、柱等）所用的建筑材料。本栏目设有五个标准答案。

1.钢筋混凝土：指承重的主要构件是用钢筋混凝土建造的住房。包括薄壳结构、大模板现浇结构及使用滑模、升板等建造的钢筋混凝土结构的房屋。

2.混合结构：指承重的主要构件是用钢筋混凝土和砖、木建造的房屋。如一幢房屋的梁是用钢筋混凝土制成，以砖墙为承重墙，或者梁使用木材建造，柱是使用钢筋混凝土。

3.砖木结构：是指承重的主要构件是砖和木材。如一幢房屋是木制房架、砖墙、木柱建造的。

4.木、竹、草结构：指房屋的主要建筑材料为木、竹、草。如一幢房屋是木（竹）制房架、草顶。

5.其他：不属于上述结构类型的房屋都归此类。如砖拱结构、窑洞、蒙古包等。

H6.本户住房来源：指本户获取住房的途径，包括拥有全部产权或部分产权。本栏目设有四个标准答案，可根据住房的拥有情况，据实圈填。

1.自有：指本户住房的产权属于本户私人所有。既包括城镇和农村中私人自建的房屋，也包括私人从单位或房地产开发单位购买的房屋，还包括继承的私有遗产房等情况。

2.租赁：指本户住房属于交纳房租费后获有使用权。既包括由单位作为福利分配给本单位职工、产权归单位所有、个人交纳少量房租费的住房，也包括从市场上租用的房屋。

3.借用：指不用交房租费，临时借住单位或亲朋好友的房屋。

4.其他：指不属于以上几种房屋产权性质的住房，圈填此项。

H7.上年度本户全部收入：指被调查户 2005 年度全部经济收入，包括工薪收入、经营性净收入、财产性收入、转移性收入（如保险、奖金、抚恤金、资助、出租房收入等）。农村的全部收入包括各种农作物、养殖等实物收获，并要将实物折算成人民币，根据全户所有人的合计收入是多少就填报多少。但是，家中雇佣保姆和非亲属的经济收入不包括在内。

对亲属供养情况收入的计算，如果供养人与被供养人在同一户居住，供养费不计入总收入；如果不在同一户，供养费应计入被供养人所在户的总收入中。

H8.本户拥有的主要家电：本栏属于多选栏目，共列出五种家庭常用的主要电器名称。可根据被调查户拥有（指拥有所有权或使用权）并能使用的家用电器分别圈填。彩色电视机，不包括黑白电视机；电冰箱包括单门、双门和多门的；洗衣机包括全自动和半自动（含双缸和单缸的）；电话包括有线电话和无线电话（手机）；电脑指电子计算机。

H9.本户月均生活用电量：根据本户的月平均用电量填报。如果只知道用电费用，可根据当地每度电价换算成用电度数。

附录 6

第二次全国残疾人抽样调查残疾人调查表

表　　号：残调 2 表
制表机关：第二次全国残疾人抽样调查办公室
批准机关：国家统计局
批准文号：国统函【2005】227 号
有效期截止时间：2006 年 6 月 30 日

经国务院批准进行第二次全国残疾人抽样调查
调查登记的标准时间：2006 年 4 月 1 日 0 时
调查登记的原始资料不向任何单位和个人提供，仅供汇总使用
公民应履行如实申报调查项目的义务

H1.本户编号	R1.本人行号
________号	________号

本户地址：________________省（自治区、直辖市）________________县（市、区）________________乡（镇、街道）________________村（居）委会调查小区

残疾人姓名______________　性别______　年龄______周岁　户主姓名____________

C1.残疾类别	C2.残疾等级	C3.残疾发现时间	C4.致残主要原因（选择主要致残原因不超过两项）
1. 视力残疾	1. 一级 2. 二级 3. 三级 4. 四级	________年	01. 遗传、先天异常或发育障碍 02. 白内障 03. 青光眼 04. 沙眼 05. 角膜病 06. 视神经病变 07. 视网膜、色素膜病变 08. 屈光不正 09. 弱视 10. 外伤 11. 中毒 12. 其他 13. 原因不明
2. 听力残疾	1. 一级 2. 二级 3. 三级 4. 四级	________年	01. 遗传 02. 母孕期病毒感染 03. 传染性疾病 04. 自身免疫缺陷性疾病 05. 全身性疾病 06. 中耳炎 07. 老年性耳聋 08. 早产和低体重 09. 新生儿窒息 10. 高胆红素血症 11. 药物中毒 12. 创伤或意外伤害 13. 噪声和爆震 14. 其他 15. 原因不明
3. 言语残疾	1. 一级 2. 二级 3. 三级 4. 四级	________年	01. 唐氏综合症 02. 脑性瘫痪 03. 新生儿病理性黄疸 04. 早产、低体重和过期产 05. 腭裂 06. 智力低下 07. 脑梗死 08. 脑出血 09. 脑炎 10. 脑囊虫病 11. 喉、舌疾病术后 12. 听力障碍 13. 帕金森氏病 14. 多发性硬化 15. 脊髓侧索硬化 16. 脑外伤 17. 产伤 18. 孤独症 19. 癫痫 20. CO 中毒 21. 其他 22. 原因不明
4. 肢体残疾	1. 一级 2. 二级 3. 三级 4. 四级	________年	01. 脑性瘫痪 02. 发育畸形 03. 侏儒症 04. 其他先天性或发育障碍 05. 脊髓灰质炎 06. 脑血管疾病 07. 周围血管疾病 08. 肿瘤 09. 骨关节病 10. 地方病 11. 脊髓疾病 12. 工伤 13. 交通事故 14. 脊髓损伤 15. 脑外伤 16. 其他外伤 17. 结核性感染 18. 化脓性感染 19. 中毒 20. 其他 21. 原因不明
5. 智力残疾	1. 一级 2. 二级 3. 三级 4. 四级	________年	01. 遗传 02. 脑疾病 03. 内分泌障碍 04. 惊厥性疾病 05. 新生儿窒息 06. 早产、低体重和过期产 07. 发育畸形 08. 营养不良 09. 母孕期外伤及物理伤害 10. 产伤 11. 工伤 12. 交通事故 13. 其他外伤 14. 中毒与过敏反应 15. 不良社会文化因素 16. 其他 17. 原因不明
6. 精神残疾	1. 一级 2. 二级 3. 三级 4. 四级	________年	01. 痴呆 02. 其他器质性精神障碍 03. 使用精神活性物质所致的障碍 04. 精神分裂症 05. 妄想性障碍 06. 分裂情感性障碍 07. 其他精神病性障碍 08. 心境障碍 09. 神经症性障碍 10. 行为综合征 11. 人格障碍 12. 孤独症 13. 癫痫 14. 其他 15. 原因不明

T1.残疾人活动和参与评定（18 岁以上填报）

理解和交流	身体移动	生活自理	与人相处	生活活动	社会参与
1. 无障碍/无适用 2. 轻度障碍 3. 中度障碍 4. 重度障碍 5. 极重度障碍/不能完成	1. 无障碍/无适用 2. 轻度障碍 3. 中度障碍 4. 重度障碍 5. 极重度障碍/不能完成	1. 无障碍/无适用 2. 轻度障碍 3. 中度障碍 4. 重度障碍 5. 极重度障碍/不能完成	1. 无障碍/无适用 2. 轻度障碍 3. 中度障碍 4. 重度障碍 5. 极重度障碍/不能完成	1. 无障碍/无适用 2. 轻度障碍 3. 中度障碍 4. 重度障碍 5. 极重度障碍/不能完成	1. 无障碍/无适用 2. 轻度障碍 3. 中度障碍 4. 重度障碍 5. 极重度障碍/不能完成

T2.今后康复建议		T3.是否持有残疾人证	T4.接受义务教育情况（在校生填报）	T5.社会保障情况		
康复形式 1. 机构康复 2. 延伸服务 3. 社区和家庭服务	康复内容 1. 医疗服务 2. 辅助器具 3. 康复训练与服务	1. 是 2. 否	1. 普通教育学校普通班 2. 普通教育学校特教班 3. 特殊教育学校 4. 其他	参加社会保险情况（16 岁以上填报）： 1. 养老保险 2. 医疗保险 3. 工伤保险 4. 失业保险 5. 未参加	是否领取低保金： 1. 是 2. 否	是否领取过救济： 1. 是 2. 否

T6.曾接受何种服务或扶助（填报最主要三项）	T7.本人主要需求（填报最主要三项）
01. 医疗服务与救助 02. 辅助器具 03. 康复训练与服务 04. 教育费用补助或减免（6 岁以上填报） 05. 职业教育与培训（12 岁以上填报） 06. 就业安置或扶持（16 岁以上填报） 07. 贫困残疾人救助与扶持 08. 法律援助与服务 09. 无障碍设施 10. 信息无障碍 11. 生活服务 12. 文化服务 13. 其他 14. 未曾接受任何服务或扶助	01. 医疗服务与救助 02. 辅助器具 03. 康复训练与服务 04. 教育费用补助或减免（6 岁以上填报） 05. 职业教育与培训（12 岁以上填报） 06. 就业安置或扶持（16 岁以上填报） 07. 贫困残疾人救助与扶持 08. 法律援助与服务 09. 无障碍设施 10. 信息无障碍 11. 生活服务 12. 文化服务 13. 其他 14. 不选择

备注：

医生（签字）：____________　____________　____________

申报人（签字）：____________　填报日期：________年____月____日　装订页码第____页

附录 7

第二次全国残疾人抽样调查《残疾人调查表》填写说明

一、填写注意事项

（一）《残疾人调查表》由医生填写，填表人员要严格按照规定填写，保证本表的工整与清洁。

（二）本表要求使用铅笔填写，字迹要端正清楚，不得潦草模糊。不得用同音异体字；简化字必须按国家公布的《简化字总表》书写；阿拉伯数字必须按“0 1 2 3 4 5 6 7 8 9”的正体书写，不得用自由体。

（三）填表人员根据评定结果填写表中相关项目，不能遗漏。

（四）填表人员要对被调查的残疾人及家庭申报的情况严格保密，不得对外提供。

二、填写顺序

依据诊断情况完成《残疾评定记录表》的填报后，再开始填报《残疾人调查表》，填写要逐项进行，不得漏填或重复。填写顺序如下:

第一步:《残疾人调查表》的上沿部分“本户编号”、“本人行号”、“本户住址”和“残疾人姓名”、“性别”、“年龄”、“户主姓名”等项均对照《残疾评定记录表》的上沿内容。

第二步：本表中“C1.残疾类别”、“C2.残疾等级”、“C3.残疾发现时间”和“C4.致残主要原因”等按诊断残疾的实际情况填写。

第三步：遇到两种或两种以上残疾人，即多重残疾则复选填报。

第四步：“T1.残疾人活动和参与评定”、“T2.康复建议”、“T3.是否持有残疾人证”、“T4.接受教育情况”、“T5.社会保障情况”、“T6.曾接受何种服务或辅助”及“T7.本人主要需求”等逐项询问判断填写，遇多重残疾由最后诊断确诊某种残疾的医生填写。

第五步：本表下沿部分，完成逐项填写后，“本户包括住户调查表”、“医生”、“申报人”及“填报日期”均按《残疾评定记录表》的下沿内容填写完整。

另外，本表每个项目下面的方格为编码格，填写人员不得填写，由专业编码人员处理。

三、填写说明

C1.残疾类别

分为视力残疾、听力残疾、言语残疾、肢体残疾、智力残疾和精神残疾等六类。填表时在诊断确定为残疾后，请在残疾类别的左面编号上圈填，如多重残疾，则复选。例如，诊断为“视力残疾”，应圈填为（1.）视力残疾。

C2.残疾等级

各类残疾均分为四个等级。填表时，请在相应的残疾等级编号上圈填。例如：诊断为听力三级，应圈填为（3.）三级。

C3.残疾发现时间

残疾发生时间是指发现残疾或出现残疾的年份，如“1999 年”。针对 0～6 岁的儿童来说，是指发现残疾的时间；而针对其他人则为出现残疾的时间。填表时，请将残疾发现时间填在年前面的横线上。

C4.致残主要原因（选择主要致残原因不超过两项）

致残主要原因是指导致主要致残的原因，选择主要致残原因不超过两项。填表时请在相应项目前的编号上圈填。如填表人的致残原因在表中没有列出，请在“其他”前的编号上圈填。按照不同类别分为以下几类:

视力残疾

01.遗传、先天异常或发育障碍	05.角膜病	09.弱视
02.白内障	06.视神经病变	10.外伤
03.青光眼	07.视网膜、色素膜病变	11.中毒
04.沙眼	08.屈光不正	12.其他
		13.原因不明

听力残疾

01.遗传	06.中耳炎	11.药物中毒
02.母孕期病毒感染	07.老年性耳聋	12.创伤或意外伤害
03.传染性疾病	08.早产和低体重	13.噪声和爆震
04.自身免疫缺陷性疾病	09. 新生儿窒息	14.其他
05.全身性疾病	10. 高胆红素血症	15.原因不明

言语残疾

01.唐氏综合征	08.脑出血	15.脊髓侧索硬化
02.脑性瘫痪	09.脑炎	16.脑外伤
03.新生儿病理性黄疸	10.脑囊虫病	17.产伤
04.早产、低体重和过期产	11.喉、舌疾病术后	18.孤独症
05.腭裂	12.听力障碍	19.癫痫
06.智力低下	13.帕金森氏病	20.CO 中毒
07.脑梗死	14.多发性硬化	21.其他
		22.原因不明

肢体残疾

01.脑性瘫痪	08.肿瘤	15.脑外伤
02.发育畸形	09.骨关节病	16.其他外伤
03.侏儒症	10.地方病	17.结核性感染
04.其他先天性或发育性障碍	11.脊髓疾病	18.化脓性感染
05.脊髓灰质炎	12.工伤	19.中毒
06.脑血管疾病	13.交通事故	20.其他
07.周围血管疾病	14.脊髓损伤	21.原因不明

智力残疾

01.遗传	07.发育畸形	13.其他外伤
02.脑疾病	08.营养不良	14.中毒与过敏反应
03.内分泌障碍	09.母孕期外伤及物理伤害	15.不良社会文化因素
04.惊厥性疾病	10.产伤	16.其他
05.新生儿窒息	11.工伤	17.原因不明
06.早产、低体重和过期产	12.交通事故	

精神残疾

01.痴呆	06.分裂情感性障碍	11.人格障碍
02.其它器质性精神障碍	07.其它精神病性障碍	12.孤独症
03.使用精神活性物质所致的障碍	08.心境障碍	13.癫痫
04.精神分裂症	09.神经症性障碍	14.其他
05.妄想性障碍	10.行为综合征	15.原因不明

T1.残疾人活动和参与评定（18 岁以上填报）

T1.残疾人活动和参与评定（18 岁以上填报）					
理解和交流	身体移动	生活自理	与人相处	生活活动	社会参与
1.无障碍/无适用 2.轻度障碍 3.中度障碍 4.重度障碍 5.极重度障碍/不能完成	1.无障碍/无适用 2.轻度障碍 3.中度障碍 4.重度障碍 5.极重度障碍/不能完成	1.无障碍/无适用 2.轻度障碍 3.中度障碍 4.重度障碍 5.极重度障碍/不能完成	1.无障碍/无适用 2.轻度障碍 3.中度障碍 4.重度障碍 5.极重度障碍/不能完成	1.无障碍/无适用 2.轻度障碍 3.中度障碍 4.重度障碍 5.极重度障碍/不能完成	1.无障碍/无适用 2.轻度障碍 3.中度障碍 4.重度障碍 5.极重度障碍/不能完成

活动是由个体执行一项任务或行动，它代表了功能的个体方面。当个体在进行活动时可能遇到的困难，即是活动受限制，它根据完成活动时的质和量从轻微到严重偏差的变化范围。

参与是指投入到一种生活情景中，它代表了功能的社会方面，是衡量残疾程度的重要指标。

分六大类:理解和交流、身体移动、生活自理、与人相处、生活活动和社会参与。其中各类均有五种程度：无障碍、轻度障碍、中度障碍、重度障碍、极重度障碍。填表时请依据《残疾评定记录表》结果在相应项目前的数值上圈填。

T2.今后康复建议

康复形式：即残疾人实现康复的基本途径，包括以下三种：机构康复，延伸服务（上门服务），社区、家庭康复。

1.机构康复：指在康复中心、综合医院设置的康复科室等机构中，以门诊和住院的形式提供的康复服务途径。

2.延伸服务（上门服务）：延伸服务是指由康复机构派专业人员到实地，为康复对象提供专业性康复服务的途径。

3.社区和家庭康复：社区、家庭康复是指在社区和家庭为残疾人采取的康复措施，这些措施是利用和依靠社区和家庭的人力资源而进行的，包括依靠残疾人及其家庭成员和社会。

康复内容

指实现残疾人康复的方法或手段，包括：医疗服务、辅助器具、康复训练与服务等。

康复形式仅能选择其中一项圈填。选择康复形式后，康复内容至少选择一项圈填。填表时请在相应项目前的编号上圈填。

T3.是否持有残疾人证

指被调查人是否持有当地残联核发的残疾人证。填表时请在相应项目前的编号上圈填。

T4.接受义务教育情况(在校生填报)

1.普通教育学校普通班：指在普通义务教育学校随班就读。

2.普通教育学校特教班：指在普通义务教育学校专门为视力、听力言语、智力残疾和多重残疾人开办的特殊教育班中接受教育。

3.特殊教育学校：指在专门为视力、听力言语、智力残疾和多重残疾人开办的提供义务教育的学校。

4.其他：指通过社区服务、送教上门等多种形式接受教育。

填表时请在相应项目前的编号上圈填。

T5.社会保障情况

指被调查人是否纳入了社会保险、当地居民最低生活保障或集中供养、五保供养、临时救济、定期补助、残联系统专项补助等社会保障范围。

1.参加社会保险情况：指调查时被调查人是否参加了养老、医疗、工伤、失业等社会保险。此栏至少填写一项。

2.是否领取低保金：指调查时被调查人是否被纳入当地居民最低生活保障范围领取最低生活保障金。

3.是否领取过救济：指被调查人在调查标准时间前一年（即2005年4月1日至2006年4月1日）内是否享受当地民政、残联等部门所给予的集中供养、五保供养、临时救济、定期补助、残联系统专项补助等。

填表时请在相应项目前的编号上圈填。

T6.曾接受过何种服务或扶助(填报最主要三项)

指被调查人曾经接受过的当地残联、民政或其他部门、组织提供的康复、教育、就业、生活等方面的服务或扶助。选最主要的三项圈填。填表时请在相应项目前的编号上圈填。

01.医疗服务与救助：医疗服务指通过医院或专门医疗机构采用手术或其他诊断形式帮助残疾人恢复或补偿功能，提高生活自理和社会适应能力等。

医疗救助：指政府和社会对因病而无经济能力进行治疗的贫困残疾人实施专项医疗帮助和支持的行为。在农村开展新型农村合作医疗的地区，资助残疾人缴纳个人应负担的全部或部分资金，参加当地合作医疗，享受合作医疗待遇；因患大病经合作医疗补助后个人负担医疗费用过高的，再给予补助；尚未开展新型农村合作医疗的地区，对因患病难以负担费用的残疾人，给予适当医疗救助；对患国家所规定的特种传染病的残疾人，其救治费用按有关规定给予补助。在城市，通过发动社会力量资助、城市医疗救助基金给予适当补助、医疗机构自愿减免有关费用等多种形式对患病而无力承担治疗费用的贫困残疾人给予医疗救助。

02.辅助器具：（在我国习惯称为残疾人用品用具），是指供残疾人个人使用的能够补偿、减轻或替代因残疾造成的身体功能缺失或障碍的产品和器械。

用于肢体残疾人的辅助器具有：假肢、轮椅、手摇轮椅车、电动动轮、机动轮椅车、助行架、腋杖、肘杖、多脚手杖、单脚手杖、握笔器、取物器、穿衣辅助、用餐辅助、刷牙辅助、梳头辅具等；用于听力残疾人的辅助器具有：助听器、语言训练器、骨导电话、闪光门铃等；用于视力残疾人的辅助器具有：助视器、电子语音报时器、盲文写字板、盲文打字机、盲文阅读器、盲杖等。

03.康复训练与服务：指残联、卫生或其他部门为残疾人及其亲友提供的包括肢残人功能、智残人能力、盲人行走导向、聋儿听力语言、助视器配用、精神病防治康复等多方面的培训、训练指导、康复护理、心理疏导、残疾预防知识普及、健康教育、科学与安全意识宣传及相关的咨询转介等多种康复训练与服务。

04.教育费用补助或减免(6岁以上填报)：指政府、教育部门、残联系统或其他部门，组织减免残疾人或其子女就学的费用或提供的补助金。

05.职业教育与培训(12 岁以上填报)：残疾人或其子女在各级各类职业学校或培训机构中接受学历教育（包括初等、中等和高等职业教育）或短期的职业培训。

06.就业安置与扶持(16岁以上填报)：指残疾人就业服务机构或其他社会机构提供的职业指导、就业安置或扶持扶助等服务。

07.贫困残疾人救助与扶持：

救助是指纳入当地居民最低生活保障或享受集中供养、五保供养、临时救济、定期补助、残联系统专项补助等。

扶持是指各级政府扶贫办、妇联、共青团、残联及社会团体等有关部门或信用社、扶贫社等开展的帮助贫困残疾人筹措资金、落实优惠政策、选项目、学技术等多种形式的带动贫困残疾人脱贫活动，包括扶贫经济实体、扶贫基地辐射带动到户；党员、干部、助残志愿者结对包户帮带活动；残疾人联合会利用康复扶贫贷款开展残疾人专项扶贫活动等。

08.法律援助与服务：指各级政府法律援助机构、各级司法行政部门、各级残疾人维权机构、公证机构和基层法律服务机构、律师、民间法律援助组织、法律专业网站和志愿者等为残疾人提供的免费法律服务、贫困残疾人诉讼费或其他费用减免缓、法律咨询、转介服务和法律帮助等。

09.无障碍设施：指为保障残疾人、老年人、伤病人、儿童和其他社会成员的通行安全和使用便利，在道路、公共建筑、居住建筑和居住区等建设工程中配套建设的服务设施。

10.信息无障碍：指公共传媒应使残疾人能够无障碍地获得信息，进行交流，如影视作品、电视节目的字幕和解说，电视手语，盲人有声读物，针对不同障碍的残疾人开发适合不同需要的通信技术和产品等。

11.生活服务：指社区组织、志愿者等为残疾人提供的不定期的日常生活服务，如日常家务的协助、代办等。

12.文化服务：指各级政府文化行政部门、各文化机构、基层组织、社会团体、志愿者等为残疾人提供或组织的旨在解决残疾人精神文化需求、提高残疾人素质的各项文化艺术活动及相应服务。如送书上门，爱心赠书，盲文及有声读物的借阅，参与社会文化活动时享受的便利、优惠服务等。

13.其他：除以上十四种之外的服务或扶助，圈填为“其他”。

14.未曾接受过何种服务或扶助。

T7.本人主要需求

指被调查人需要的康复、教育、就业、生活等方面的服务或扶助，选最主要的三项圈填。指标解释参见T6。填表时请在相应项目前的编号上圈填。

附录 8

第二次全国残疾人抽样调查社区（村、居委会）调查表

表　　号：残调 3 表
制表机关：第二次全国残疾人抽样调查办公室
批准机关：国家统计局
批准文号：国统函【2005】227 号
有效期截止时间：2006 年 6 月 30 日

地　址：＿＿＿＿省（自治区.直辖市）＿＿＿＿县（市.区）＿＿＿＿乡（镇.街道）＿＿＿＿社区（村、居委会）

地址码：□□　□□　□□　□

一、类别	二、总户数	三、总人口数	残疾人情况				残疾人组织情况		十、社区内无障碍设施
			四、残疾人数	五、持证残疾人数	六、享受定期救助人数	七、享受临时救助人数	八、残疾人协会（小组）	九、残疾人专职委员	
1. 社区（居委会） 2.村委会 □	＿＿＿户 □□□□□	＿＿＿人 □□□□□	＿＿＿人 □□□	＿＿＿人 □□□	＿＿＿人 □□□	＿＿＿人 □□□	1.有 2.无 □	1.有 2.无 □	1.有 2.无 □

十一、康复站	十二、社区康复协调员	各项公共服务机构覆盖情况（距本社区、村委会公里数）				十七、上年度本村人均收入
		十三、法律服务所（司法所）	十四、特教学校（班）	十五、文化活动站（室）	十六、卫生室（所、站）	
1.有 2.无 □	1.有 2.无 □	＿＿＿公里 □□	＿＿＿公里 □□	＿＿＿公里 □□	＿＿＿公里 □□	＿＿＿元 □□□□□

填表人（签字）：＿＿＿＿　　　　填报时间：＿＿＿年＿＿月＿＿日

附录 9

第二次全国残疾人抽样调查《社区（村、居委会）调查表》填写说明

《第二次全国残疾人抽样调查社区（村、居委会）调查表》（简称《社区调查表》），是为了获取调查小区所在社区的有关基础数据而制定的。数据可以反映残疾人生活的环境与条件，是本次调查数据的重要组成部分。

本表的填写要求:

一、本表以被抽中调查小区所在的社区（居委会）或村委会为单位，由陪调组组长负责收集资料，并在调查队长的指导下填报。

二、表中第十栏只由社区（居委会）填报，第十七栏只由村委会填报，其余项目栏社区（居委会）和村委会都填报。

三、指标解释:

1.“总户数”、“总人口数”，为 2005 年末社区（村、居委会）所辖范围内的常住人口统计数（如果确实没有常住人口数据，才能使用其他人口数据填报）。

2.“残疾人数”，为社区和村委会掌握的残疾人数（包括持证残疾人和无证的残疾人）。

3.“持证残疾人数”，指社区和村委会掌握的持有残联系统发放的残疾证的人数。

4.“享受定期救助人数”，指上一年度民政、残联等部门给予的居民最低生活保障、集中供养、五保供养等定期性救助人数。

5.“享受临时救助人数”，指上一年度民政、残联等部门给予的临时性费用减免、临时救济等形式的救助人数。

6.“社区内无障碍设施”，是本社区范围内是否设有坡道、盲道等无障碍设施。

7.“残疾人康复站”，指社区（村、居委会）依托社区服务中心学校、幼儿园、福利企业事业单位、工疗站、残疾人活动场所的等现有机构和设施，建立的满足残疾人全面康复需求的社区康复站。

8.“社区康复协调员” 指社区（村、居委会）配备的专（兼）职人员，可会同社区卫生服务机构调查康复需求，建立康复服务档案，向残疾人提供康复服务信息和转介服务，协调组织社区内有关机构、人员为残疾人提供康复服务和相应支持。

9.“卫生室（所、站）”，在农村指卫生室（所、站），在城市指社区卫生服务中心（站）。

四、“十三”至“十六”栏是指本社区（村、居委会）距最近的、可使用或能提供服务的各项公共服务机构的公里数。凡是本社区（村、居委会）范围内有的，填写“0”公里；若周围没有或不知道，则填写“无”。

附录 10

西藏自治区第二次全国残疾人抽样调查抽样实施方案

全区残疾人抽样调查的样本设计方案和抽取的样本，以 2004 年的行政区划和 2004 年的人口统计数为抽样框。

按 2004 年的行政区划，全区有 7 个地(市)，据第五次人口普查数据，全区人口为 261.63 万人。全区人口的地区分布见下表

全区地级以上人口分布表

地　区	人口数(万人)
全　区	261.63
拉　萨	47.45
昌　都	58.61
山　南	31.81
日喀则	63.50
那　曲	36.67
林　芝	15.86
阿　里	7.73

一、全区的样本和抽取的样本数

按照全国残疾人抽样调查领导小组的分配结果，全区样本量为 2 万人左右，占全区总人口 273.68 万人的 7.3‰。按照样本设计，全区抽取 6 个县级单位,占全区 73 个县级单位的 8.2%左右。

二级以下样本的抽取采用 4×2×1 的模式，即在每个被抽中县级单位中抽取 4 个乡级单位；在被抽中乡级单位中抽取 2 个村级单位；在每个村级单位中根据人口规模，按 400 人左右划分调查小区，随机抽选 1 个调查小区。

按照以上模式全区共抽选 24 个乡级单位，48 个村级单位，48 个调查小区，样本人数为 2 万人左右。

二、分层情况

(一)分层要求

1. 分层的原则：对第一级样本的县级单位进行分层。分层的原则应尽可能使层内各单位之间调查指标的差异小，各层间调查指标的差异大，以便降低总体的抽样误差。

2. 分层的标志：根据分层的原则以及西藏各地的具体情况，对县级单位采用二次分层方法分层。第一次按城乡分层，将地级以上城市的区和县级市归为一层，称为“城市层”；县归为一层，称为“县层”。第二次分层采用不同指标归类。

3. 各层样本人数的确定：每层调查的样本人数，均按该层人口数占全区总人口的比例分配。

(二)分层结果

为了使样本有较好的代表性，将全区抽样框内的 73 个县级单位分为 5 层（人口较少的阿里、林芝为一

层)。

三、抽样方法

以西藏自治区为总体，采用分层、多级、概率比例、整群的抽样方法(PPES 抽样方法)。

(一)第一级抽样

抽取县级样本单位。经分层后，在每层内按县级单位人口数降序排队进行累计。在人口累计数中，采用与县、市、市辖区人口估计规模成比例的概率抽样。

具体方法:

1. 在层内各单位按人口数量多少由大到小降序排队，按人口累计，以各层人口累计数为分母，本层应抽县级单位数为分子，计算抽样组距(包括总组距和各层组距)。

层抽样组距=层内抽样的样本数/层内县、市、市辖区人口累计数

2. 在 1 ~ 抽样组距之间选择随机起点，如查得随机数字落在 1~抽样组距之间，就定为随机起点;如查得的随机数字超过抽样组距数，则继续查表，到满足条件为止。

3. 等距抽取单位。若随机起点小于人口累计栏中第一个单位，则第一个单位被抽中；用随机起点加抽样组距，再确定下一个被抽中的单位。以此类推，抽取所需的样本单位数。如层抽取 M 个县级单位，算法如下:

R+0*K

R+1*K

R+2*K

…

R+(M-1)*K

4. 县级单位抽样结果

序　号	县　名	人 口 数 (人)	占全区人口比重 (%)
1	城关区	152916	5.85
2	索　县	37616	1.44
3	察雅县	53987	2.06
4	琼结县	18099	0.69
5	白朗县	42560	1.63
6	南木林县	74340	2.84
	合　计	379518	14.51

(二)第二级抽样

1. 样本单位和样本数量

第二级抽样在抽中县内进行，样本单位是乡、镇、街道。每个被抽中县级单位抽取 4 个单位。

2. 抽样框编制

在每个被抽中县级单位对第二级样本单位按照乡、镇、街道分层，使用实际人口数量编制本县级单位的抽样框。

3. 各层样本数量分配

按人口比例分配乡、镇、街道各层的样本量，四舍五入取整。

4. 抽样计算方法

在各层内按人口数降序排列，累计人口数，计算组距，选择随机起点，计算各抽中点数据，抽取样本(各抽中点数据计算方法同上)。

(三)第三级抽样

1. 样本单位和样本数量，在被抽中的乡(镇、街道)内各抽取 2 个村(居)民委员会。

2. 抽样方法

按居委会和村委会的人口数量降序排队编制抽样框。计算抽样组距按人口降序排队，随机等距抽取村(居)委会样本单位。

(四)第四级抽样

1. 样本单位和样本数量在被抽中的村(居)民委员会各抽取 1 个调查小区。

2. 村级单位的合并

凡抽中村级单位人口规模小于 350 人的，以接壤或临近为原则，选择一个村级单位与其合并。

3. 调查小区的划分

用村民(居民)委员会人口数除以 400 人，得到可以划分的小区数，利用本村级单位的户口底册或平面图大致划分，划分好的人口数量在 350~400 人之间。

4. 调查小区的抽取

而后，给每个调查小区编升序加 1 序号，在序号范围内使用简单随机抽样方法(例如抓阄)抽取样本。

附录 11

西藏自治区第二次全国残疾人抽样调查领导小组成员名单

组　　长	崔 玉 英	自治区副主席
副 组 长	达 木 拉	自治区人民政府副秘书长
	群　　培	自治区残联理事长
	代 永 涛	自治区统计局副局长
	秦　　耕	自治区卫生厅副厅长
	李　　波	自治区民政厅副厅长
成　　员	旺青格烈	自治区残联副理事长
	钟　　声	自治区党委宣传部副部长
	强巴央宗	自治区教育厅巡视员
	余 和 平	自治区发展改革委副主任
	祁 维 国	自治区劳动和社会保障厅副厅长
	温 忠 民	自治区公安厅副厅长
	喻 廷 才	自治区财政厅副厅长
	仁　　真	自治区人口计生委副主任
	罗　　梅	自治区团委副书记
	吴 新 平	自治区妇联副主席
	欧珠旺姆	自治区老龄委处长

西藏自治区第二次全国残疾人抽样调查办公室人员名单

主　　任	旺青格烈（兼）	自治区残联副理事长
副 主 任	央　　珍	自治区残联办公室主任
	荣 卫 红	自治区残联业务处副处长
	张 振 斌	自治区统计局社会与人口统计处处长
	达娃扎西	自治区民政厅社会福利处处长
	唐 蓉 群	自治区卫生厅医政处副处长
工作人员	刘怀松　米玛次仁　旺　平　罗布顿珠　尼玛卓嘎	

西藏自治区第二次全国残疾人抽样调查专家委员会人员名单

顿　珠	自治区疾病控制中心
曾德萍	自治区妇幼保健院
丁增尼玛	自治区第二人民医院
陈　秀	自治区第二人民医院
桑　珠	拉萨市人民医院
旺　姆	山南地区人民医院
刘松怀	自治区残疾人康复服务中心
张桂林	自治区人民医院
平　措	自治区统计局社会与人口统计处
杨林霞	自治区统计局社会与人口统计处
旺　平	自治区残联办公室
米玛次仁	自治区残联办公室

附录 12

西藏自治区第二次全国残疾人抽样调查样本县（区）领导小组，办公室主任、副主任，调查队名单

察雅县

领导小组	组长	陈瑛	县政府副县长
	副组长	觉阿泽仁	县政府办主任
		吴正建	县民政局局长
		罗广前	县财政局局长
		陆方	县发改委副主任
		洛松郎珠	县卫生局局长
	成员	阿琼	县民政局
		向巴元登	县宣传部
		梅勇	县财政局
		阿旺顿珠	县教育局
		仁青卓嘎	县统计局
		杨军平	县公安局
		扎西拉珍	县计生委
		姆姆	县工青妇
办公室	主任	吴正建	县民政局局长
	副主任	阿琼	县民政局副局长兼残联理事长
		扎西拉珍	县计生委主任
调查队	队长	吴正建	县民政局局长
	副队长	阿琼	县民政局副局长兼残联理事长
		仁青卓嘎	县统计局局长
		洛松郎珠	县卫生局局长
	成员	斯郎多吉 顿珠 巴桑 秦红育 多吉次仁 斯朗泽仁 泽仁达瓦 马敏 嘎松卓玛 洛松扎西 邓永向巴 达瓦泽仁 普布泽仁 旦巴 巴桑泽仁 张少强 罗章 格桑罗布 李兴荣 杨新	

南木林县

领导小组	组长	拉拉	县政府副县长
	副组长	刘怀志	县政府办主任
		西洛	县民政局局长
		扎平	县发改委主任
		罗布	县卫生局局长
		旦增加布	县财政局局长
		旺姆	县劳保局局长

	成　员	其米卓嘎	县妇联
		洛　桑	县公安局
		塔　拉	县民政局
		扎　平	县宣传部
		尼玛顿珠	县团委
		普　琼	县教育局
		卫　峰	县人民医院
办公室	主　任	西　洛	县民政局局长
	副主任	塔　拉	县民政局副局长
调查队	队　长	塔　拉	县民政局副局长
	副队长	张　直	艾玛乡政府副乡长
		卫　锋	县人民医院副院长
	成　员	尼玛曲珍　达　瓦　曲　珍　普　珍　多吉次旺　边　仓 边巴次仁　次仁卓玛　申　超　卫　锋　扎　多　米建斌 达瓦吉拉　米　玛　占　都　边巴旺堆　伦珠次仁　张昌明	

白朗县

领导小组	组　长	边　珠	县政府副县长
	副组长	次　贵	县政府办主任
		扎西多吉	县发改委主任
		巴桑旺堆	县民政局局长
		索朗坚赞	县卫生局局长
	成　员	桑　尼	县团委副书记
		巴　琼	县宣传部
		李小会	县财政局
		熊　辉	县民政局
		普　穷	县公安局
		片　多	县妇联
		巴　桑	县教育局
办公室	主　任	熊　辉	县民政局副局长
	副主任	高文红	县民政局副局长
调查队	队　长	熊　辉	县民政局副局长
	副队长	多　吉	县宣传部科员
		多吉次仁	县人民医院副院长
	成　员	白　央　贡觉次培　马艳美　刘　昆　杨海军　普　珍 加　措　巴桑卓玛　潘　多　次　珍　德吉旺姆　杰　布 普　拉　普　确　多吉次仁　边巴次仁　宗　吉　朗　珍 索　珍　索　罗　小次旺　刘均富	

琼结县

领导小组	组　长	吴克兵	县政府副县长
	副组长	王开兵	县委办公室副主任
		格桑多吉	县民政局局长

	成　员	晓　林	县人大办公室
		巴桑罗布	县财政局
		范爱梅	县民政局
		张建莉	县宣传部
		杨小明	县发改委
		达娃旺姆	县统计局
		林　仙	县卫生局
		格桑次仁	县教体局
		达　娃	县公安局
		拉　宗	县团委
		米玛卓玛	县妇联
办公室	主　任	范爱梅	县民政局副局长
	副主任	晓　林	县人大办公室副主任
		林　仙	县卫生局副局长
		达娃旺姆	县统计局局长
调查队	队　长	格桑多吉	县民政局局长
	副队长	边巴次仁	山南地区残疾人培训中心负责人
		范爱梅	县民政局副局长
		廖安兴	县人民医院副院长
	成　员	桑　杰　晓　林　索朗群培　张建莉　巴桑卓嘎　达　珍　次旦拉姆 边成花　次旦格　列巴桑　德吉央宗　张红霞　梁彩丽 索朗旺堆　王洪明	

索　县

领导小组	组　长	李　标	县政府副县长
	副组长	欧阳春天	县民政局局长
		达　平	县政府办副主任、安监局局长
	成　员	邓　伟	县民政局
		李　军	县宣传部
		周秀英	县计生委
		罗布仁青	县教体局
		王　军	县发改委
		索朗曲珍	县妇联
		杨郭义	县公安局
		格桑罗布	县财政局
办公室	主　任	欧阳春天	县民政局局长
	副主任	邓　伟	县民政局副局长
调查队	队　长	欧阳春天	县民政局局长
	副队长	扎　西	县卫生局副局长
		达　平	县政府办副主任、安监局局长
	成　员	邓　伟　米玛次仁　才嘎平措　强巴格桑　米玛多吉　次仁达瓦 多吉次仁　格桑洛布　普布卓玛　扎西卓嘎　次仁佣金　次旦卓嘎 尼玛顿珠　曾　承	

城关区

领导小组	**组长**	范红英	区政府副区长
	副组长	德央	区政府办副主任
		次拥	区民政局局长
		张建华	区发改委副主任
		洛桑	区卫生局局长
	成员	刘晓莉	区宣传部
		巴桑拉姆	区妇联
		格桑平措	区教体局
		宗秀芝	区劳动和社会保障局
		拉巴坚才	区公安局
		扎西拉姆	区财政局
		周丽	区团委
		曾素英	区统计局
办公室	**主任**	次拥	区民政局局长
	副主任	强巴次旦	区民政局副局长
调查队	**队长**	强巴次旦	区民政局副局长
	副队长	达娃扎西	区民政局干部
		次仁旺啦	区卫生局干部
	成员	达珍 边巴次仁 曲扎 达瓦 达瓦欧珠 旺姆 李云 普珍 索多 顿珠次仁 次旦欧珠 尼玛 达娃次仁 旺扎 达琼 久阿 益西索朗 杨琦 巴桑仓决 米玛 魏翠兰 晋美 冯一平	

附录 13

西藏自治区第二次全国残疾人抽样调查实施方案

为了贯彻《国务院办公厅关于开展第二次全国残疾人抽样调查的通知》（国办发[2004]73 号）要求，根据《中华人民共和国统计法》、《中华人民共和国残疾人保障法》和第二次全国残疾人抽样调查领导小组《关于印发<第二次全国残疾人抽样调查方案>和<第二次全国残疾人抽样调查残疾标准>的通知》（残调发[2005]3 号）精神，结合我区实际，制定本实施方案。

一、调查的组织领导

此次调查按照政府统一领导、部门分工协作，各级分级负责、各方共同参与的原则组织实施。

（一）自治区第二次全国残疾人抽样调查领导小组，负责对此次残疾人抽样调查的全面领导与部署。领导小组下设办公室，负责此次抽样调查的具体组织实施。

（二）被抽中县（区）第二次全国残疾人抽样调查领导小组，负责本地区残疾人抽样调查的全部工作。

（三）被抽中县（区）所在地（市）第二次全国残疾人抽样调查领导小组，帮助、督促本地（市）被抽中县（区）完成调查队组建、经费落实和现场调查组织等工作。

各级残疾人抽样调查领导小组组长是此次调查工作质量的全面负责人，办公室主任是本次调查质量控制实际执行的负责人。

二、调查目的

通过调查，掌握全区各类残疾人的数量、结构、地区分布、致残原因及其康复、教育、就业、家庭和参与社会生活等情况，为国家和全区制定经济和社会协调发展规划，以及有关残疾人的法规、方针、政策和规划提供可靠的依据，促进残疾人事业与国民经济和社会协调发展。

三、调查对象

这次调查的对象是具有中华人民共和国国籍并在被抽中调查小区内常住的人（指自然人，下同）。

调查采用按常住人口登记的原则，以户为单位填报，只调查家庭户，不调查集体户，单身居住独自生活的也作为一个家庭户进行登记。

此次不调查中国人民解放军现役军人和武装警察（包括军队管理的离退休干部）。

应当在本调查小区进行登记的人包括:

（一）居住本调查小区，户口在本乡、镇、街道;

（二）居住本调查小区半年以上，户口在外乡、镇、街道;

（三）居住本调查小区不满半年，离开户口所在地半年以上;

（四）居住本调查小区，户口待定。

常住户口虽然在本乡、镇、街道，但已离开本乡、镇、街道半年以上的人，不属于本调查小区的调查对象。

此次调查的重点是残疾人。残疾人是指在心理、生理、人体结构上，某种组织、功能丧失或者不正常，全部或部分丧失以正常方式从事某种活动能力的人。残疾类别包括：视力残疾、听力残疾、言语残疾、智力残疾、肢体残疾和精神残疾。凡有两种或两种以上残疾的人，列为多重残疾。残疾评定标准和方法按照第二次全国残疾人抽样调查专家委员会重新修订的《第二次全国残疾人抽样调查残疾标准》及相关方法实施。

四、调查内容

第二次全国残疾人抽样调查使用三种调查表，一是《住户调查表》，二是《残疾人调查表》，三是《社区调查表》。调查项目共有 52 个，调查样本人群的家庭及其个人的状况，重点调查残疾人的致残原因、生活状况及其主要需求。

五、调查的范围、规模和标准时间

西藏自治区第二次全国残疾人抽样调查在南木林、白朗、琼结、察雅、索县、城关区同时进行，设计样本总规模为 2 万人。

调查的标准时间为：2006 年 4 月 1 日 0 时。

六、样本的设计和抽取

此次调查采用分层、等距、整群、多阶段的概率比例抽样方法。自治区第二次全国残疾人抽样调查办公室根据上述原则，结合实际情况，对第一级的县（区）进行科学、合理的分层，编制抽样框，并同全国残疾人抽样调查办公室共同抽取第一级样本单位。

自治区第二次全国残疾人抽样调查办公室按照第二次全国残疾人抽样调查办公室规定的抽样原则和要求，制定西藏自治区第二次全国残疾人抽样调查抽样实施方案，经第二次全国残疾人抽样调查办公室审核后，抽取县级以下样本单位，并将具体的抽取步骤和抽中单位名称一起报第二次全国残疾人抽样调查办公室审定。

七、调查队的组建、培训与试点

（一）被抽中的县（区）都要按照统一规定组建调查队。调查队在县级残疾人抽样调查领导小组领导下开展调查工作。

抽中县调查队由队长（1 人）、调查副队长（1 人）、医务副队长（1 人）、调查员（14 人）、各科医生（7 人）和统计员（1 人）组成 。调查队组成人员要经过培训，具备一定的工作经验，责任心强，身体条件胜任调查工作。

各抽中县（区）调查队的组成人员，必须于 2005 年 12 月 31 日前报请自治区第二次全国残疾人抽样调查办公室审定。调查工作人员一经确定，必须稳定，在调查工作未结束前，不得变动。

调查队实行责任制，明确职责分工，加强团结协作。

（二）自治区第二次全国残疾人抽样调查办公室负责培训抽中县调查队队长、副队长、调查员、医生和统计员，使他们全面掌握国家统一的入户调查、残疾人筛查、残疾评定办法，能熟练地开展调查评定工作。

（三）自治区第二次全国残疾人调查办公室在正式开展抽样调查工作前负责组织自治区级试点，检验自治区抽样调查工作方案的科学性和可操作性，检验各调查队成员的实际能力和现场登记的水平。

八、现场登记和复查

此次调查现场登记和复查工作，从 2006 年 4 月 1 日开始到 5 月 31 日以前结束。

现场登记和复查工作要求做到：坚持入户调查，努力提高见面率；积极动员被调查人如实申报，做到不重复、不遗漏；认真询问、筛查和检查评定，提高准确度；搞好自查、互查和议查，最大限度地控制调查误差。

（一）组建陪调组

选择熟悉当地情况、责任心强的人组成陪调组，协助开展本调查小区的抽样调查宣传工作，加强与被调查户的联络沟通，提高调查见面率，协助调查员和医生开展入户调查和残疾评定，同时对调查结果进行复核。每个调查小区要组建 7 人组成的陪调组，组长由调查小区的负责人担任，其他陪调人员由组长选派。

各抽中县(区)调查小区的陪调人员，必须于 2006 年 2 月 26 日前报自治区第二次全国残疾人抽样调查办公室备案。陪调人员一经确定，不得变动。

（二）调查摸底

调查前的摸底工作，是做好入户调查登记的基础。调查员要提前进入调查小区，在陪调员的协助下摸清本调查小区需要调查的户数、人口数，重点摸清疑似残疾人和 0~6 岁的儿童。

各抽中县(区)第二次全国残疾人抽样调查办公室将摸底汇总数据，于 2006 年 3 月 21 日前报送到自治区第二次全国残疾人抽样调查办公室；自治区第二次全国残疾人抽样调查办公室将全区第二次全国残疾人抽样调查摸底汇总数据，于 2006 年 3 月 25 日前报送到第二次全国残疾人抽样调查办公室。

（三）现场登记

1.入户调查。调查员根据《调查底册》入户，按照《住户调查表》的登记项目，逐人逐项询问，填写《住户调查表》；对 0~6 岁的儿童，填写《0—6 岁儿童健康检查记录表》；对 7 岁以上人群，按照筛查问卷逐人询问、筛查，并对筛查出的疑似残疾人填写《7 岁以上人群筛查交接单》。

2.残疾检查评定。各科医生根据调查员筛查出的《7 岁以上人群筛查交接单》和《0—6 岁儿童健康检查记录表》，采取设站与入户相结合的方式，逐人检查、评定，对确诊的残疾人，填写《残疾评定记录表》和《残疾人调查表》。

调查期间，医生应对确诊的残疾人进行治疗、康复指导。

（四）组织复查

复查采取自查、互查和议查三种形式进行。

调查员和医生每天应对当日调查填写的调查表进行自查。

每个调查小区登记结束后，调查员和各科医生按照规定的方法进行全面复查，调查员应分小组对《住户调查表》进行交叉互查和逻辑检查；各科医生要对自己填写的《残疾评定记录表》、《残疾人调查表》进行综合分析检查。

在现场调查登记中和小区调查登记结束后，调查队都要按照规定的方法进行议查，重点议查疑似残疾人的漏筛。

复查中发现的有疑问的人和户，都要重新入户进行核查，发现差错，经核实后，予以改正。

（五）调查的后续工作

各级残疾人抽样调查办公室负责收集、汇总调查中残疾人亟待解决的问题，报当地人民政府或有关部门酌处。

九、事后质量抽查

在调查登记和复查工作结束后，自治区第二次全国残疾人抽样调查办公室将按照全国统一规定的事后质量抽查办法和要求，组建事后质量核查队，选调高素质的调查员作为核查人员，对事后质量抽查的调查小区，重新入户进行调查登记。核查人员不得在原来调查小区参加质量核查工作。

自治区组织的事后质量核查结果将作为评估全区第二次全国残疾人抽样调查数据质量的主要依据之一。

十、调查数据的处理

（一）快速汇总

按照全国残疾人抽样调查办公室规定的《快速汇总表》项目，对实际调查的主要数据进行逐级快速汇总。

1.被抽中县（区）残疾人抽样调查办公室将调查数据快速汇总结果于 2006 年 5 月 20 日前报送到自治区第二次全国残疾人抽样调查办公室。

2.自治区第二次全国残疾人抽样调查办公室将被抽中县（区）上报的数据，经审核无误后汇总，汇总结果于 2006 年 6 月 15 日前报送到第二次全国残疾人抽样调查办公室。

（二）编码和录入

由自治区第二次全国残疾人抽样调查办公室对调查表进行验收后，组织编码员在编码指导员的指导下，按照统一规定的标准进行编码。编码资料经全面复核、验收合格后，交付录入。

自治区第二次全国残疾人抽样调查办公室负责保管此次调查的原始资料。

十一、调查数据的分析研究

根据残疾人调查获得的不同数据情况，自治区第二次全国残疾人抽样调查领导小组组织专人分析研究调查资料，就制订残疾人的法规、方针、政策和工作规划提出专题建议，供政府和各有关部门研究处理。

十二、宣传工作

自治区及被抽中县（区）要依靠宣传部门，按照第二次全国残疾人抽样调查办公室制定的宣传提纲和宣传口径，利用各种宣传媒体和多种宣传形式，在调查的各个阶段积极开展残疾人抽样调查的宣传活动，取得广大人民群众对这次调查工作的大力支持与配合。

十三、调查经费

第二次全国残疾人抽样调查经费，经国务院批准，采取分级负担的原则。各级财政应保证残疾人调查经费的需要，以保证这次残疾人抽样调查各项工作的顺利开展。

各级政府应根据残疾人抽样调查工作的需要，统筹安排调查经费。残疾人抽样调查办公室要严格按照专款专用的原则，加强调查经费的管理使用，杜绝挤占挪用。

十四、总结表彰

地（市）、县（区）级第二次全国残疾人抽样调查机构要认真做好调查的总结工作。被抽中县所在地（市）第二次全国残疾人抽样调查办公室，于2006年11月底前将本地（市）调查业务技术总结和调查工作总结报送到自治区第二次全国残疾人抽样调查办公室；自治区第二次全国残疾人抽样调查办公室将相关总结报经领导小组审定后，于2006年12月底前将调查业务技术总结和调查工作总结报送到第二次全国残疾人抽样调查办公室。

自治区第二次全国残疾人抽样调查领导小组组织开展全区抽样调查的评比表彰工作；第二次全国残疾人抽样调查领导小组将于2007年表彰调查工作先进单位和个人。

附录 14

西藏自治区第二次全国残疾人抽样调查
样本县、乡、村、调查小区名单

县（区）	乡（镇、街道）	村（居）委会	调查小区
拉萨市城关区	公德林街道	当巴居委会	当巴居委会调查小区
		拉鲁居委会	拉鲁居委会调查小区
	扎西街道	雄嘎居委会	雄嘎居委会调查小区
		扎西新村居委会	扎西新村居委会调查小区
	嘎玛贡桑街道	嘎玛贡桑居委会	嘎玛贡桑居委会调查小区
		俄杰堂居委会	俄杰堂居委会调查小区
	纳金乡	塔玛村委会	塔玛村委会调查小区
		藏热村委会	藏热村委会调查小区
昌都地区察雅县	扩达乡	十五、十二村委会	十五、十二村委会调查小区
		岗巴村委会	岗巴村委会调查小区
	阿孜乡	一、四、五村委会	一、四、五村委会调查小区
		七、八村委会	七、八村委会调查小区
	新卡乡	新卡、也江村委会	新卡、也江村委会调查小区
		瓦江、达瓦村委会	瓦江、达瓦村委会调查小区
	卡贡乡	卡贡、爱巴村委会	卡贡、爱巴村委会调查小区
		才帮、邓学村委会	才帮、邓学村委会调查小区
山南地区琼结县	下水乡	唐布齐村委会	唐布齐村委会调查小区
		久河村委会	久河村委会调查小区
	加麻乡	昌嘎村委会	昌嘎村委会调查小区
		金珠村委会	金珠村委会调查小区
	琼结镇	白日居委会	白日居委会调查小区
		雪巴居委会	雪巴居委会调查小区
	拉玉乡	白那村委会	白那村委会调查小区
		日玛岗村委会	日玛岗村委会调查小区
日喀则地区南木林县	南木林镇	雪堆村委会	雪堆村委会调查小区
		岗巴村委会	岗巴村委会调查小区
	秋木乡	奶莎村委会	奶莎村委会调查小区
		布青村委会	布青村委会调查小区
	多角乡	仲康村委会	仲康村委会调查小区
		雪村委会	雪村委会调查小区
	艾玛乡	恰热村委会	恰热村委会调查小区
		拉布村委会	拉布村委会调查小区
日喀则地区白朗县	巴扎乡	差吾冲村委会	差吾冲村委会调查小区
		拉东村委会	拉东村委会调查小区
	嘎东镇	扎西村委会	扎西村委会调查小区
		白学村委会	白学村委会调查小区
	杜琼乡	杜琼村委会	杜琼村委会调查小区
		普拉、来强村委会	普拉、来强村委会调查小区
	玛乡	吉定村委会	吉定村委会调查小区
		土故村委会	土故村委会调查小区
那曲地区索县	热瓦乡	央达、瓦热村委会	央达、瓦热村委会调查小区
		热热、白庆村委会	热热、白庆村委会调查小区
	嘎美乡	旁嘎、热庆囊村委会	旁嘎、热庆囊村委会调查小区
		龙通达村委会	龙通达村委会调查小区
	加勤乡	色库村委会	色库村委会调查小区
		当达村委会	当达村委会调查小区
	荣布镇	酷玉、瓦多改村委会	酷玉、瓦多改村委会调查小区
		恰达卡村委会	恰达卡村委会调查小区